青歌嘹亮

——广西大学研究生支教团支教日记

✦ 唐平秋　左向蕾　贾琦艳 编著

NORTHEAST NORMAL UNIVERSITY PRESS
WWW.NENUP.COM

东北师范大学出版社

图书在版编目（CIP）数据

青歌嘹亮：广西大学研究生支教团支教日记／唐平秋，左向蕾，贾琦艳编著． -- 长春：东北师范大学出版社，2017.5
（广西大学青春榜样系列丛书）
ISBN 978-7-5681-3226-8

Ⅰ.①青… Ⅱ.①唐… ②左… ③贾… Ⅲ.①不发达地区—教育工作—概况—广西 Ⅳ.① G527.767

中国版本图书馆 CIP 数据核字（2017）第 137709 号

□策划编辑：王春彦

□责任编辑：卢永康　　□封面设计：优盛文化

□责任校对：付志英　　□责任印制：张允豪

东北师范大学出版社出版发行
长春市净月经济开发区金宝街 118 号（邮政编码：130117）
销售热线：0431-84568036
传真：0431-84568036
网址：http://www.nenup.com
电子函件：sdcbs@mail.jl.cn
河北优盛文化传播有限公司装帧排版
北京一鑫印务有限责任公司
2018 年 7 月第 1 版　　2021 年 1 月第 2 次印刷
幅画尺寸：170mm×240mm　印张：17.25　字数：280 千

定价：67.00 元

广西大学青春榜样系列丛书

编委会

前言

　　研究生支教团，是团中央和教育部联合组建的青年志愿者队伍，是"中国青年志愿者扶贫接力计划"的一部分。作为广西最早参与该计划的高校，广西大学自 2012 年以来每年均组建研究生支教团赴国家级贫困县支援当地的教育事业并开展扶贫公益活动。

　　"落其实者思其树，饮其流者怀其源"。五年来，在团中央志工部、团广西区委、广西大学、团贺州市委和富川、宁明两县县委、县人民政府以及晨光基金会等社会力量的关心支持下，广西大学研究生支教团秉承"复兴中华，发达广西"的君武精神，扎根基层，传授知识，播撒爱心。2015 年 7 月 30 日，广西壮族自治区政协副主席、广西大学党委书记刘正东亲自送支教团出发，并专门同支教团的同学们亲切谈话，勉励大家积极践行社会主义核心价值观，到基层接受群众教育、实践锻炼，努力为学校争光为国家和社会服务。他告诫同学们要珍惜和充实支教生活的每一天，认真做好每一项工作和任务，在支教工作中挥洒辛勤汗水、书写无悔青春。刘正东书记的殷殷嘱托及各级领导的关怀指导为支教团提供了更广阔的发展空间和不竭的前进动力。

　　"君武学子多壮志，甘作红烛照深山"。五年来，广西大学研究生支教团坚守"勤恳朴诚"的优良传统，在富川一中、富川二中、宁明中学、三民完小和浮田完小开展支教扶贫工作，90％以上所授课程在县教育局教学评比中获得优秀。"阳光足球队、书画学习、青春励志分享会"等第二课堂精彩呈现。"家访、圆蛋计划、暖冬行动、蜜橘义卖、爱心书屋、心理活动室"等扶贫行动成功开展……截至目前，广西大学研究生支教团为富川、宁明两县累计募集各类物资和善款40余万元，帮扶对象3000余名，足迹遍布16个乡镇100多个村屯。在服务基层的同时，支教团还注重加强自身组织建设，以临时党支部为战斗堡垒，定期召开团队例会，与兄弟院校支教团交流学习，推进"四进四信"活动开展，用实际行动践行社会主义核心价值观。广西大学研究生支教团的事迹引起社会各界广泛关注，中国青年网、人民网、科技日报、广西日报、广西新闻网、新浪广西等多家主流媒体对其志愿服务工作都进行过深入报道。

学生时代，是激情满怀、富有朝气的时代；西部基层，是构筑梦想、绽放光芒的摇篮。广西大学研究生支教团作为一支青年志愿者团队，始终怀揣西部情，坚信中国梦，以"踏石留印，抓铁有痕"的决心将志愿服务精神贯彻到底，用苦干接力已有的辉煌，用实干在基层积聚能量，用微小的志愿力量续写"五四"精神，用爱和奉献构筑起代表中国青年形象的志愿长城。

目录

经历，感动，爱洒瑶乡

一支粉笔，书写蓝天的智慧；

一方讲台，坚守青春的担当；

一句句叮嘱，寄托着各级组织和老师们的关怀与期望；

一个个瞬间，刻录着我们奉献基层、播撒爱心的动人诗章。

饮水思源

　　各级组织和领导的亲切关怀催人奋进，一声声叮嘱、一句句鼓励给予我们无尽的温暖与力量。

广西壮族自治区政协副主席、广西大学党委书记刘正东
为第三届研究生支教团出征送行

时任团中央志工部党组书记侯宝森与支教团成员合影留念
并对支教团工作提出希望和要求

团广西区委在富川召开研究生支教团调研座谈会

时任团广西区委副书记刘玄启为支教团教学点"梦想书屋"揭牌

时任广西大学党委副书记唐平秋参观支教团为富川二中创办的心理活动室

时任广西大学党委副书记唐平秋为支教团教学点"君武图书室"揭牌

时任广西大学党委副书记唐平秋为支教团教学点的儿童发放文具和体育用品

贺州市委常委、组织部长廖立勇（时任富川县委书记）为支教团成员颁奖

传道授业

教室课堂、田径赛场、校舍走廊、纪念碑旁……我们与学生如影随形，教育他们立德立志、成长成才。

耿卓老师在富川二中上地理课

徐康然老师在三民完小上作文课

面向团旗庄严宣誓——支教团推进"四进四信"活动进课堂，进头脑

支教团为富川二中组建"阳光足球队"

赛后大汗淋漓的足球少年为教练和他自己点赞

支教团牵手浮田完小举办趣味运动会

蒋长标老师周末为学生辅导功课

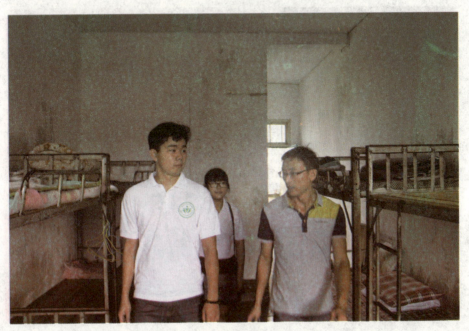

班主任黄家祥老师检查学生宿舍

突发的洪水阻断了孩子们回家的路，支教老师和他们一起包饺子过周末

王万奇老师和他的孩子们相亲相拥

支教团组织学生清明节祭扫革命烈士墓

支教老师与学生一起瞻仰革命烈士纪念碑

支教团组织学生参加贺州市中小学生艺术展演

春天里支教老师与学生共同栽下象征生机与希望的树苗

春风送暖

　　周末、假期，我们一直在路上。走进大山，走进孩子们的家；扎根基层，助推瑶乡经济社会发展。

涝溪山，家访路上

涝溪山深处学生家中，支教老师与学生谈心

学生家长用瑶族的最高礼节——油茶招待来家访的支教团老师

家访时与学生一家在其堂屋前的合影

支教团为困难家庭学生发放助学金

支教团成员帮助留守儿童家庭干农活

乙未春节正月初六，支教团成员早早赶回服务地为留守儿童
和他们即将外出务工的父母拍摄全家福

支教团为唯一一位在大山深处（支教团教学点之一）
常年坚守的乡村教师购买冬衣

蜜橘装车启程，"情系瑶乡，蜜橘义购"活动拉开帷幕

广西大学校园内的蜜橘义购现场

爱心蜜桔，香满西大

蜜橘义购活动得到了广西医科大学、广西民族大学、广西艺术
学院、广西财经学院等六家驻邕高校的大力支持

广西大学研究生支教团：

□□□□□□□

你们好！我们是广西民族大学学生委员会。近期，我们看到了关于"情系瑶乡，圆梦富川"关爱农村留守儿童活动的相关报道，了解到了贵校支教团和贺州富川瑶族自治县贫困儿童的近况，对于长期投身于公益志愿服务的研究生志愿者们我们表示敬佩，我们也希望能通过我们微薄的力量，能给大家和贫困儿童提供更多的支持和帮助。

最后也祝愿"情系瑶乡，圆梦富川"活动影响力能够越来越大，贵校支教团成员能够学习进步，工作顺利，身体健康！

广西民族大学学生委会

广西民族大学学生会来信支持

支教团携手驻邕高校学生骨干关爱富川行

广西大学学生会主席周子富与富川二中毕业班同学共话成长、励志青春

驻邕高校学生骨干与富川二中学生"结对子"帮扶

支教团邀请广西大学教育心理学专业同学为留守儿童开展专题讲座

暖冬行动——支教团为贫困家庭学生募集棉被、棉服

支教团为浮田完小的孩子们捐赠图书

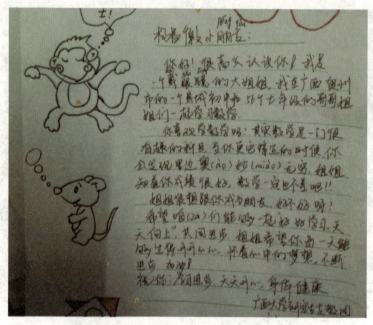

支教老师与贵州儿童"结对子"定期书信往来

加入贺州义工的行列，慰问空巢老人和留守儿童

看望抗战老兵，牢记英雄故事

支教团成员在"庆祝富川瑶族自治县成立三十周年"系列活动中做志愿者

支教团成员与人大代表深入基层调研

砥砺同心

同心同行，交流协作，我们的队伍在成长；相知相伴，携手并肩，我们的队伍向太阳。

成立支教团临时党支部，以党支部为战斗堡垒

支教团成员参加贺州市"精彩红五月·青春酷炫跑"活动

支教团成员与时任团贺州市委书记韦勇、副书记陈祥、团富川
县委书记成富礼同游姑婆山

支教团成员向全国优秀教师杨迎富取经学习

与北京理工大学研究生支教团、广西师范大学研究生支教团
的西部志愿者们相邀骑行

与合肥工业大学研究生支教团的志愿者互访学习

与上海师范大学研究生支教团的志愿者交流协作

支教团成员参加富川县主题演讲比赛
与时任县委书记陈华合影留念

穿起瑶族服装，打起手鼓，姐妹弟兄唱起来

支教团成员在广西大学生志愿服务西部计划出征仪式上
代表来自全国各地的 587 名西部志愿者发言

——广西大学研究生支教团支教日记

支教团成员参加广西纪念五四运动 96 周年暨全区
优秀青年代表座谈会并作为志愿者代表发言

成立研究生支教团后援会

广西大学研究生支教团荣誉证书
（集体和个人）

耿卓被评为 2015 年度"广西优秀共青团员"

黄季棕被评为 2015 年度富川瑶族自治县"优秀青年志愿者"

黄欢荣获贺州市教育系统廉政文化作品比赛一等奖

黄欢被评为 2016 年度富川瑶族自治县"优秀共青团员"

王剑南被评为富川瑶族自治县"最美扶贫故事分享者"

王剑南被评为贺州市中华经典诵读比赛优秀指导教师

王剑南被评为2016年度"贺州市优秀青年志愿者"

王剑南被评为2016年度"广西优秀共青团员"

王剑南入选全国"最美青春故事"

石诗阳入选广西共青团"最美青春故事"

瑶篮计划荣获第十一届中国青年志愿者优秀项目奖

王万奇被评为广西高校优秀共产党员

王万奇被评为广西区优秀志愿者

王万奇被评为 2015 年度"中国大学生自强之星"

王万奇荣获第十一届中国青年志愿者优秀个人奖

郑华庭、刘俊延、王万奇荣获 2016年大学生创业大赛公益创业赛铜奖

广西大学研究生支教团被评为2016年度贺州市"优秀青年志愿服务团体"

石诗阳被评为 2016 年度"贺州市优秀共青团员"

郑华庭、王万奇、刘俊延荣获第二届中国大学生"互联网+"创新创业大赛广西区最佳带动就业奖

郑华庭、王万奇、刘俊延荣获第二届中国大学生"互联网+"创新创业大赛广西区金奖

郑华庭、王万奇、刘俊延荣获第二届中国大学生"互联网+"创新创业大赛铜奖

志愿，蓄势，放飞梦想

"到西部去，到基层去，到祖国最需要的地方去"不是一句口号，而是一种选择，这种选择源自我们对志愿服务的热忱，这份热忱是沸腾在我们血液中不变的基因，这抹基因孕育出我们奉献基层的青春梦想。

团旗飘扬，青春嘹亮

王剑南

微雨晓湿春色，东风醉染书楼。和暖的风吹皱了春水，也吹醒了枝丫。在这春意盎然的好时节听闻我们的故事入选"全国最美青春故事"，激动和振奋顿时涌上心头。能从 4.8 万名县级、8 503 名地市级、812 名省级"最美青春故事"入选者中经过全国评审最终获评"全国最美青春故事"，这是团中央对广西大学研究生支教团的一个巨大鼓励！

按照团中央对研究生支教团的定位要求，研支团有着协助抓好基层团组织建设的任务。我们几位小伙伴中有三人在服务学校挂职团委委员、一名团委副书记。工作中，我们积极响应中央群团工作会议精神和团中央、教育部联合下发的《中学共青团改革方案》的部署协助服务学校不断推进中学共青团改革，让团旗在瑶山更高地飘扬，让《光荣啊！中国共青团》歌声更加嘹亮。在团干部直接联系青年工作中，我们从打造平台、健全组织、主题教育三个方面着手，联系青少年、团结青少年、凝聚青少年、帮助青少年、服务青少年，从青年中来到青年中去。

打造服务平台，联系服务青年

来到服务地后，我们为服务学校不断完善功能教室建设。建立和完善了团队活动室、心理咨询室、书画展览室和毒品预防教育基地，打造出一个多功能、规模化的青少年综合服务平台，对团员青年进行思想政治教育、毒品预防教育，开展心理咨询、团队活动、女生辅导以及书画学习展览。平台建设完善以来，贺州市副市长莫建平等多名领导同志来调研指导，对平台建设给予充分肯定并号召推广。

团队活动室是对青少年进行党团知识教育、入团启发教育，组织学生开展团队活动的主要场所。室内设置国旗、团旗、队旗、团知识挂图、鼓号乐器、会议桌椅、荣誉展示台及共青团风采展板。在这里，我们分期分批对优秀青年进行入团启发教育，定期开展团日活动总结评价，规范了团员的组织生活，更好地把广大青年团员凝聚团结在一起；我们组织观看了"纪念红军长征胜利80周年大会"视频资料，召开青春励志分享会，开设"光荣啊！中国共青团"党团知识讲堂。投入使用以来，富川一中学生会、社团、青年志愿者联合会的工作例会，"校园之声"广播站的训练培训，《富川一中团刊》的统稿汇编等多项工作均在这里完成。作为学校共青团网络视频会议富川分会场，富川团学系统在这里收看了团中央学校部2017年工作会议。

心理咨询室由交流区、舒缓区和发泄区三部分组成，房间色调温馨舒适，配备有沙发、茶几、益智沙盘、屏风、书橱及图书、宣泄器材和多媒体设备。我们面向全体同学开展心理健康教育、小团体心理训练、适应性心理训练、考前减压等活动，接待有心理辅导需求的学生，还对青春期女生的心理和生理问题提供针对性指导，使广大青少年在困惑、苦闷和迷茫时有了得以及时疏导和宣泄的好去处。

毒品预防教育基地是贺州市级禁毒教育宣传示范点，贺州市公安系统三个月间两次到这里参观调研。建设过程中，我们把基地分为教学园地、模型展示、科普墙报、成果剪影4个部分，设置毒品科普知识墙报、禁毒教育成果展板、禁毒教育书画作品、传统和新兴毒品模型、毒品吸食工具模型、签名墙。在这里，我们组织实施"青少年毒品预防教育'五个一'工程"——开设一节毒品防范教育课，观看一场禁毒教育影片，举行一场"无毒青春·健康生活"宣誓签名仪式，举办一次禁毒书画征文比赛，开展一次义务禁毒宣传活动。通过"五个一"让广大青少年了解毒品的危害，远离毒品，珍爱生命。

团队活动室、心理咨询室、书画学习室和毒品预防教育基地集中分布总面积约230平方米形成了一个功能多样的青少年综合服务平台，直接服务于富川一中2 000多名青少年，并辐射周边3所中小学，让广大同学拥有了"青少年之家"。

完善学生组织，关爱学生成长

按照"一心双环"的要求，我们不断健全和完善学生组织，积极发挥团组织作为核心和枢纽的作用，让广大青年学生有组织、有集体、有归属。学生会换届之际，我们建议增设了秘书处，使团委与学生会各部门及各团支部的联系更为方便、工作更加协调；我们组织成立了富川一中青年志愿者联合会，使青年志愿者由松散的群体变成了一个强有力的组织；为更好地发展学生特长，我们倡议成立了文学社、英语社、动漫社和记者团。另外，在每周的学生会和青年志愿者联合会的工作例会上，我们均与学生骨干们深入交流，了解广大青少年的想法，不断改进工作的方式方法。

半年多来，我们相继开展了"七彩假期，快乐童年"关爱留守儿童活动、"助力瑶乡精准扶贫，共筑公益创业梦想"爱心蜜橘义卖活动、"多姿多彩，温暖童年"活动、"温馨冬至，守护成长"活动等一系列关爱青少年的主题活动。"七彩假期，快乐童年"活动，我们与100多位小朋友相伴了一个暑假，向他们普及科学知识和自救常识，守护他们的安全，帮助他们拥有快乐童年；蜜橘义卖，我们首次尝试了公益创业的形式，并且走进果园与果农和工人一起采摘、一起装运，亲身体会农民的辛苦，确保蜜橘每一个环节的质量；"多姿多彩，温暖童年"活动，我们陪浮田小学52位小学生一起选购棉衣和文具，让他们的童年多姿多彩；"温馨冬至，守护成长"活动我们与内宿生包饺子共度温暖冬至，利用公益创业所得为十位品学兼优但家庭困难的学生发放"山礼果"励志奖学金。另外，我们还联合了富川义工联、富川燃梦爱心社等公益团体对多名特困学生进行长期资助；在晨光基金会的支持下，为三民小学解决了困扰多年的热水饮用问题，让该校80多名小学生不必再在冬天喝着凉水，夏天喝着生水。半年多的志愿服务，我们用实际行动播撒爱心、温暖瑶乡。

通过这些行动，我们把团组织的温暖和力量向基层纵深传播；通过这些行动，我们把中国青年志愿者的名片装饰得更加靓丽；通过这些行动，我们认识了农村，见识了贫困，理解了为什么要扶贫；通过这些行动，我们树立了公益创业的意识，提高了创新创业的能力，增强了服务本领。

🍀 开展主题实践，引导学生成才

在服务学校，我们组织学生相继开展了迎国庆经典诗文朗诵比赛（我们指导的作品参演了富川县经典诗文音乐会并被推荐参加广西经典诵读大赛）、"学宪法、知宪法、讲宪法"演讲比赛、文化体育艺术节游园活动、"百年追梦，全面小康"青少年爱国主义读书教育等多项主题教育活动；我们创办《富川一

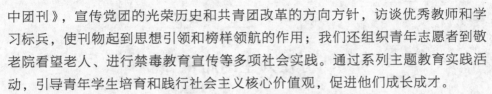

中团刊》，宣传党团的光荣历史和共青团改革的方向方针，访谈优秀教师和学习标兵，使刊物起到思想引领和榜样领航的作用；我们还组织青年志愿者到敬老院看望老人、进行禁毒教育宣传等多项社会实践。通过系列主题教育实践活动，引导青年学生培育和践行社会主义核心价值观，促进他们成长成才。

团中央原第一书记宋德福在离任团的岗位时这样讲道"我要向那位把青年比喻成早晨八九点钟的太阳的伟人提出一个请求：为了表述自己的工作志愿，我将在表格的第一栏至最后一栏填满，在那上面我只重复地写三个字——共青团"，作为一名西部计划志愿者，能在共青团改革的号角声中参与到基层团组织的建设中来，能拥有一个平台用一年的时间竭诚为青少年服务，能在团的工作中创新理念、实现价值，这是多么难能可贵的一个机会！共青团是一块牌子、一面旗帜、一座丰碑，我们为能参与到共青团的基层事业中倍感荣幸！

"我们是五月的花海，用青春拥抱时代；我们是初升的太阳，用生命点燃未来；五四的火炬，唤起了民族的觉醒；壮丽的事业，激励着我们继往开来……"，每当团歌响起，我的心中都万分激荡，自豪感、自信心便不断升腾，干劲儿也更加足了。2017 年，是共青团建团 95 周年，我们还将迎来党的十九大胜利召开。我们定会不忘初心，继续前进，在支教工作中，在团的岗位上做出新成绩，为团旗增辉，让青春的旋律更加嘹亮！

写在人生的路上

—— 支教心灵札记

石诗阳

　　初春的黄昏略带几分隆冬的慵懒一并夹杂在满城的生机里，教人或多或少萌生出些许难以名状的情愫，或悲凉，或热烈，或慷慨，或平静……

　　泰戈尔说："因为经历，所以懂得。"就在这悲凉与温和的情绪节点，垂一根回忆的长索打量过去，衡量现在，思量未来。荏苒时光，缱绻岁月。人的一生总要面临许多选择，经历便是一个又一个选择的延伸。所以，有人说人生变幻莫测，难知端倪，也有人说人生殊途同归，徒增悲凉，道理上来讲如是而已。

　　如果人生经历要如故事一样被娓娓道来，那么三尺讲台于我而言便是梦开始的地方。小时候，同龄人时常在一起讨论梦想，有的人说要做明星，有的人说要当科学家，还有的人说要成为将军……孩子天真的心当然是应有尽有，我也烂漫地人云亦云。直到小学六年级的某一天，机缘巧合般看到一句话，至今铭刻于心——没有激情，世上任何一件伟大的事业都不能完成。也就是从那时候起，我才真正有了一个"磨而不磷，涅而不缁"的梦想——我决定我要一个激情无悔的人生。后来，在一个沐浴阳光的清晨我为这份激情赋予上一个神圣的职业——教师。年轻的心总是充满着悸动，会因为一两句话感动，会因为一两件事抽泣，也会因为一两个人坚定。我想"桃李不言，下自成蹊"，这是对那个时候我所选择的最好的诠释！

　　人生不如意事十之八九，我那考上师范大学成为人民教师的梦想终成"梦中之想"。也无非多感慨一些理想丰满，现实骨感，抑或是人生苦短，必须性感之类的字句罢了。正如高晓松所说，以史为鉴，无非再添几分偏见；以梦为马，最终去了别家后院。不如大雪之后，清茗一杯，杂志两卷，闻见时光掠过土地与生民，不绝如缕。可走过低潮收拾心情之后，我却不甘心地时常安慰自己，或许冥冥中自有定数。

大学的生活，走走停停，你来我往，一半是才华，一半是韶华。常一个人无目的地漫步在校园，任凭街灯将身影拉长、缩短、再拉长，也不管心情从好到坏再到好。那时候想，这样的青春也算是给以后留了一点唯美的念想吧。之后因为一个偶然的机会，自己参与到所在学院开展的"四点半课堂"支教志愿活动中，短暂的几个小时，简短的几段对话，开心的笑脸，明亮的几双眼睛却能教人从内心生出欢喜，那时我还不知道在这之后我的很多抉择都将与那一张张笑脸、一双双眼睛息息相关。忙碌的校园生活与美好的青春年代让我与这群孩子除了回忆几乎没有了再多交集，或许连我自己都不知道，就是在这段花枝招展的年华里，一颗志愿的种子在我心中生根发芽。

2015 年 9 月 15 日，当我摆脱了大学中最纠结的一段时光，走出亲友劝说的阴霾，毅然决然在广西大学研究生支教团申请表上写下自己姓名的那一刻，我才明白那颗志愿的种子在儿时梦想的灌溉下已经茁壮成长。孩提时代那颗激动不已的心再次震颤，让人热血沸腾，之死靡它。我清楚而深刻地记得那天阳光明媚、岁月嫣然，我期待一簇簇希望之花在志愿的藤蔓上开满，我对自己说：青春，我终不负你。之后的很久，我都为当时的那份坚决而倍感自豪。

2015 年 10 月 26 日，我带着好奇第一次来到广西大学研究生支教团服务地——富川瑶族自治县，来到这个我即将要放纵青春浴血奋斗一年的地方。充满瑶乡风情的村落建筑群，总能让人生出喜爱的情绪，遐想着百十年前瑶乡父老在这块土地上生存繁衍的画面。可是当我看到没有电灯的教室、没有电铃只能靠敲击铁块辨别上下课的完小、入秋还只能穿凉拖的孩子，更多别样的情绪在心里滋长蔓延。那些画面就像是 20 世纪泛黄的影片，令人吃惊而感伤。跟着支教团的师兄师姐们在空旷的操场带孩子们嬉戏，在简陋的教室和学生们谈成长送鼓励的两天里，每每看到孩子们咧开嘴笑我就总有一种说不出的成就感和幸福感，在这之前从未有过如此强烈的感动和责任。也正是在那段旅途中，我才体会到所谓贫苦莫过于斯。就这样，情不知所起，一往而深。带着不舍与留恋踏上归程，孩子们跟着大巴奔跑的身影牢牢记在脑海中，他们纯真的笑脸真切地刻在心头。挥手不是为了再见，我含泪偷偷告诉自己："2016 年的支教行，一定不忘初心！"。

当年，成为一名教师的梦想在我心里扎根后，我便时刻把"我还想去支教呢"这句话挂在嘴边，奶奶总是开玩笑地说："你什么都不会做，去支教是不是还考虑带我去给你做饭啊？"那时候觉得奶奶并不理解我的梦想，可如今真正要实现之时，奶奶却跟我说了她的心里话："以前不是不相信你，而是希望用激将法把你心中的激情给激发出来，这不，还是很有用的嘛！"而父母从一开始便无比支持我的选择，他们一直告诉我，未来这一年的支教生活一定是我这一生最宝贵的财富。

每想起家人对我莫大的支持，便是我内心最坚定的力量。现在，我努力把自己沉淀，让自己尽可能地学会做更多的事情，因为我想以后可以为孩子们尽可能多地做点什么，丰富他们的童年也充实自己的人生。我想，世间所有的东西，历久才能弥香。就像电影《阿甘正传》里面讲的：生活就像一盒巧克力，你永远不知道你会得到什么。但是，在一生最美好的光阴里最坚决的选择，那就一定要坚持到底。既然一切始自热情激荡，又怎会终于世事炎凉？

想到以后的路，纵然坚定不蹰躇，但也总要带着心情出发。以前总拿海子的诗句来调笑，如今放在这样的情境下另有一番滋味：从明天起，做一个幸福的人，喂马、劈柴，周游世界，从明天起，关心粮食和蔬菜，我有一所房子，面朝大海，春暖花开。是的，从明天起，那幸福的闪电告诉我的，我也将告诉每一个人。陌生人，我也为你祝福，愿你有一个灿烂的前程，愿你有情人终成眷属，愿你在尘世获得幸福，我只愿面朝大海，春暖花开。

写到这里，有太多的感情濒临宣泄的边缘，我又不想让它决堤，只是想封存一段有自己味道的励志记忆让它慢慢发酵。最后，用《拼搏》中的歌词作结：我会努力拼搏，拼搏到一切都天荒地老，拼搏到一切都海枯石烂，拼搏到彼此怀念着。

放　飞

臧　磊

　　我现在回想半年前自己选择去支教的时候，还有些茫然。报名那天，我同学打电话给我，那天我在做家教，不方便说话，热心的同学就帮我把资料填了。然后，申请表就交上了。之后的选拔还有最后确定名单，我都有些懵懂。但是自始至终，我没有犹豫，时至今日，我更不会后悔。

　　得知我要去支教，各种问候、关切、质疑的声音都飘到我耳朵里。在大家心里，支教的地方应该是大山里，经常断水断电，吃菜自己种……我姐最关心的是：没有WiFi，我能不能过日子。还有质疑我浪费人生。我清楚地记得一个一米八几的青年，在西大操场上说我这一年就是浪费了，没有任何价值。我潦草的反驳了几句，没有过多解释。我一直相信一句话：道不同，不相为谋。我没有办法让他理解我，或者，他穷尽一生，也理解不了我。

　　那我到底是因为什么坚持去支教的呢？我跟我同学说，是因为富川的好山好水。

　　是的，那时候我去过巴马支教，就是那个世界长寿之乡。那里也是瑶乡，民风淳朴，风景如画。我记得周末我们出去玩，四个人两辆电动车，路的两边是连绵的高山，一路欢歌一路笑。那样的潇潇洒洒，哪怕一次，也不负这青春年华。

　　现在我回想自己的选择，于公于私，于人于己，都是明智之举。促使我选择支教的直接原因，是本科期间的下乡调研和学院组织支教的经历。

　　大三的时候，我们学院组织下乡，结束时有一场晚会，那天我们忙里忙外的布置场地，有一个小姑娘一直怯怯地看着我们，夕阳在背后怜爱抚摸她的马尾，清风在我耳边小心地叹息。她的头发染上夕阳的红，打出一层光晕。她一直也没上前，一直到晚会的结束，还是目光闪烁得默默站在那里。我终于还是蹲在了她面前，问她，你在这里干什么呢？

她说，我可以摸摸你的吉他吗？那一刻，仿佛她身后长长的走廊一路倒退，退到了我遥远的小时候。我无法形容那种感觉，像自己面对的是一个软软糯糯的梦境，像是自己隔着重重氤氲的时光，拥抱了自己记忆模糊的小时候。我拉过她，把吉他放到她手上。看她轻手轻脚的样子，看得我有些酸涩。

那是回忆中的一段剪影，是一段无声的默片。我时常想，这个孩子以后会怎么样呢？几年后她能有一把自己的吉他，还是像这里其他孩子一样，年纪轻轻当了妈。也许几年后，她一出门，胸前抱着一个，背后背着一个，手里也许还牵着一个。那些以前做过的梦，对她来说，终究是奢望。那感觉真像一片脆弱的羽毛掉进了乌黑的水里，永远失去了飞翔的能力。

所以支教是什么呢？我们无非陪孩子们一年，我们没办法为他们的成长保驾护航，对他们的人生来说，我们只是过客。我们会改变他们的人生轨迹吗？我从没这样想过。但是我们至少让他们有了看到外面世界的机会。我们可以让他们知道，除了潦草的结束学业然后成家生娃，生活还有很多种其他的可能。我们可以在他们性格可塑期，给他们一个笃定的眼神，一个温暖的拥抱。

我记得在哪里看过一句话：教育不应是一桶水，应该是一把火，一把点燃孩子心灵的火。教会孩子们懂得自强、自信、自爱，比传授那些具体知识重要得多。如果在人生七十分之一的时间里，我真的能为某个目光灼灼的孩子打开一扇窗，让他看到生命另一种可能，该是多大的成就。

除了这些，我选择支教还有个人原因。我来自教育大省山东，自上学起，每一个阶段都充满了竞争。生活的环境，充斥着林立的高楼，坚硬的钢筋水泥。这让我有些茫然。有一句歌词我感触很深：鸽子在摩天的大厦，长出了妖精的尾巴。在城市的霓虹灯中，我真的有点儿迷路了。我渴望大自然的青山绿水。

也是在一次学院组织的下乡调研活动中，我们站在山村的小溪旁，大山湿润的空气置换出五脏六腑内沉积的污秽，小溪在太阳下俏皮地眨着眼睛。远处不知名的小鸟抖着小翅膀在草丛中穿梭。我想起了那句"鸢飞戾天者，望峰息心；经纶世务者，窥谷忘反"。在那片宁静的大山中，我觉得那颗无处安放的心脏终于找到了一片安静的角落。如果有机会，我真的应该尝试一下这种平静祥和的生活，和太阳一起醒来，在群星呢喃中入睡。

后来大四时，参加学院组织的支教活动，我们去一所山里的小学教英语。

小学没多少人，也没开英语课，好几个班的小孩子集中到一个教室听我上课。那教室是非常原始的布置，破旧的讲台，缺角的讲桌，还有已经开裂的黑板。教室里的孩子们，大多穿着不合身的衣服，但眼睛里却闪着兴奋的光。那是我上过的最顺利的英语课，孩子们清脆的读书声穿过斑驳的墙壁，飘进大山，消失在深深浅浅的青色中。我完全没想到他们竟然学的这样快，我在初中都要讲两节课的内容，他们一节课就掌握了。整堂课，一屋子孩子目不转睛地盯着我。这辈子没见过那样清澈又充满期待的眼神，我永远也不会知道什么叫如饥似渴。

那节课上完，我们就准备回学校了。孩子们围在我们身边，怯怯地望着，只有两三个大胆的学生上前问："老师，你们什么时候还来呀？我们好喜欢上英语课。"我也不知道下次要什么时候，只能说，有空会再来的。

我们在路上等车的时候，孩子们一直站在教室门口对着我挥手，还冲我们喊再见。除了这两个字，其他的我们听不清了。直到我们坐车离开，一只只小手消失在视野中，我才反应过来。心里一阵失落。也许小朋友们真的还痴痴地盼着，但是我们应该是不会再来这里了。想起他们如饥似渴的眼神，心里真的很难过。

所以，有机会能踏踏实实支教一年，对这些小朋友和我都有益。我舍友很喜欢《放飞》，里面有一句歌词：用我生命七十分之一，营造一个奇迹。我倒是真的没想自己能创造什么奇迹。如果有一天我的学生成才了，他只要还能记得我，我做梦都能笑醒了。用一年不长的时间，做一件终生难忘的事。以后在每一个迷茫和不知所措的瞬间，我都能告诉自己，我曾经认真地呵护过同样不知所措的心灵，引导过桀骜狂放的翅膀回到正确的轨道，这会让我昂首挺胸，去走完任何艰难的旅程。

小梦想·大梦想

何剑桥

生活在城市中的我们，所接触到的生活是那么的丰富多彩。姹紫嫣红的霓虹灯下留下了我们的身影，歌声缭绕的 KTV 里环绕着我们的回音，奇妙无穷的互联网中保留了美好的回忆。我们的生活已经离不开这些色彩，而这些色彩也深深地影响了我们的生活。活在当下的我们，每到一处，是否第一件事件所做的不是驻足观望，而是掏出口袋里的手机，搜索比美景更美的 WiFi。如果没有了这些生活中的色彩，我们将会变得狂躁，变得不安，变得无所事事，对吗？

有一种福叫身在福中不知福，这就是当下的我们。我们不了解偏远地区的状况，我们也没机会去了解偏远地区的实际情况。所以我们更多的只能在互联网中去看，去猜，去想象他们的生活环境。但没有亲身的经历，也许很难了解到我们的幸福和他们的"不幸"。也许，当我们在思考改变的同时，会有一些质疑的声音。比如：比现在的农村和城市相比，什么都一样了。起初，我也有这样无知的想法，但是，一次次的经历，让我慢慢改变了那些想法，也慢慢让我重新认识了生活中的色彩。

很小的时候，我就有一个小小的梦想：假如我能站在大家面前展示自己，那该有多好！但那时候梦想的背后，也许只是为了一点点成就感，为了能得到老师和同学的认可，仅此而已。再大一些，我又有这样的想法：假如能在文艺晚会的舞台上表演，那该有多好！这时候的幻想的背后，也许也只是为了一点点虚荣心，为了引人注意罢了。以前总是想象着自己能在万众瞩目的舞台上表演，会得到赞扬，会得到虚荣心的满足，也会得到多一些人的关注。但是梦想终归属于梦想，从小开始，这些梦想也只能留在心中，因为我知道，当时的生活环境和条件不能满足，也无法满足。没有途径学到表演这种东西，没有办法接触到文艺培训，也没有机会看到舞台上的表演。就这样，一个个儿时的梦想就在条件简陋而单调的生活中搁浅了。进入大学以后，享受了城市中的生活。在城市多彩的生活里，只有你想不到的，没有你看不到的。学校里，更是有许许多多的兴趣团体、爱好协会等等。沐浴在如此丰富且优厚的学习环境下，让我重拾了儿时的梦想，也让我看到了希望。坚持、信念、条件，让我渐渐地实现了自己的小梦想，也让我能够站在舞台上展现自己。假如没有那么好的条件，我的生活没有那些色彩，是不是现在又是另一番景象。每当想到这里，我就会问自己，小梦想实现了，自己收获了什么，又得到了什么？在经历一次次意义非凡的演出之后，这个答案逐渐在我脑海中浮现。

"单调"的生活需要多一份色彩。在一所农民工子女聚集的小学校，在这里就读的孩子往往是跟随父母来到城市里读书，但他们只能生活在城市的边缘，没有机会去了解和接触大城市的生活。站在简易的小舞台上，我看到了无数双渴望梦想的眼睛，他们的眼里不仅仅是对表演的好奇，更多的是向往着接触这些新兴的文艺表演。在这里，他们的掌声、欢呼声是那么的响亮且清晰，他们对于这些文艺表演的好奇大大超出了我们的想象。因为在这里，我们的到来，如同他们的庆典一般，惹得他们那么欢快。在那一次表演结束后，一位羞涩的小女孩在我身旁轻轻问了一句：哥哥，以后你还会来吗？我们都很喜欢你们的表演，第一次亲身经历那么好的表演。当我听到这句话时，心里所迸发的不是儿时的成就感、虚荣心或者存在感，更多的，我感受到了自己肩上的责任。虽然我自己仅仅像大海深处里的一丝阳光，但我愿意为黑暗的生活带来色彩。当我们离开学校时，孩子们纷纷追出来欢送我们，这一幕仍印在我心里。在他们渴望的眼神中，看到了好奇，看到了希望，更看到了他们所向往的五彩斑斓的生活。

还记得有一次，自己作为文艺志愿者远赴偏远的小山村慰问演出。长途跋涉到达目的地以后，由于路途狭窄，队伍的车无法进入，我们只好步行走进村里。小山路旁的野草差不多有半个人之高。此时此刻，在我心里所想象到的画面是——破旧的房子，没有舞台的表演，泥泞的路面。甚至我不敢再继续往下想……但是作为志愿者，大家心里都没有怨言，大家心里都明白，村里的孩子、群众还在等着我们到来。扛着沉重的道具，踏着泥泞的山路，而此时天空又下起了小雨，真的是风雨交加，而我们依然风雨无阻。一路走去，我们身上的担子越来越重，不仅仅是背的东西沉，我们还更担心的是，下雨了，演出怎么办，大家辛辛苦苦努力的成果怎么办，村民期盼已久的期待怎么办，诸多的担忧，一直伴随着我们的步伐……当我们真正进入到村庄的时候，即使心里早有准备，但眼前的环境顿时让我们吃了一惊，这里没有一栋栋的小矮楼，也没有灯光四起。有一排排紧挨的小平房和传统农村的小瓦楼，村口仅有一盏微弱的路灯在亮着，村子里其他地方一片漆黑。顿时，村头旁的小洼地里响起舞台的音乐，转头看去，追光灯在四处打转，而眼前的景象，更让我们吃了一惊——竟然有遮风挡雨的舞台，而且还有那么专业的音响和灯光。再看一看村子，五彩斑斓的灯光和一片漆黑的村落完全想不到会结合在一起。舞台前面摆放着一排陈旧小板凳，上面还写着村小学的字样。在舞台周围，围满了等待我们到来的村民，他们一边撑着伞，一边提着凳子向舞台走来。我想，他们那么早出来一定是为了占个好位置吧。在人群中，大家也不时传出各种话题，不标准的普通话中，我们听到了舞台的故事以及漆黑村子背后的目的。原来，这个很"专业"的舞台是村民一起筹款修建的，在舞台的墙上还修建了一款功德碑，记载了每一位出资人的信息和舞台修建的时间，修建这样的舞台，就是为了使农村单调的生活变得更丰富多彩一些，也为了让村里的孩子能学习新的文艺知识。而村子里仅有村头一盏路灯亮着，为的是将所有的电压提供给舞台灯光和音响设备，为了这场表演，村民的准备的比我们更长、更久。老人们将希望和汗水留在舞台上，孩子们把舞台融入自己的童年中。谁说农村人没有追求多彩的生活，恰恰相反，他们比我们更珍惜，更懂得追求生活的色彩。他们的希望留给孩子，用自己的努力为孩子们创造多彩的环境。

"文艺下乡"这四个字，现在不仅仅是简简单单的表演与传承，在我心里，它是一种责任与使命，更是一种新的希望。现在，作为文艺志愿者的一员，也作为即将赴西部支教的大学生，我明白，我知道自己的责任，在教书育人的同时，应该更多的带给他们精神文化上的需要。那里的孩子们在等着我们，他们在怀着心中属于自己的梦想，等着我们带领他们前行。虽然知道自己的力量是有限的，但是相信，有心，则灵。农村"单调"的生活需要多一些色彩，我们也需要多一份关心与责任。

当你看着炫目的霓虹灯时，偏远山区里有群孩子守着微弱的烛光；

当你听着新潮流行的音乐时，偏远山区里有群孩子哼着放牛歌；

当你抱怨没有 WiFi 上网时，偏远山区里有群孩子听着广播；

当你嫌弃这部新上映的电影不好看时，偏远山区里有群孩子在土地上开心地看着小人书……

书本翻一翻，何时能把绚烂如花的梦转成真实的希望？

我们相伴同行

李秋实

推开轻掩的那扇门，岁月的痕迹正扬帆起航，渐行渐远。

我们一路走来有过喜悦，有过悲伤，有过羞涩，也有过迷茫，那个中滋味，也许只有自己才能体会。曾经的岁月就像退了潮的海水，虽已不再汹涌澎湃，但它还是将贝壳、海石子留给了沙滩。在成长的岁月里，我们都是弄潮儿，潮退之后，却只剩下我们自己捡拾的漂亮贝壳和冲洗圆润的海石子，自己钟爱而无人分享。然而，今天，我不会再是一个人去体味、去欣赏，因为我有了一个这样的大家庭——广西大学研究生支教团。

我本是大海中一叶孤独的小舟，寂寞的前行，数着一天天度过的日子，总是平淡而无奇。我曾渴望来一次生活大爆炸，也许我就可以摆脱这场痛苦的个人旅途。幸福总是来得太突然，让我在对的时间对的地点遇到了对的你们，就像在特定的情况下氧气遇到氢气后衍变而生成了水。自这个大家庭成立以来我便不再孤独，不再寂寞。因为我的生活里有了相伴的你们，你中有我，我中有你，相辅相成，如影随形。虽说我们九个人来自不同的学院、专业，并拥有完全不相同的生活背景，但是我们有着共同的理想目标——到西部去，到基层去，到祖国最需要的地方去。把爱与知识带到最需要它的地方，为了这个伟大而艰巨的使命我们九个人将全力以赴，不辜负学校、老师对我们的期望，我们会把我们的所学所知用到渴望的地方。也不枉老师们这么多年来对我们的培养，谆谆教诲时刻萦绕在耳畔，您曾教导我们如何成为一个有正确价值观、世界观、人生观的祖国栋梁，让我们带着梦想一步一个脚印地走下去，为祖国的明天做出不懈努力。

自从加入到这个大家庭里，我的生活不知道从何时起慢慢地发生了微妙的变化。

　　在生活中，我由一个独立的个体，开始慢慢转变成"我们"，开始接触越来越多的"同道中人"。在团委老师的引荐下我们认识了很多往届去支教的学长学姐，他们对于即将接过接力棒的我们很是关心，经常耐心地告诉我们：去支教应该注意什么，怎样融入当地的生活和处理好与他人的关系，怎样把爱与知识传达给那些缺少关爱的留守儿童等等。除了这些，学长学姐们还会经常地关心我们的学习。更让我欣慰的是这次准备和我一起去支教的其他八位同学，我们的共同志向，使我们成了无话不谈、无话不说的兄弟姐妹。我们互相督促学习，闲暇时间也会分享一些生活中喜闻乐见的趣事。团委老师更像对待弟弟妹妹一样关照我们，让我充分感觉到这个大家庭的温暖。如果说家是停泊的港湾，幸福的源泉，生活的动力，温暖的依靠，心灵的家园，那么这个团队又与家有什么样的区别呢？

　　在思想上，由我慢慢转变成我们，因为这个团体不仅包括我们，还包括那些可爱的天使——富川县留守儿童。我是一名当代大学生，更是一名共产党员，我要把更多的正能量传递给未来的国家栋梁。因此，我开始时刻关注支教的一些新闻，并上网搜集相关的资料，在此期间，我搜到了许多像我们一样刚毕业的大学生，怀揣自己的梦想，选择西部支教这条神圣的道路。在这里，我不得不提及我最崇拜的一个人，当然他也曾是我孩童时的偶像，那就是徐本禹。之所以说是偶像，那还要回溯到上初中的时候，在一节语文课上，老师播放了他感动中国的事迹，至今我对他的颁奖词仍记忆犹新："如果眼泪是一种财富，徐本禹就是一个富有的人，在过去的一年里，他让我们泪流满面。从繁华的城市，他走进大山深处，用一个刚刚毕业大学生稚嫩的肩膀，扛住了倾颓的教室，扛住了贫穷和孤独，扛起了本来不属于他的责任。也许一个人的力量还不能让孩子眼睛铺满阳光，爱，被期待着。徐本禹点亮了火把，刺痛了我们的眼睛。"当时我心里是无比激动，励志长大了一定要成为他那样的人。然而随着时间地流逝，我认为这可能是可望而不可即的梦想，便把它尘封在内心深处。就在我真的快要把它遗忘的时候，这次机会把我十多年前的梦想唤醒，这也许就是冥冥之中对我地呼唤，通过广西大学研究生支教团去圆我孩时的梦想。这也或许是上天赐予我最大的恩惠与使命。作为当代大学生中的一员，我有责任和义务将爱与知识以力所能及的方式传授给更多的人。虽然我一个人的力量是微不足道的，但是我始终相信会有和我一样的大学生前赴后继地涌入到这个队伍中去。俗话说得好："一根铁线容易弯，一缕棉纱拉不断"，一个人的力量是微不足道的，但是一群人的力量是不可小觑的，这不仅是我一个人的责任，更是我们大家的责任，在支教的这条道路上我们还任重而道远，作为彼此心灵的共鸣者，我们将一路相伴同行。

在初期的工作和学习中，更是由我变成了我们，我们这些人都是经过严格的选拔，严谨的考察所甄选出来的。我们定不负众望及重托，把自身价值发挥到最大。前一段时间，在老师的指导下，我们配合上一届支教团的学长学姐完成了"爱心蜜橘"义购活动。这次活动让我们进一步熟悉和融入这个支教家庭，同时也加深了本届我们九人支教团的感情及融洽。通过多次的参与和接触我逐渐向集体主义观靠拢，不再以自我为中心，做到顾全大局。团结是我在这个团队中所学到的，正如团结的释义：团结是由多种情感聚集在一起而产生的一种精神，团结并不只存在于志同道合中，想要成为一个团结优秀的集体，只需要我们都用真诚去面对集体中的每一个人，让这个集体里的每一个人都感觉到心灵的温暖。如果一个团队没有团结的精神，那么这个团队就不能称之为团队，只是志同道合而已，团结是成功的基石，没有团结就不会有理所当然的成功，这是千百年来不变的道理，团结就是力量！

要想达到我们的预期目标，我们需在起跑线上，把准备工作做好，团结同行同为的小伙伴，放下小我，永远记住是我们。要坚定信念、采纳正确的价值取向、积极进取、勇于战胜困难、乐于奉献，展现我们当代大学生与时俱进得崭新风貌。除了团结我们还要勇于承担责任，在这个集体中我们每个人都扮演着不同的角色，当然每种角色往往意味着一种责任，我们所承担的责任都是对自己实现人生价值所做的铺垫。

选择了这条道路，那么就让我们一路相伴同行，把爱与知识带到最需要它的地方，把我们的青春年华挥洒到那片渴求的心灵境地。我们会将这深深地爱带到那片贫瘠的土地上，滋润那里的万物，让它们重新焕发生机。

最后，感谢我的老师我的队友，是你们让我重拾梦想，重识自我，使我变得平凡而不平庸，我定会竭尽全力，不负众望！

路

覃漪雯

很多时候，人都是走在路上，你在去往东方，我在去往南部，方向不同，但是都是走在路上的，不管你实际走在什么路上，你心里总有一条想去的路。小的时候，父母在教我们学走路的时候总会害怕被磕碰，守护在身边，一旦摔倒会直接上前扶住，可是慢慢地长大，我们走在去学校的路上，走在去未来的路上，一路上经历的磕绊越来越多，小学你在担心过马路，中学你在担心通向高考的路，而大学你会在考虑你自己真正想要的是什么，你想走的是什么样的路。

我相信有很大一批同龄人是这样的，世界发展得很快，自己却迷糊的不知道自己以后该做什么，而当自己开始位于大四毕业生这个阶段的时候才会幡然醒悟蒙头思考自己的路该怎么走。而我就是这批人之中的一个。面对越来越严峻的就业压力，以前想很快出去工作的想法也就荡然无存了。在还没有接到研究生支教团通知之前，就觉得以后我去做个公务员吧，又或者是凭借着自己的专业技能去个外企也是不错的选择。而五月份的时候，学院里边老师们叫上了已经在支教团的学姐回来跟学院的同学们做了个介绍，介绍会结束的一个瞬间，想去的冲动就开始萌芽了。然而让它破土而出更坚定的一个契机，是跟着朋友们去到一个乡下，看到孩子们在简陋的教室里依然那么兴趣盎然的在学习在听讲。就算课桌破烂不堪，就算屋顶似乎没有遮挡，就算老师紧握着只有粉笔头的粉笔在讲台上讲课，这些因素都没有影响他们，坐得端端正正，认认真真的在学习。从前我是排斥教师这个行业的，因为觉得辛苦和艰难，可是那时候我心里装满的却是对老师的满满敬佩，对孩子们的心疼。如果能够为他们做些什么，哪怕是一星半点，也是满足的。所以在九月初接到通知的时候便下定决心，想要努力认真地去争取这个机会，做我想做的，走我想走的路。在经历面试、笔试、试讲三个环节以后，我终于得到了这个机会，一个能够让我不会后悔不会彷徨的机会。

当我为我的这个机遇感到愉悦的时候，这条路上还是出现了磕绊，地最先受到的，自然是家长对这件事的看法。在家人里面反对呼声最大的应该就是我的母亲了，而相反我的父亲却十分赞同我的选择。在母亲看来，去支教一年对我来说会是很艰苦的一年，对我来说或许没有那么必要，而且我也会浪费一年时间。我母亲是传统观念非常浓重的人，她认为我浪费了三年的时间，等我念完研究生出来或许已经算是老了，在她所重视的婚姻上已经属于大龄了。甚至于，她能够叫上支持她的家人和她身边的好朋友来劝导我。我从来没有因为任何一件事情和我母亲针尖对麦芒，而我却因为这件事情和她吵起来。在我看来，这一年非但不是荒废，更多的是对我个人的历练，对我的考验，可能有些人选择平淡的生活，没有考验没有波折，而我却想选择让它更丰满更有意义，研究生支教团就是我选择的，我想要走的那一条路。父亲觉得我的选择是对的，女孩子并不是要屈尊于谁之下，做些有意义的事情不是浪费，这一个活动会让我懂得更多，并庆幸我参与了进来。在我和父亲的坚持下，母亲也渐渐不再干预我的选择，也学着去看得远一些，让我能够往更远的地方去飞。除了家庭压力，来自外面的压力也曾经让我动摇过。曾经有不少同学听到我选择去支教的消息后，特地跑来问我是怎么想的，我原原本本、老老实实的把我所想的告诉他们，但是大部分同学的反应就是我真的是太天真了。在他们看来世界是很残酷的，在物质基础占很大比重的情况下，我的选择是不明智的，花一年的时间去那里体验还不如直接进入到现实社会，去感受波动去感受艰难，在得到自身能力锻炼的同时，收入也能养活自己，不至于活到 22 岁还要靠家里。坦白而言，家庭经济条件也真的让我动摇过自己的想法。对家庭经济情况不怎么良好的我来说，给家里增加了负担，原本认为我在毕业以后能给家里分担经济负担，但是我的选择却是让家里承担了更多的负担，所以我在动摇，在纠结，在两者之间真难以取舍。在那段很彷徨的时间里，父亲给我打电话告诉我，去做我想做的事情，至少在最后我不会因为错失了这个机会让自己陷在后悔里，家里有他，他是我的天。结束了通话以后，尽管带着内疚，我还是坚定了选择，也决定了在念完研究生以后一定要拼尽全力，卸下他们的担子，这个家让我来扛。对于朋友所说的工作也相当于锻炼，我却有不同的想法。尽管同是锻炼，可是两件事对我的意义来说是不一样的，一个是精神意义，一个是物质意义，我偏向于这个精神意义，趁我还年轻，我想让自己更丰富一点。

在去之前，我考虑过我会经历哪些苦辣酸甜。苦：或许是生活条件的苦，没有像在自己家里面一样什么都有，可能什么都缺；或许可能是跟着孩子们一起动手去做一些在家里自己都没有做过的事情；也或许最苦的是寂寞的苦，原来交往的人突然见不到了，就只剩下这么一个小圈子，没有逛街没有约会没有看电影，没有咖啡奶茶，没有精神文化满足，整天都会对着一群不变的人。辣：或许是山区留守孩子们和当地居民们对你的不理解；或许你做的事情是对的，可是传统的观念会让他们排斥你的行为，会让自己无比苦闷。而甜大概也就是你看到山区的孩子们喊你一句老师好，认认真真地坐在教室里听课，在操场上肆意奔跑玩耍挥发汗水，在他们离开学校的时候对你说谢谢老师的教导。或许过程是苦辣的，但是最终的结果却是甜的，反复咀嚼也依然有味。多年以后，这段经历也还能栩栩如生地出现在脑海里，让我感动让我满足。

道路的开发、建设者是伟大的，一段路不仅是载体，人一生下来就像一段旅行，从起程的那一刻就在路上。自打学会走路就开始了在路上的行程，或长或短，或艰难坎坷，或畅通无阻。一个孩子从学会走路开始，一生都将在路上度过。路常常出现这样那样的状况，编织无穷无尽的梦想，有欢乐，也有惆怅，在欢乐和惆怅中网织心愿于心结，不断网织，不断收获、不断逃离。支教这条路，会有惆怅，有苦恼，有烦躁，当然也会有欢乐，有收获，有欣慰。我愿意尽我所能，将我的力量带给孩子们，做我能做的，圆我所想的。

在最好的年纪，做最想做的事情

王心月

　　像梦一样！现在回想，还觉得有些不真实，我成为广西大学研究生支教团的一员啦？！

　　刚开始知道它，是大三下学期，第一届支教团的学长学姐来学院宣传，听着听着发现自己很多硬性条件不够，可能最基本的成绩要求都不达标。原来的喜悦和向往随即变成失落，澎湃的心也慢慢冷却。

　　半年之后，同一级的同学要么开始准备工作简历，要么成为考研大军中的一员，可是我仍然没有明确自己的方向，也一直没发现自己非常想做的事情，对支教的事有些念念不忘可成绩又是硬伤，就这样一直无所事事迷茫地过了一阵。或许真的是缘分，九月的一天，上课走神和同学聊天的时候得知本专业的年级排名已经出了，突然又被告知自己的成绩正好卡在研究生支教团的申请线上，一种不确定的喜悦袭来，着急地请了假飞奔回宿舍下载通知。然后便是紧张地准备和等待，填写申请的时候，中间因为格式的问题打印了很多废表，然后在给老师签字盖章的时候出了些差错，在交表的时候又被退回了一次。就这样中间经历了好几次波折，终于在交表的最后期限把表交到了学校团委，之后便是等待。当校团委的老师从我手里接过表的时候，我没想到初审竟然通过了！因为那时即使有想去支教的强烈意愿，但是看到周围有那么多优秀同学的申请，瞄到那一摞附夹着一沓一沓荣誉证书的申请表，自己薄薄的申请表更显得有些寒酸，再加上曾经因为估计成绩不达标已经放弃了这个想法，可以说根本没有准备过。当接到老师电话说第二天下午面试的时候，整个人都有点懵，怎么我入选啦？几次看名单确认后又开始着急，怎么？不是刚问的学姐说先笔试然后等几天再面试么？怎么这么快？不知道是该惊喜还是该惊吓，怕面试准备不充分给评委留下不好的印象，自己的个人介绍写了几遍都不满意，中午在办公楼荷塘边转了记不清几个圈之后参加了下午的面试。面试之后接着又是笔试，笔试之后很快又被通知试讲。阴差阳错地选择了自己初中学得最费劲的数学，因为思来想去还是数学形象一些并且更有趣味。借了初中的数学书备好课拿好工具，进入教室的时候，依然紧张得手心都是汗。台下坐的是西大附中的四位资深教师，而我们都是没有任何讲课经验的非师范专业学生，很多知识既怕讲错又怕讲不出。讲课的时候害怕出错所以嘴上一直不停说，眼睛一直看着老师怕自己出问题，后背一直流汗。老师说停的那一刻，感觉像从热锅上逃下来的蚂蚁，着急地道完谢逃一样地离开了教室。

试讲结束之后的每一天都上网搜索，晚上睡前也会想是不是不行了？如果选不上应该怎么办？一周后在学院学工组老师那里查到公示，当再三确认那个名单里有自己时，整个人像中了彩票一样高兴，像是一种自我肯定，肯定自己大学三年来没有虚度。哈，准备去做一名教师啦！可是后来我才知道这仅仅是一个开始，当我没有得到的时候，我渴望它，当我冷静下来再看的时候，我发现这仅仅是对我的第一个考验。

在确定名单并且经过公示期之后便开始保研的流程，支教在让我得以发光发热的同时又给了我一个可以深造的机会。那个时候我正跟父母商量回家乡高校读研的事情，广西山好水好人也美，可是毕竟父母想要我回到他们身边，好照应也不用半年才回一次家，可是这时我从团委老师那里得到消息：以往外校的保研名额今年取消了。也就是说，只能保本校，加上支教的一年，我要在离父母几千里外的祖国南疆总共待八年。我脑海思考着这个数字，又开始陷入犹豫，我不知道我还会有多少个这么美好的八年。在给好友打电话告诉她我将要去支教的消息时，她难得的沉默之后便开始反对，她认为如果我想支教大可等毕业工作稳定后再去，现在正是需要打拼的时候，并且本身又没有多少经验，不适合现在去。当心情慢慢平和，才发现需要考量的还有很多。

研究生毕业后能不能回到家乡？因为不能由于自己的原因就把父母接到完全陌生的环境里，让他们在生活习惯有着巨大差异的他乡生活下去，他们在小小城镇有他们的亲友家人，有他们喜爱或不喜爱但熟悉的一切……可是，一想到我都已经过五关斩六将走到了今天，现在放弃等于又要从头开始，心里就有些不甘。想过支教之后直接参加工作，但那时就是往届毕业生，对工作很不利；也想过如果不参加支教自己复习能不能考上本省的研究生；还想过毕业之后回去找工作是不是也能在省内找到好的工作。种种的可能与也许充斥着我的脑海，像是两个小人在我的脑海里打架，一个说不要去支教了，最起码现在不是你支教的合适时间，现在支教你还是什么都不懂的小屁孩，就要去教孩子们，你怎么能教得好呢？另一个声音又在温柔劝阻，一直以来你都羡慕那些一直奉献自己帮助别人的人，看到朋友参加志愿者活动时每次都遗憾为什么自己没有拿出空余的时间多做些公益活动。每天按部就班教室、食堂、宿舍三点一线的生活着，但却一直想做些自己喜欢并且有意义的事情，现在对于你来说，正是实现自己目标的时候，为什么退缩？并且脑海里两个小人一直打架而我自己也说服不了自己。一会儿坚定不移要支教，一会儿又患得患失自己之前所想是不是不合适自己。

国庆节放假在家的时候，每一天都这样在纠结中度过，不知道这样的选择是对是错。后来好友的一些话让我突然有了新的想法，她说如果现在不知道怎么选择，那就按照你最想做的事情来，如果很想去支教，那就去支教，因为不知道未来是怎么样的所以专注于现在想做的事情。那个时候突然就豁然开朗了，是啊，既然现在还不知道未来会怎样，如果最后选择不理想，起码也不会后悔，因为那确确实实是我现在最想做的事情。

如果我们从一开始就犹犹豫豫，是不是就不会离开我们赖以生存的大陆，就不会去探索海洋和太空的奥妙。前面的路不好走，可是已经有三届学长学姐把路从没有一步一步地走了出来，我又怎么能退却？我的人生直到现在都是顺风顺水，在家里有父母长辈的呵护，在学校有老师学长学姐的教导和叮咛，吃穿住行任何一样都是宽裕的。可是我感觉这样的宽裕总是少了些什么，太稳妥的人生无法让我的心境变得平和，一直享受"被爱"的我想要"给予"，想要给别人"关爱"却满腔热血不知该往何处澈。直到后来发现在离我们不远的地方，有些孩子还像我们的父辈那样为有没有机会接受教育而担忧，当我们在空调房里用电脑看电影的时候，他们可能连买课本的钱都要问家里要好久。用一年的时间换一生难忘的回忆，或许之后我还有机会服务基层，可是一定不是现在的心境了。所以就让我在最好的年纪，来做我最想做的这件事吧！

情系家乡，助力梦想

陶　云

光阴荏苒，转眼间就到了专属我们2012级的毕业季。曾经想过自己会做一名翻译家，在翻译界风生水起；想过做一名导游，带领各国游客游历祖国大好河山；也有想过去当公务员，踏踏实实为人民服务。却从没想过，我最后会回到家乡，做了一名支教志愿者。

2015年9月中旬开始，各种招聘信息开始轰炸我们的毕业群。有招聘翻译的，有招聘教师的，有招聘销售的等等，薪酬待遇让我们眼花缭乱。最终我投了深圳的一家公司，月薪有四千多，工作轻松，主要的工作内容就是维持和泰国客户的关系。我一直想要去一个大城市工作，拓宽自己的视野，实现自己的大抱负。所以当这家公司决定要应聘我的时候，我欣喜若狂。毕竟竞争的人很多，过五关斩六将才在最后一轮拔得头筹。公司短信通知了签约的时间，可是就在签约的前两天，我收到了一个转变命运的信息——中国青年志愿者第十八届研究生支教团广西大学志愿者招募。

信息的主要内容就是学校要在全校招募九名具备保送研究生资格、有奉献精神、身心健康的应届本科毕业生或在读研究生到广西贺州市富川瑶族自治县开展为期一年的支教志愿服务，同时开展力所能及的扶贫服务。据往届学姐学长的经验，招募的要求比较严格，不仅要求成绩排在专业前列，而且还需要有担任学生干部的经历。整个招募过程要经过笔试、试讲、面试三个环节，最后综合各成绩，决定录取结果。面对这样激烈的竞争，我没有把握自己能获得其中一个名额。如若我报了名就意味着我将放弃在深圳的工作，然后再进入到一轮无法预测结果的竞争中。我清楚地明白自己将会面临怎样的处境，最终还是毫不犹豫地报名参加研究生支教团的招募。

很多朋友、同学、亲戚都无法理解我的决定。一个是在深圳，另一个是在一个小县城；一个月薪 4 000 多，另一个每月只有 1 000 多元的生活补贴。怎么会这么傻呢？我的朋友是这样评价我的。但是只有我知道放弃优渥的工作而选择去贺州富川自治县支教是因为贺州是我的家乡。贺州位于广西东部，面积小，人口只有两百多万。虽然我的家乡是一个很小的城市，她却是奇石之乡、中国马蹄之乡，是全国双拥模范城、中国优秀旅游城市、广西文明城市。富川瑶族自治县隶属于贺州，这里居住的居民很多都是瑶族。瑶族风情独特迷人，有瑶家迎亲、拜堂、耍歌堂、上刀山等特色活动，其中每年农历十月十六日是这里有名的盘王节，广大瑶族同胞载歌载舞，庆丰年，颂盘王，体现了贺州的民风民俗，悠久历史和光辉文化。从出生开始我就沐浴在家乡的雨露中茁壮成长。富江水灌溉了数不胜数的稻田，肥沃的土地养活了数以万计的百姓，丰富文化充实了每一位贺州人。让我感动的不仅仅是它与生俱来的魅力，还有它善良的人民。在家庭面临困难的时候，不管是政府还是素不相识的人都向我伸出了援助之手，我才得以在学校安心学习，最终跳出农门，实现了自己的大学梦。我也相信，这样的"我"遍布贺州的每一个角落，他们也像我一样沐浴过家乡的恩泽。富川瑶族自治县是贺州的贫困县，经济发展缓慢，教育水平亟待提高。现在学校招募志愿者去富川支教就是为了促进贺州富川基础教育事业的发展，帮扶贫困家庭。贺州是我的家乡，现在家乡需要我们，家乡在召唤我们，饮水思源，我很开心终于有机会回馈家乡了。曾经一度觉得，最有用的方法莫过于金钱的回报，用资金来资助贫困人民，尽一份自己的绵薄之力。可是当看到广西大学研究生支教团的招募信息时，我想以支教这样的方式回报家乡，应该更有意义。金钱可以授人以鱼，教育却能授人以渔。对于个人而言，教育关系到一个人能否学到在社会中生存的基本技能，能否享受到现代社会的文明成果，能否提高自身的生活质量。孩子是栋梁，是未来，是希望。孩子获得了更好的教育，就可以学到更多的生存技能和专业知识，凭借自身所学，就能改变自己乃至一家人的命运，就能更好地为家乡服务，为改变家乡的落后状况做出更多的努力。从经济层面来说，百年大计，教育为本。教育是人类文明进步的重要标志，更是社会经济发展的重要动力源泉，是经济得以转型的动力与支点。所以要想经济发展，改变贫困的面貌，教育是关键。我知道这是一项非常浩大的工程，一个人的努力是微乎其微的，仅仅是一年的时间无法改变什么，但我相信如果能够凝结成百上千个"我"的努力，改变家乡的落后面貌将指日可待。

　　促进家乡的发展是我决定去支教的主要原因，而另一个动力是因为我想守护孩子们的梦想。贺州富川瑶族自治县主要生活着瑶族同胞，他们的经济收入并不高，很多人都外出打工，所以这里的孩子大部分是留守儿童。有的孩子因为贫困没有办法上学，有的孩子因为学校没有足够的教师而被迫弃学，有的孩子因为父母的愚昧而辍学。因为没有上学，很多孩子失去了扭转命运和实现梦想的机会。我想让孩子学到知识，我想在孩子们心中播撒梦想，我想守护他们的梦想，而支教是最合适的方式。

　　报名支教团的那天就是我放弃签约公司的那天，虽然很多朋友无法理解我，但是我的父母却很支持我的决定，他们说以前是你需要家乡，现在是家乡需要你，我们以你为荣。有了父母的理解，我毅然决然地报了名。报名支教团的人数也很多，注定又是一场激烈的竞争。

　　在经过面试、笔试、试讲后，我终于脱颖而出，获得了九个名额的其中一个。在欣喜之余，我也感受到了肩上的责任。那是父母的期待，是家乡的发展，是孩子的梦想。习近平总书记曾指出，搞好西部艰苦地区教育工作，师资很重要。团中央、教育部组织实施西部支教扶贫工作，是团工作的创新之举，是推动教育公共服务和教育资源均等化的举措，也是培养年轻人的有效途径。从现在开始我会多看书，努力充实自己，提高素质修养，提升教学水平，培养生活技能和社会实践技能等等，才能不辜负习近平总书记对支教志愿者的期许，才能更好地发挥自己作为支教团志愿者的作用，才能更好地为家乡服务。

　　很多朋友会问我，是否后悔过自己的决定。从我决定开始报名的那一天，我就知道这个决定是无悔的。因为那是我的家乡，为家乡服务，我无怨无悔；为教育事业奉献，我矢志不渝；为孩子的梦想付出，我青春无悔。

时光荏苒·从心出发

黄　欢

🍀 支教——妈妈与我

还很小的时候，就知道支教这个词语了。然而对于那时候的我，这并不是一个美丽的词语。妈妈是一名老师，在我上幼儿园的时候，妈妈响应学校的号召，下乡支教了一年。依稀记得那是一个阳光灿烂的午后，妈妈带着我去到奶奶家，对我说："妈妈要去支教了，你要乖乖听奶奶的话"。"支教在哪里？我也要去，我要和妈妈在一起。"妈妈摸了摸我的头，笑着说："支教不是在哪里，支教是一件对妈妈来说很重要很有意义的事情，它和你一样，在妈妈心里。"年幼的我当时并不能理解妈妈的话，只记得妈妈说完后坚决离去的背影，和我被奶奶抱在怀里，痛哭流涕的破碎记忆。这时候，支教对于妈妈来说是一个意义非凡的事情，而对于我，是一段悲伤而不安的时光。

多年后，在搬家之际，我发现了妈妈藏在书柜最深处的一箱子东西。轻轻拭去厚厚的灰尘，我小心翼翼地打开箱子，发现原来那是一沓沓整齐码放的信件和各种各样笔记本、小工艺品。泛黄的信件、款式老气的笔记本和工艺品，妈妈为什么要如此珍惜的放起来呢？我抽出几封，看到信封上稚嫩的字迹，整齐地写着妈妈的名字。妈妈此时刚好进来，看到打开的箱子，吃惊地说道："啊，就是它，之前忘记放在哪儿了，亏你找到了。""这是？""十年前，支教地的孩子们给我写的信啊，还有他们寄给我的小礼物。你可以看看，千万别弄坏了，我还要好好收藏呢！"妈妈很认真地和我说。"你看看这些信，都泛黄腐坏了，我才不稀罕看呢！还有这些笔记本什么的，土里土气的，我才不要呢！"我有点气势汹汹地说道。因为处于青春敏感期的我对那些在童年时霸占妈妈一年时光的乡村孩子耿耿于怀。这时候，支教对于妈妈来说，是一段难忘于心的回忆，而对于我，是一个遥远的不能想象的梦。

所以当我看到学校官网上发布的第十八届研究生支教团名单，我的名字安静地躺在上面，心中感慨万千。晚上，我给妈妈打了个电话，骄傲着告诉她："妈妈，我要也要去支教了。""是吗？你也要去支教了？你当时哭着拉着我的衣脚，说要和我一起去支教的样子仿佛还在昨天呢！时间过得真快啊！"是啊，时光荏苒，从孩子到长大成人，从排斥到欣然接受，从一名学生到一位教师，这时候，支教对于我，是一个满怀期待的憧憬，对于妈妈，也许是一个欣慰而熟悉的举动吧。

🍀 成长——选择与放弃

我的专业——日语，是我坚持喜欢了十几年的东西。从能勉强乱唱一首日文歌的六年级开始，到能基本做到和日本人流利交谈的大四学生，选择这条路并不是一帆风顺。一年前，出国留学是我的梦想。出于对这个语言的热爱，受到日本文化的吸引，总让我忍不住想去那个国家看看。尽管中日关系起起伏伏，尽管家人会顾虑和不安，我也从来没有选择放弃。去年暑假，我终于有了去日本的机会。在我对日本文化狂热追捧到顶峰的时候，我曾想，在我踏上日本土地的那一刻，我一定哭出来。然而事实是，飞机在上海的夜色中起飞，机上广播说出了中国国境，即将进入日本领空的那一刻，我哭了。那是一种莫名的感伤，我离开了我的家，离开了家人在的土地，到了完全陌生的国度，从此开始了一小时的时差和快了六十分钟的想念。

日本之行，让我感受到了许多真真切切的东西，看到了许多曾经在教科书和电视机上才能看到的景色，体验到了发达国家的社会氛围。不过，这也让我突然产生了一种完成梦想的失落感，人心心念念的东西一旦得到之后就去寻找下一个，既然我已经完成了来到日本这个梦想，那下一步是选择去留学吗？

下定决心是在从南宁回家的大巴车上，在正规的客运站买的票，写着快巴，全程高速，结果却是司机绕路拉客，半路上下客，私自改变路线，中途下了高速改走二级公路，使得回家两小时的车程变到四小时。这让刚从日本回来的我受到了严重的刺激，日本的社会是十分注重诚信和守时的，电车的时刻表精确到分，几乎没有晚到的现象，为什么人家日本人能做到的？我们中国人就不能做到呢？

乡村的公路坑坑洼洼，映入眼帘的是破败的砖瓦房，拉着生男生女都一样的横幅，还有在水稻田边戏耍的赤脚少年，背着婴儿牵着黄狗散步的少女。耳边是熟悉亲切的壮话，不断有人叫嚷着停车。我不禁陷入了沉思，这时候我才发现，我追求的不是在日本的高水平生活，而是希望我们的国家也能变得像发达国家一样，经济发展，社会平和，成为一个高素质的文明国家。那么改善的办法在与哪里？在于教育。我们国家在改革开放后经济发展十分迅速，然而人们的道德水平却跟不上，这才致使现在社会越加暴戾，出现了种种矛盾。而好的教育，是能改善这些矛盾的重要手段之一。

回国后两个星期，开学了，回校后我看到了关于第十八届研究生支教团的选拔通知。在我提交报名单后，打个电话给妈妈，说道："妈妈，我不想出国留学了。"妈妈有点惊讶，"怎么突然就不想去了？是不是去了日本一趟发现还是家里好啊！""对，还是家里好，但我想让这里变得更好。不过我还是很喜欢日语，我要继续学下去。""只要你喜欢并且坚持努力，不论是什么选择，妈妈都支持你。"

🍀 决心——憧憬与希望

春节期间，参加了初中的同学聚会。为了庆祝相遇十年，聚会很盛大，很多自打毕业就没有再见过面的老师同学都来了。大家都是处于快毕业的年纪，自然就有很多人问起毕业的打算这个问题。"听说你大学真的跑去学日语了？"一位颇久不见的初中好友打趣地问。"是啊。"我微笑地回答。"那毕业了是不是要去日本？""不是，我要去支教一年呢。""支教一年？你要去教人家什么？教人家说日语么？"这个问题有点尖锐，不过也是我一直在思考的问题。我能为支教地的孩子做些什么？

回家后我去问妈妈："妈妈，你以前去支教都教了孩子们什么？语文？数学？""也许你看看孩子们写给我的信，就知道了。"妈妈说完，又小心翼翼地拿出她珍藏了十几年的箱子，我之前见过却不屑看里面的内容，现在却十分好奇孩子们到底写了什么。第一封，看似小姑娘的名字，信里画了一堆小人在蓝天白云下玩耍，旁边写上一行字"老师和我们"，我不禁笑了"原来是教画画么？这小孩子画的挺好的。"第二封，居然是一首诗歌，虽然有错字但是还挺押韵，最后还有一行感谢"我最爱老师的语文课，谢谢老师。""咦？是教语文么？"

"其实啊，我语文、数学、美术都教。但是这些都不重要，当时也不缺教

063

语文数学美术的老师，你看看他们的信，为什么你是微笑着看呢？那是因为他们一定是开心的时候写的。这才是最重要的。"

这不禁让我眼前一亮，是啊，学校选择我们去支教的本意是什么呢？如果是为了改善教学质量，那么仅仅是我们本科生和一年的教学时间是远远不够的，我想，既然以我的专业知识不能发挥很大作用，其他知识的积累也还是有的，我们可以给孩子们带来新鲜的空气，带来外面世界的精彩，拓宽他们的眼界，带来热情的微笑融化他们心里的冰雪。而且，对于支教地的孩子最重要的除了知识，还有做人的道理。青春期的孩子，是敏感而脆弱的。我们也可以好好引导他们，教他们一些为人成才的道理，或者在必要的时候给予他们心理健康的辅导，陪他们度过心理的难关。

在给以孩子们帮助的同时，我们会获得更珍贵的东西。培养耐心，学会爱与宽容，懂得团队合作与互帮互助……这些是我们在学校里学不到的，更是这一代独生子女所缺失的。所以，支教的受益者不仅仅是支教地的孩子们，更是我们自己本身。

最后分享一段在知乎网上看到的文章，"改变一个生命，时间的长度不一定可靠。许多时候，一天、一小时、甚至一分钟，真的能够创造奇迹，这就是'永恒瞬间'的价值。是否能在短期支教中创造'永恒瞬间'，最重要的不是专业、不是技巧，而是爱和真诚。"

我们满怀爱和真诚，我们满怀希望与憧憬，我们正出发。

坚守心中的那份信念

何剑桥

　　青春年华，来之匆匆，去也匆匆。在这个短暂又美好的时间里，我们坚守了心中的信念。有人说：坚守信念便是坚守一份责任，坚守一种执着、一份理想，于是我们在黑暗中前行，在迷茫中找寻自我。因为有了信念，我们义不容辞，不时鞭策自己，提醒自己，要前进、前进、前进……无论遇到多大的风吹雨打，都毫不畏惧地迎接雨后的晴天。

　　在浮华与坚守之间，在就业与支教之间，该如何选择？喧嚣嘈杂的浮华社会，有些人的灵魂早已蒙上一层灰尘，失去坚守人生信念的方向。错综复杂的就业环境，让处在迷茫中的人不知所措。而我选择了坚守信念，随心而行。

　　在茫茫人海中相遇，相识，相知，这就是缘分，我们褪去青涩的棱角，穿越过汹涌的人群，跨越绵绵丛山，用最真挚的热情，用最无私的爱来迎新的生活。在这个美好的夏天，我们怀着同样的梦想，相聚在美丽的花山脚下——宁明县，开始了我们无比期待的支教生活。

🍀 与君初相识，犹如故人归

　　我们小伙伴间的初次相见并没有太多的言语，彼此间仿佛陌生，又似曾相识。见面时我们促膝而谈，一切是那么的亲切温暖，那么的熟悉。我们来自不同的地方，但我们心中都有一个共同的梦想。我们相互介绍，相互了解，相互支持。在相处的时间里，我们同呼吸共命运，遇到困难时，大家相互关怀，得到肯定时，大家相互勉励。当自己第一次与宁明中学相遇时，我已经深深地爱上了它，优美的环境，整洁的校园，仿佛自己又回到了当年的高中时代，回到了曾经留下无数心血与汗水的地方，回想起了自己早出晚归，追求理想的模样。而今，自己再一次步入高中生活，却换了一种身份。时光荏苒，转眼间，我到宁明中学支教已经长达半年，我们一起在快乐中成长，在成长中收获，我们始终不忘心中的那份信念。

受之重任，肩负使命

"高一生物，7个班，这是你这学期的教学任务"是的，我没有听错，自己将要承担起高一7个班的生物教学工作。对于我们这种非师范生来说，如此大的任务量无疑是晴天霹雳。我们此刻才深知自己肩上的担子是多么的沉重。每一个人都承担着大量的教学任务。遇到困难，我们相互勉励，相互促进。我们坚守自己的信念，无论前方的路多么坎坷，我们都要一起前行，我们挑起担子，肩负着支教工作赋予的神圣使命。

虚心求教，博采众长

受之重任后，我们最担心的是自己该如何教育好学生，在那段时间我一直在反复问自己，"我们支教团的老师，到底能为学生带来什么？"知识传授？对于非师范生的我们来说远比不上执教多年的老师。教学经验？我们几乎为零……那么，自己又该如何教育好学生呢？高一生物的知识内容本身对于我自己而言并不难，但是难度在于如何教会学生，如何教好学生。对于没有教学经验的我来说，无疑是摆在眼前最棘手的问题。于是我通过网络资源，观看名师的教学视频，与学科老师积极交流与探讨，虚心求教，把教学过程中可能会遇到的问题，每一节教学的目标，教学重点、难点一一解决。力争为学生们呈现好每一堂生物课。在自己所带的班级里，其中4个班级为普通班，3个班级为重点班。而普通班与重点班学生的基础知识、接受能力及理解能力都有明显的层次区别，学生在学习的自觉性和主动性上也参差不齐。在两种类型的班级里，必须因材施教。向其他老师虚心讨教，学习他们的授课方式，再结合班级的实际情况，制定出一份完整的备课方案。

不忘初心，砥砺前行

有人说，时间是最好的解药，确实如此。在自己授课一段时间以后，面对同样的课程，同样的内容，在7个班级里反反复复地讲，或多或少会出现一定的疲倦感。在出现疲倦感以后，我自己常常反省，该如何克服这样的心理，如何调整自己的心态。在这段时间里我始终牢记当初的誓言，记住自己当初坚定的信念，不断挑战自己，磨炼意志，时刻不忘我们支教团的志愿精神与追求。我相信只要全心奉献，用心体验，"痛并快乐着成长"会是我们支教生活的最好收获。

感化学生，带去温暖

在与学生接触后，我常常发现一些厌学的学生，对我说："老师，我不想上学，我觉得上学没有用"，"老师我认为高中的学习生活是在混日子"他们在表现出厌学的同时，时常伴随着对父母的抱怨与不满。他们的父母绝大多数为了给他们提供更好的生活而被迫背井离乡，外出打工，这些孩子就跟着爷爷奶奶或亲戚生活，成了留守儿童。或者是由于家庭教育的缺少，家庭暴力的影响，使他们幼小的心灵遭受了严重的伤害。从小就缺失了太多爱的孩子们总是顽劣不堪，上课通过各种搞怪捣乱来吸引老师的注意，面对批评教育的时候也常常表现出事不关己高高挂起的姿态。但是，从根本上来说，他们不是坏孩子，他们只是想得到一点点关爱，需要一点点的理解……每一个人都会有叛逆期，而在叛逆期的他们，如果不进行耐心地引导，常常会误入歧途，走上弯路。为了更好地和他们交流，拉近师生距离，引导他们正确面对学习生活，我们常常将这些"问题"学生邀请到办公室，与他们进行亲切交谈，了解他们的实际情况，通过分享自己的亲身经历，鼓励他们学习，激发他们对学习的热情。

亦师亦友，恩威并施

俗话说，"身传重于言教"。老师在教育学生的同时也在潜移默化地影响着学生，老师是学生的一面镜子，老师的一举一动，一言一行，都会对学生产生或好或坏的影响。比如看到教室里乱丢的垃圾时，自己默默地捡起来；上课不迟到，不早退等等，这些小小的举动，让学生看到眼里，懂在心里，从而更好地影响学生的行为。在与学生的日常交往中，尊重学生，与其为友。作为老师，尊重学生意味着完整地接纳学生。也就是说作为老师我们既要接纳学生的优点也要接纳其缺点，既要接受学生的光明面也不要排斥其消极面。如在平时的教学工作中我遇到了很多学习成绩差可是品行好的学生。对待这样的学生，要积极引导他们掌握正确的学习方法，并进行积极肯定。尊重学生同样也意味着对学生一视同仁。作为老师就应该公平地对待每一个学生，让学生享受到平等的权利。平等地对待学生就要承认每个学生都有发展的潜力，面对千差万别的学生，要能看到每个学生身上的闪光点，要尊重每个学生的个性，表扬鼓励不能集中在几个学生的身上，而是任何学生只要有了好的表现，就表扬鼓励他。尊重学生更意味着真诚对待学生，尊重不是没有原则没有是非地一味放任学生。我们总会遇见这样或那样的学生，有优秀生也有后进生，而我坚持在思想教育工作中都做到以情感人，以理服人，真诚地对待每一位学生，用我的真诚换取学生对我的信任与信赖，从而使师生关系更加融洽。

收获，惊喜，感动

"功夫不负有心人"自己在本学期高一生物的教学中，得到了学科组的极大肯定。有幸代表学科组参与高中教学优质课比赛，通过自己的精心准备，为各位师生呈现一堂富有青春活力的生物展示课，得到了各位老师和同学的一致好评，并荣获得了二等奖的好成绩，这个无疑是对我教育工作的极大肯定和鼓励，让我对自己的支教生活越来越充满信心。由于高一年级将于新一年的春季学期进行文理分班，意味着熟悉的同学即将分别。最后一天的生物课上，当我结束了最后的授课内容，突然学生们开始议论纷纷，"生物老师，下学期你还会教我们吗？""我们还能见到你吗？""我们不想让你走"……

学生突如其来的问题，让我又一次明白我们将彼此分离，心中的不舍之情油然而生，我对他们说："老师下学期还会回来的，还会见到你们的"，然后我讲了几句对大家的祝福，不舍地离开了教室。

大家精心给我准备了礼物，在一封封精美的信封里，我看到自己支教生活中的点点滴滴，也感受到了学生们的感激之情。"当我见到你的第一眼，就感觉你是我的大哥哥，那么的亲切，那么的友好，虽然只带我们半个学期的生物课，但是感情是真的有，是你让我明白了许多生活的常识，许多做人的道理。老师，在我眼中跟别的老师不一样的你，总是很温柔很平等的对待我们每一个人。谢谢老师短短半学期为我们所做的付出。""谢谢老师教会了我很多，虽然我这次生物考试没有考好，真希望下学期还能作为你的学生"这些是学生们给我的留言，也是我此行最珍贵的收获。

当我给别人分享起我这半年的支教经历时，最让我庆幸的就是我拥有那么多可爱的学生，同样最令我感到骄傲和自豪的就是我的学生们！

"用一年不长的时间，做一辈子难忘的事情"。坚定心中的那份信念，无怨无悔。如果当初没有坚定信念，可能也不会有这些成长和收获，更不会体会到如此沉厚的师生情。支教路上，我还在前行，未来的日子里，我将会更加努力，不忘初心，坚定志愿服务的信心，让青春的色彩在志愿服务中更加绚丽，让生命之花在无悔奉献中怒放。

初见，走进，拥抱朝阳

孩子们澄澈的目光中对知识的渴求，对大山外世界的向往，坚定了我们的选择；孩子们纯真向上，如同绚烂的朝阳，我们真心与他们相拥，用知识为他们装点心灵、启迪智慧。

走进富川

臧 磊

富川瑶族，是一个热情好客的民族，是一个与龙共舞的民族，是一个以歌话情的民族。

富川人民民风淳朴，热情好客，瑶族人民都是热心肠。我曾听一个学长说，以前他在瑶乡送一份文件，走到收件人楼下了，却怎么也打不通那人的电话。他就拿着那份文件，指着收件人的名字问一位阿姨。阿姨不认识这个人，她打电话给自己的儿媳妇。儿媳妇从楼上下来，也不认识这个人。然后儿媳妇叫下来自己的弟弟……后来文件送到收件人手里的时候，已经惊动了好几层楼的人。学长说，这些热心的乡亲们，让他一个外乡人找到了家的感觉。

富川过节时节日气氛很浓。我来富川，印象最深刻的就是在这里的过节的经历。

富川有一种节日是村里人自己定的，每个村挑一天过节，年年在这一天庆祝。过节这天，举村欢庆，家家设宴，无论远近，无论亲疏，都可以在这天来做客。瑶乡人民热情好客，过节的时候客人越多，家里越热闹，主人越高兴。

第一次进村过节，学校林老师热心的驱车载我们去他们村里。一到村里，看到一排排车整齐地停在村口，还有各种卖礼品的路边摊。村子里的小路上是不停穿梭的人群，不时有人在村头那棵古树旁拍照。那棵树好几个人都抱不过来，想来也见了不少岁月更迭，枝枝叶叶都透着一种空灵感。

一进村子第一感觉是胡同真窄。因为以前胡同的尽头会用栅栏围住，这是先人们为了防止山上的野兽闯进村子建的。村子的布局规格非常精巧，听陈老师说是按照八卦阵建的，不熟悉的人很容易迷路。据说以前有个小偷进村子偷了东西以后，被困在了迷宫一样的小巷子里。然后在村子的各个巷子转到了第

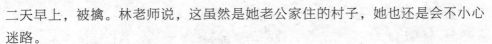

二天早上，被撂。林老师说，这虽然是她老公家住的村子，她也还是会不小心迷路。

村子里古旧的小路是用鹅卵石铺成的，墙上的砖瓦透着历史沉淀下来的厚重感。这个村子听说有几百年历史了，几百年的日升月落，光阴流转，在它身上留下或轻缓或急峻的印痕。

进了主人家里，我们随林老师入座。桌子椅子饭菜都是温馨的家的感觉，但是饭菜非常丰盛可口。我们并没有刻意赶时间，但是我们去的时候饭菜还是温热的。林老师说，这是流水席，一直都会有新的饭菜端上来，无论什么时候到都有可口的饭菜。

酒足饭饱以后，林老师带我们去游览古村落和秀水状元村。那真是我记忆中难忘的清丽澄澈。我第一次见到清澈的小溪在自己家门前流过，小溪在村口开阔起来，有人在村边洗衣服。楼上有人拍照，那溪流仿佛流进人的心里，洗涤着那些纷繁浮躁。青砖黛瓦，小桥流水，这曾是我梦中神往的去处。

古村落里有许多粗壮的古树，树皮沧桑。这些古树有些枝干遒劲，枝叶繁茂，有些却已经成为枯木，挺着傲骨直直倒下。

从秀水出来，我们顶着群星，披着月华，手机里拍了几百张照片，心满意足。

富川各个节日都非常热闹，我们刚来支教的时候有县庆，有盘王节，有各种我没听过的节日，每个节日气氛都特别浓厚。相对比之下，我们那边过节气氛就差远了。

除了过节，富川还有许多其他特色的风俗习惯，比如炸龙。每年的正月初十到十五，富川都有炸龙表演。那是一种非常原始肢体舞蹈。炸龙这个习俗应是逐步发展来的。最开始是舞龙、舞狮。在喧天的锣鼓声中，舞龙、舞狮的队伍走街串巷，每经过一户人家，主人就不断地燃放鞭炮。龙舞到哪里，鞭炮响到哪里。舞龙讲究整体的协调配合，龙头听从龙珠指挥，引领整个龙身和龙尾的摆动。整个过程极富观赏性。

炸龙就是炸龙者将点燃的鞭炮向龙身甩去，谁有钱买鞭炮，谁就可以去炸龙。炸龙者一般一手持鞭炮，一手拿神香，点燃鞭炮以后就往龙身扔。有时候成挂的鞭炮从周围同时开火，整个场面激烈刺激，扣人心弦。舞龙的刺激更甚于极限运动。舞龙者必须巧妙地躲开爆竹，以防被炸伤。爆竹在龙头炸开要挡回去；从龙身炸开，要躲开；从脚底炸开，就得跳起来。更刺激的是，年轻的小伙儿舞龙时通常是赤膊上阵，我估计这爆竹要在身上炸开那就是个皮开肉绽。

不过没有金刚钻，人家就不揽瓷器活儿。舞龙的都是精干的小伙子，蹦跳着、扭摆着、腾跃着，任你怎么炸，我都华丽地躲开。这叫技术！即使炸龙过程中要进行人员替换，也能在瞬间完成。在炸龙的过程中，除了舞龙的人要躲开四面八方飞来的爆竹，人群也有被舞龙者踢挡回来的爆竹炸伤的可能，所以整个过程中人群也会不时东倒西歪，气势恢宏，人潮涌动，十分壮观。炸龙结束后，硝烟散尽时，大街上会留下厚厚的鞭炮纸，在一片喜庆之气中，新的一年开始了。

富川炸龙已有数百年的历史，炸龙是有危险性的活动，但是炸龙有自己约定俗成的规矩，什么时间可以炸，什么部位不可以炸都要按照传统约定操作。虽然场面喧嚣狂热，但是不用担心出乱子。

除了炸龙，富川还有令人艳羡的非物质文化遗产——《蝴蝶歌》。富川一中那条路上的路灯非常有特色，是蝴蝶翅膀形状，这造型就源于当地人民引以为豪的《蝴蝶歌》。《蝴蝶歌》曲调清丽优美，宛转悠扬，是"梧州歌"中的精品。它的歌词结构多为七言，连接四句成为一首。《蝴蝶歌》有长短之分，长《蝴蝶歌》为母歌，一般多在重要的集会、活动中演唱；而短《蝴蝶歌》词句灵活多变，多用于男女对唱定情。《蝴蝶歌》非常有感染力，以其浓郁的民族特色和独特的音部韵律形式，博得了国内外专家学者的重视和赞誉，在国内外的民族歌坛上占有不可替代的席位，是瑶乡一颗圣洁的艺术明珠。

来到富川，游过古村，吃过盛宴，看过炸龙，喝过油茶，再在春暖花开的季节听听宛转悠扬的《蝴蝶歌》，我觉得，这段记忆，就叫美不胜收。

我的三尺讲台

梁舒敏

《孟子·尽心上》记录了孟子曾经说过的这么一句话："君子有三乐，而王天下不与存焉。父母俱存，兄弟无故，一乐也；仰不愧于天，俯不怍于人，二乐也；得天下英才而教育之，三乐也。"孟子说的第三种"君子之乐"，就是今日所说的育人之乐了。

教育蕴含的乐，唯有站在三尺讲台上，你才有机会真真切切地感受到其中的美妙与惊喜。我不是师范类院校的毕业生，原本与三尺讲台无缘。所幸能够成为第三届广西大学研究生支教团的一员，来到富川瑶族自治县第二中学担任154班的英语老师。2015年9月7日，也就是二中学生正式开学的那一天，我拥有了属于我的三尺讲台。

三尺讲台，是班级授课制度不可缺少的一个组成部分。它有利于教师处于最明显的地位，使教师的声音能最大化地传送给学生，方便学生听课、做笔记。此外，它其他的特点也使它不同于大学生利用课余时间进行的一对一家教式教育，也有别于一对十（或者十以内）的小班教学。站在三尺讲台上，好像你就站在舞台中央。全班五十多双眼睛聚焦于你，似雷达般进行全面扫描。而你需要忽略这些表面的东西，从一而终地专注于你的课程内容，脑海里坚持这四十分钟课程的主脉络。而你的眼睛也不能闲着。教师的眼睛可以和孙悟空的火眼金睛有一比，上课时，你的眼睛得不断扫视全班，观察学生一举一动，从他们的反应获取信息反馈。这些举动，或许在一对一的家教或者一对几的小班教学时可以轻松实现，但当学生增加到几十号人时，一切都变得不再简单。

当我还是一名学生的时候，每每上课，看到站在三尺讲台上的老师，我不会多想，只会把这个人看作老师，他（她）只是一名老师。当我不再是一名学生，而是以教师的身份站在三尺讲台后面时，我发现，我的角色不仅仅是一名教师。

我还是学生学习的引导者。对于刚刚上初中的孩子们来说，英语是一门颇有挑战性的学科。首先，不少孩子在小学没有接触过英语，即使小学开了英语课，孩子们也没有把它当成一门学科好好对待。等他们迈进了初中的大门，情况就大有不同了。英语不仅得学，还得好好学。这不仅仅因为它是新科目，每天都有每天应该掌握的新内容，更因为它是一门金字塔学科，需要从一开始把基础打牢固，这样以后的英语学习道路才不会越来越吃力。这就要求我慢慢引导学生去学习、去探究。从一开始的一无所知，到慢慢揭开英语神秘面纱，到初步零距离接触英语的学习，到逐渐深入地探讨，整个过程，我需要去 lead 而不是 push。做好学生学习的引导者从始至终都是最重要的。

我还是学生发展的促进者。教育，是以人的培养为直接目标的社会实践活动。1999 年，在国务院做出的《关于深化教育改革全面推进素质教育的决定》中就明确指出，现代的教育应该是一种素质教育，以培养学生的创新精神和实践能力为重点，培养"有理想、有道德、有文化、有纪律"的全面发展的人。当你站在三尺讲台上时，你面对的就是五十多个"人"的发展。无论他成绩如何，无论他纪律表现如何，不可否认的是，每一位学生都是发展的人。这要求教师把学生看作是发展过程中的客观存在，坚持把学生身心发展的规律和特征放在各种教育教学活动的首位，维护学生在教育活动中的主体地位，注重学生的主体性需求，挖掘学生个体的智慧潜能，陶冶学生个体的道德性格，促进学生的全面发展。

我还是高效课堂的推广者。在新课改的时代背景下，高效课堂是一个大趋势。高效课堂，是高效型课堂或高效性课堂的简称，讲究的是能够在课堂有限的时间内达到高目标的教育教学效率或效果。高效课堂是有效课堂的最高境界。要做到高效课堂，教师就必须做到高效教学。初为人师，我有幸能与二中的老师一起学习高效课堂这一新型课堂的理念和实施办法。把全班分组，每一组有自己的小黑板，把课堂时间还给学生，给他们提供自己想、自己写和小组展示的机会。高效课堂是以学生为主体的课堂，是学生积极参与、充分发挥其主观能动性的课堂，是值得每一位老师实践的新型课堂。

我还是一个自我反思者。《论语》里，曾子曾曰："吾日三省吾身——为人谋而不忠乎？与朋友交而不信乎？传不习乎？"作为一名教师，"省"是一门必不可少的工作。每一份教案，每一节课，都是我的一面镜子，让我不断从中反思刚才那一份教案、那一节课的表现。自我反思基于我在整个教学过程中的不间断观察。我的思维方式对学生产生了什么样的影响？学生的理解能力是否和我讲的语法、我设计的题目的难度相符？在刚才的那堂课中，是否全体学生都参与了我的教学活动？是否都跟上了我的讲课速度和教学进度？我是否实现了与学生有效的沟通和合作？我的课堂设计与学生的实际收获之间有多大差距？我的课堂用语是否准确妥当？我还有哪些地方可以做得更好？唯有经常反思、经常总结，我才能以最快的速度让自己成为一名优秀的教师。

我还是一个终身学习者。时代的飞速发展，知识正在以前所未有的速度更新着。加上新课改对教师提出的更高要求，想当一名不被时代淘汰的教师，你就得跟上时代脚步，先做"学生"，后做"先生"。"活到老，学到老""我学习，我快乐；我学习，我存在"是现代教师应有的态度。教师的知识储备不仅要专，还要广。也就是说，你该学习的，不仅仅是你任教的那一门科目，还应该是世间万象。用英语作文里的那句话解释，即 know something of everything and know everything of something。想成为三尺讲台上的一名优秀的教师，我需要学习的地方还有很多很多。

每一位站在三尺讲台上的教师都不仅仅只是一名"教"师，他们在教学过程中随实际情况的变化而扮演着不同的角色。苏联著名教育家苏霍姆林斯基说过，"没有爱就没有教育。"无论是哪种角色，都是"爱"的教育过程中不可或缺的一部分。初登我的三尺讲台，体验为人师的感受，在收获育人之乐的同时，也发现自己有更大更广的提升空间。路漫漫其修远兮，吾将上下而求索。

角色转变

麻 卓

🍀 你不做，怎么知道你不行

"今年，我们学校来了几位广西大学毕业的学生，来我们这里支教一年，现在请他们做自我介绍！"这是 2014 年 9 月开学初，新学期第一次召开的集会，只不过它不再是我的开学典礼，而是宣告了我学生时代的结束。我将用我人生的七十分之一，去做一件终生难忘的事——支教。

🍀 我是新来的麻老师

万事开头难，学生当了十几年，做老师可是第一次。有人安慰我说，别担心，没吃过猪肉还没见过猪跑吗。想想，好像是那么回事。上了十几年的学，老师怎么给我讲的，我就怎么给学生教呗。初中一年级的历史，肯定没问题。但是给学生的第一印象还是很重要的。

为了安排一场与学生的完美会面，我仔细地对着镜子练习自我介绍，新学期对同学们的寄语等等。讲到哪里应该微笑，讲到哪里视线应该怎么看，走路用什么样的姿态，板书要怎么架构……只要是我能想到的都做了周到的准备。可是看来看去，都觉得自己太稚嫩，没有一点老师样，怎么镇住这些只比我小十来岁且正处于叛逆期的小孩子们。我得让自己看的"老"一点，以免被学生"欺负"，于是我又去烫了个卷发，买了一双高跟鞋，这样是不是看上去"老"了很多。

终于等到第一次上历史课了，我"全副武装"，还叫了几个一起支教的伙伴们去听课，给我壮胆。效果嘛，还行，孩子们很欢迎我的到来，我也按照计

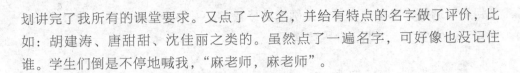

划讲完了我所有的课堂要求。又点了一次名，并给有特点的名字做了评价，比如：胡建涛、唐甜甜、沈佳丽之类的。虽然点了一遍名字，可好像也没记住谁。学生们倒是不停地喊我，"麻老师，麻老师"。

🍀 第一节课

终于到了第一次正式上课的日子，备课的时候，我才发现什么"没吃过猪肉还没见过猪跑"这样安慰的话语都是骗人的。历史这东西，讲得好，生动有趣。讲不好，学生和听天书没两样。学生时代就有过这种感受：历史这种课都是"副课"，有什么好听的，考试前背一背，照样没问题。哎，现在的学生肯定也会这么想，再加上这群孩子本身基础比较差，如果他们连背都不背那我还怎么教啊。我要为以前教我的历史老师说声对不起……

更重要的一点，我这还是"所教非所学"。大学学了四年的日语，真的是和中国历史没有关系，就是一个大写的囧字。所以第一次和学生见面的时候，我也没和他们透露我的"家底"，以免被他们赶下讲台。不过既然选择了支教这条路，也是有些思想准备的，对于大学毕业生来说这点学习能力还是有的。何况学校还贴心地给我们配备了老教师辅导，应该是没问题的。我定了定神，开始备课。

虽然也去听了老教师的课，做了笔记，但发现课堂上听和在课堂上讲完全是两码事。很多知识点虽然我自己都懂，但在给学生讲的过程中却出现了很多问题。一个是有时讲的过深，过细，害怕自己有知识点没有讲到，但却忘记了这个年纪的学生的接受能力不够。再一个问题就是自己备课跟教课所负担的责任完全不同。教课需要负责的就是所教的所有学生。要教就必须要吃透，这也是为什么说"要给学生一碗水，老师要有一桶水"了。不过现在我发现，想要教好学生，"一桶水"已经远远不够。他们会提很多无厘头的问题，让你僵在讲台上。还有一个就是由于教学经验的欠缺，在教学过程中出现了很多问题，尤其是知识点的遗漏与错误，每次都会让我非常恐慌，甚至瞬间脸红。作为支教老师，我更害怕自己拖其他老教师的后腿。我想把工作做到最完美，但现实却很残酷，这种矛盾甚至使我开始怀疑自己最初选择支教是否是正确的。

但是后来我渐渐明白了，当务之急就是转变角色，一个好的心态是很有必要的。很多事情都是在摸索和反复中寻找解决方法的，所学和所用脱节的事情并不少见。所以我不能因为害怕而怀疑自己的选择。经过其他老教师的开导和我自己的调整，我基本上可以正确地看待教学过程中出现的问题，也可以自信面对我的学生了。讲课也渐入佳境了。

🍀 你把我当你的老师，我才能做你的朋友

有些孩子，如果你严肃地对待他们，他们反而跟你对着干，不把你当回事。你要是和他们打成一片，那你就完了，他们可以跟你"称兄道弟"，让你在他们面前一点威信都没有，甚至有时候会因为几个调皮的男生让你连课都没法上。

所以如何处理与学生之间的关系，也是个很重要的问题。对于这些学生，我有特别的感情，很想融入学生，也想让他们接受我，进而喜欢上历史课。然而接触的时间长了，这群孩子们就摸透了我的脾气，常常是我很严肃的一句话，却被他们当成"戏言"，有时甚至会导致课堂失控，影响正常的教学秩序和教学目标的达成。这就与我教师的身份起了很大冲突，在这种冲突下，我开始迷茫。但是我也明白，如果过于严肃又会失去亲和力，在师生之间造成隔阂，也会影响到师生关系和教学效果。

这个问题困扰了我很久，想想自己作为学生和老师相处的时候，发现"先礼后兵"是一种比较妥当的方式。于是，我很郑重的和学生们说了这样的话："你们想和我成为朋友，没有任何问题。既然是朋友，就应该是平等的。我会平等的对待你们每一个人。但请记住，我也是你们的老师，只有你们先把我当老师，我才能做你们的朋友。"这个要求对孩子们来说并不难，并且很奏效。我既保持了和他们的朋友关系，又在课堂上树立了老师的威信，保持了正常的教学秩序。

🍀 日语专业毕业生教历史

一直以来，都没有告诉自己的学生我是日语专业的毕业生。因为刚来支教的时候，曾经遭受过学校老师的质疑，认为我一个非师范专业的非历史专业的毕业生，怎么可能教得好历史。但是事实证明，我可以做好，第一学期的期末考试，我带的 14-11 班历史平均成绩位列同类班级的第一名，这大大增加了我的信心。

春季学期开学的一次历史课，讲到唐朝和日本的外交关系时，我不自觉的透露了自己非科班出身的"身份"。没想到这群孩子们异常兴奋，争先恐后问我有关日语的问题，简直让我"受宠若惊"。就连平时上课睡觉的学生都睁大

了眼睛听我讲。这让我有点喜出望外，也给我了一点启发：我可以借此机会发挥己长，塑造自己的"光辉形象"。每节课先利用几分钟时间讲一点和日语有关的小话题，让学生们集中注意力，这样也有利于他们上课时保持兴奋的状态，提高学习效率。果然这一招很有用。因为我的"光辉形象"，也产生了一定的威信力，这可比穿高跟鞋和烫卷发有效果的多。

🍀 结 语

一年的支教生活，不仅让我从学生转变为教师，更让我收获了和学生的友谊。相信，我的转型是成功的。谢谢你们，我的学生们。正是因为你们，才让我知道一切皆有可能。你们也是一样，不亲自试过，不要妄下结论说自己不行。加油吧，孩子们。

我的 1314

雒笑怡

又是一年元宵佳节，由于学校总是在正月十六开学，以及从陕西到广西要横跨大半个中国的缘故，算算也是有好几年没有在家过元宵了，虽说错过了家乡的热闹，但也领略了不少壮乡佳节的别样风情，回想起去年的此时，我正和我的小伙伴们撑着伞挤在富川热闹非凡的大街上，看着从未领略过的惊心动魄的炸龙表演……然而时间匆匆，那些关于广西关于富川关于支教的点点滴滴已然成为回忆。

手机突然传来的密集震动把我拖回现实，我以为是电话在响，急忙冲过去，发现几十条的 qq 消息，是炸龙的图片和一段小视频，果然美丽的瑶乡小镇依旧热闹非凡……信息来自富川一中 1314 班的学生，一句："老师你今年看不到，我们就拍给你。"让我的心里荡起一阵暖意。"谢谢你们还记得我"我说。"我们永远是你的学生……"一句句简单质朴的话让我感受到三千千米外的牵挂，同时也让我更加的欣慰：我的 1314 长大了。

一、沟通与接纳

还记得接手 1314 班之初，可能是由于孩子们已经适应之前教他们的陈老师的教学方式，并且陈老师确实是位经验丰富、幽默风趣的老教师的缘故，孩子们对我的抵触情绪非常大。记得有一天结束了两节课的我把一些本次测验退步的同学叫到办公室询问情况，本以为他们都会用成绩退步是因为没有好好看书或者是粗心了没有审清题目来回答我，但没想到的是有好几名学生说自己成绩退步是因为本学期换了老师，并且他们还跟我提出了能不能让上学期的政治老师陈老师回来教他们。短短几句话让我心情顿时跌入谷底。其实第一节课时我让同学们回答过"你想如何学习政治这门课程，你希望老师如何上课，你有什么好的建议"等一些问题，当时就有很多学生提到了陈老师轻松幽默的教学方式，为此我也多次找陈老师请教，跟着陈老师听课学习，我以为自己的努力是有效果的，可是……学生们走后，我的心里满是失落，甚至抱怨学校为什么偏偏让我接如此优秀、经验丰富的陈老师的班，同时觉得自己的努力付出也都付诸一炬。为什么我没有被学生认可，问题出在什么地方，我要怎么做才能让学生从心底接纳我这个老师？

解铃还须系铃人，完全毫无头绪的我再三考虑后便去求助陈老师，她告诉我要用心和学生沟通，倾听学生的想法，并且毫不掩饰自己对学生的喜爱之情，让学生们感受到老师的一片真心。在陈老师的启发下我跟孩子们"表白"了。到现在我还清楚地记得自己当时表白的场景，那天晚自习我毫不吝啬地表露了自己对孩子们的喜爱之情，并希望他们也能向我表露内心，大胆地提出建议……半节课的谈心过后孩子们在我真诚的感染下慢慢敞开心扉，很多同学也道出了自己为什么喜欢陈老师，以及希望我如何与他们相处。通过那次沟通我终于清楚地知道了，孩子们想要的不仅仅是一位老师，更是一个能和他们轻松相处的朋友。并且，从那时起我和孩子们的感情迅速升温，配合的也更加默契。不管是在课堂上，还是平时处理一些班级事情的时候，他们都更愿意和我沟通，向我询问，在我提出意见建议之后，他们也能认真接纳。

后来，我偶然得知，由于在升入八年级后1314班的很多老师都更换了，孩子们一时难以适应，因此和很多老师的相处都不是十分融洽。为此我以自己的经历为例跟孩子们做了思想工作，告诉他们学生和老师之间的互相接纳是多么重要，并告诫他们一定不能因为抵触老师而荒废自己的学业……之后，通过与班主任老师了解情况，以及孩子们的表现，我很欣慰他们接受了我的建议，看着他们从对老师的不理睬不接纳到礼貌地向老师打招呼，和老师融洽相处，我知道1314的孩子们在努力、在懂事、在成长。

二、敷衍到认真

1314班是平行班，在这个班级当中很多孩子的学习态度和学习能力都是有待提升的，特别是学习态度方面，很大一部分孩子对于"学习"二字的认识仅仅是被迫来到学校，被迫接受知识。因此多数孩子的课堂表现都让我感到非常棘手。特别是座位靠后的一些男生十分不注意课堂纪律，上课的时候总是有各种小动作，打打闹闹的情况也经常出现。对此我多次予以警告和批评，但仍有一些孩子屡教不改，甚至还出现了携带手机进校并在课堂上玩手机的现象。还记得在一次上课过程中一名同学屡次偷玩手机，甚至趁我监督后面同学的时候，跑上讲台用多媒体设备的 USB 连接线给手机充电。我虽及时发现，但是该同学已将手机迅速收起来并拒绝交出，为了不耽误课程进度，我只能转身走回讲台继续讲题。课后，我将这位同学带至教师休息室谈话，跟他讲了许多道理，他也低着头，仿佛听懂了我的苦口婆心，但是当我转身离开的瞬间，他立刻跑出办公室和同学嬉笑打闹起来……我的心情顿时沉入了低谷，感到自己的用心教导付诸东流的同时，也为那个犯了错却不懂得反省的学生感到难过。

刚开始上课的时候，我经常因为课堂纪律和作业完成问题批评一些学生，也利用晚自习的时间给他们讲了很多道理，但一部分学生的麻木和抗拒让我无奈也让我心酸，"毕业后去打工""读大学有什么用"……诸如此类的回答也深深刺痛着我的心，可能于他们而言，学习并不是一件重要的事，不是一个能改变人生改变命运的途径。

之后的日子里，只要是有时间宽松的课堂或者是晚自习，我就会给他们讲一些人生道理，看一些励志成功的短片，让他们潜移默化地改变思想接受学习。我也会改变上课的方式，尽量使课堂生动有趣，使同学们参与到和我的互动中来，同时对于努力上进的学生实行一些奖励政策，激发他们的学习兴趣……渐渐地我发现上课听讲的同学多了，吵闹声少了，能听到很多后面的同学回答问题的声音。我也发现吵着要我给大家播放喜剧电影的声音少了，要看《开讲了》等励志节目的同学多了。更让我欣喜的是，1314 班的政治科目取得了前所未有的好成绩，很多同学也越来越有学习的信心，问题越来越多，作业完成情况也越来越好。一直到我支教结束前的最后一次期考，1314 班的孩子们送给了我平行班第一的礼物。看到成绩的那一刻我知道，1314 班的孩子们在努力、在懂事、在成长。

如今，离开富川半年多了，我时不时还会收到 1314 班的孩子们的消息，去年，政治课代表发给我他们班的政治成绩；好学生小佩把网名改成了"风雨哈佛路"；每到节日，总会有学生发给我祝福的短信；年初，小艳发来了班里孩子的照片和玩闹的视频，今天，炸龙的小视频和图片又让我仿佛再次回到那个美丽瑶乡小镇……

我感动着、记录着、收藏着、欣慰着——我的 1314 长大了……

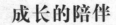

成长的陪伴

黄季棕

当得知通过支教团筛选那刻起，便对这一年的生活产生了无限遐想，想象着身为人民教师的我传导授业解惑；想象着孩子们在课堂上都正襟危坐，努力求知；想象着我带领孩子们畅游绚丽的世界。

时间过去，很多想象都成了现实，却有些想象终究停留在美好。初到富川，我担任富川二中八年级的信息技术老师，并在中途临时接管了155班，担任班主任，就此，开启了我的支教故事。刚接手155班，他们不是我想象中的孩子，吵闹、任性、不团结、不友爱，几乎有着我能想象到的所有毛病，说实话，内心是崩溃的。作为父母身边成长的孩子，刚开始我非常不能理解他们的行为，也跟他们置气，严厉地批评他们，频繁地教育他们，可是效果并不显著，依然吵闹，依然作为年级最差的班存在。和家长沟通，家长说得最多的无非是"黄老师，麻烦你了，我们都在广东打工，孩子有什么问题还要你多照顾。"还有一个最不能理解的现象，几乎每周都有学生说一句话"老师，我要借钱。"

我开始反思，为什么我的学生，不是十分内向，十分安静的，就是十分调皮，十分吵闹的？为什么我的学生，经常向我借钱？为什么我的学生跟我想象中的差这么远？也许我太不懂他们了，也许我还停留在学生的角色，还不是一个合格的老师。

我开始走进他们，慢慢地了解他们。A同学非常的调皮，几乎干尽了所有的坏事，上课睡觉、晚睡吵闹、打架斗殴，还有更荒唐的，随地大小便，偷同学洗发水。几乎每天都会接到关于他的投诉，几乎每天班主任都要去政教处领人教育。但在跟他交流的过程中，我发现，真实的他，并没有那么坏。他父母都在广东，家里是爷爷奶奶在照顾他，他一犯事，老师说要叫家长，他爷爷奶奶就颤颤巍巍的到学校来，看到这一幕，老师也不忍伤老人的心。给他爸爸打电话，他爸爸每次也都严厉的教育，甚至叫老师把他送去派出所。我问他，"为什么要这样做？"他竟然回答："现在班里太乱，纪律太差，这个纪律委员不行，我当纪律委员的时候班里好多了。"听到他这么一说，我扑哧一笑，"就你这样还嫌弃别人管得太差。"可我转念一想，他也许太想赢得关注的目光了，之前他是班干，有的是表现的机会，现在不是了，就得换一种方式"表现"。一犯错，爸爸的电话会打回来，虽然是严厉地批评，但起码不是因为忙碌而疏于问候。十三四岁的孩子，还没有很好的形成对与错的观念，在人生观形成的过程中没有人教导，孩子犯错，家长一味的批评并不能引导孩子走向正确的道路，应该给予的，是更多的爱与陪伴。老师亦然，在学校，老师便是他们的依靠，老师不是问题处理机器，有问题的时候才会出现，平时也应该多出现，多陪伴，我们的臂弯孩子也想安全的依靠。

关于那些借钱的学生，我开始询问他们，"家长一个星期给你们多少生活费啊？你们一天要花多少钱啊？你们一周最少需要花多少钱啊？"这几个问题，很少有学生能够回答上来，其实，不是家长没有给够他们的生活费，而是他们并不懂得怎么规划自己手上的钱。每周生活费一来，周一周二就花完了，到了周四周五就饿肚子咯，他们并不清楚自己一天的生活费是多少，也不清楚自己一周需要多少生活费。弄清楚情况后，第一反应也是十分可气，明明家长是给够生活费的，他们为什么要大手大脚地花销，导致自己饿肚子的情况，我开始十分严厉的惩罚他们，他们饿肚子我也十分心疼，可是他们这种行为完全就是自己造成的。但是冷静过后，我开始思考，我们是生来就懂得整理自己的资金吗，我们是生来什么都懂的吗？不是，我们也是父母慢慢地引导，父母教我们如何计算，父母教我们如何处理。我开始耐心地教导，告诉他们，父母给的生活费要留足一周的伙食和周末回家的路费，才能把钱花在自己想花的地方，才能买零食吃。用自己的本子，记下一周自己花的每一笔钱，就清楚自己一周的花销了。我跟孩子们说："以后找老师借钱，我要看到你们的本子，看到没有乱花钱，乱买零食吃，确确实实是家长没有给够生活费老师才能借钱给你们。"果然，这样的风气改善了不少。

反思下来，孩子的种种陋习，气愤的同时也要冷静，不完全是孩子的错，他的成长过程中，家长在哪里？老师在哪里？我们看似简单的事情，就是没有人教给他们，他们的心不坏，他们一样单纯善良，他们只是缺少引导和陪伴，他们都只是孩子，他们才十二岁，大部分的孩子，十二岁的时候，上学还有家长接送，而他们，一年可能就见家长几次。家长对于他们的概念，也许只是物质的供养，而爷爷奶奶陪伴的这种隔代教育，已不足以让我们的孩子得到正确地引导和温暖的关怀，毕竟父母，谁都无法取代。我们来支教，除了传道授业解惑之外，还应该更用心地去陪伴他们，多走进他们的世界，遇到事情盲目地发火并不能解决问题，我们虽然不能给予父母般的温暖，但至少，能提供哥哥姐姐般的关怀，也许不能提供很大的影响，就算是细微的帮助，也十分值得。我们的孩子，在成长的路上，不断学习，不断成人，而我们，在老师的角色上，也要不断学习，学会陪伴，学会用心，学会相处。孩子们，成长的路上，有我们，希望你们不再孤单。

新情·旧情

周科秀

新情，新的感情，新的心情，那是 2014 年 9 月开始的为期一年的支教生活带来的一份特殊的感情至今记忆犹新。

旧情，旧的感情，旧的心情，那是 2015 年 7 月离别支教生活时收获的一份珍贵的感情和难以忘怀的心情。

角色的转变，所有的工作都是第一次上手，彷徨无措，却夹杂些许挑战和新鲜。

从没想过有一天真的会实现小时候的梦想成为一名教师，太意外……从没想过讲台下到讲台上这么短的距离却步履沉重，太意外……从没想过一天的心情全由上课孩子们的表现好坏来支配，太意外……

还记得上第一节课的前一晚，想到明天就要去上课，就全身紧张，脑子瞬间苍白。自己一直在琢磨着该如何上这第一节课，该给学生什么样的印象，该怎么去填满这犹如一年的 45 分钟……没办法，只能拿出本子，一边脑补明天上课的情形，一边记录下我要说的每一句话，写写画画，改了又改，像准备演讲稿一般，但真的就是这么傻傻地做着，只为了能上好第一节课。第一天上课很巧地碰上了教师节，上课前还一一给曾经教授我知识的老师们送上了祝福，对于我，新上手的菜鸟老师，不敢奢想收到祝福，只是紧张的一遍又一遍地看着准备好的教案，心里默默背着开场白。踩着上课铃声，我终于站在了讲台上，看了看讲台下一张张面孔，紧张感骤升。咳了咳嗓子，说出了第一句话："同学们好，我是你们的数学老师……"还好大家的反应不差，我也就开始了教学，出乎意料的发现学生们十分配合，整个课堂的气氛很好，我问同学们答，整整齐齐，一声声回答暖到我的心房。全然没有注意到下课铃声，我的第一节课就这样开心地结束了。得益于孩子们的积极表现，我感到从未有过的满足感。当我走出教室，一个男孩喊住了我，递给我一罐加多宝，说了句："周老

初见，走进，拥抱朝阳

师，这是我们 12 班送给您的教师节礼物，老师节日快乐"。说真的，我完全没有心理准备去接受祝福和礼物，我今天才认识这帮孩子，才上完一节简简单单的数学课，这罐加多宝，令我措手不及但很窝心……少了一些紧张，多了一份自信，下午 9 班的第一节课在我和孩子们的一问一答中完成了，课后拿着课本还有孩子们送的康乃馨，我，无比欣慰地走出了教室。

感谢孩子们的用心，感谢孩子们的祝福，庆幸有这个机会让我从讲台下走到了讲台上，这其中点点滴滴，要感谢的太多……

一直都是写作业的角色，突然的有一天需要坐在办公室批改眼前叠成两摞的作业，转变太快，我还没适应过来。

认真地拿起红笔开始批改作业，看着作业上有些歪扭的字迹，我有种回到初中的感觉，仔细的检查着作业，在本子上打着"√"或者"×"，心里想着，原来当了老师，这些也就理所当然地成了日常工作，感慨中我完成了一份作业的批改，在作业的底端认真地写上分数还有评语。当改好的作业一摞的叠放在办公桌上时，我感受到小小的自豪。虽然在每本作业本上写上评语真的有些累，但我还是希望孩子们在打开作业时能感受到我的认真和真诚，我希望我是一名学生喜欢的老师，所以，我会坚持用评语和孩子们交流，在他们有所进步的时候毫无吝啬地给予表扬，在他们暂时迷失目标时耐心引领其回到正确的方向。

从写作业到批改作业，除了工作量的不同，还有责任心的不同，我想，作为一名老师，批改作业是自己工作态度的最好体现。完成好这份工作，是作为一名优秀教师的前提，我会怀揣我的责任心，做好这份工作。

我很清楚自己在教师这行要学习的东西有很多很多，所以，在没有课的时间，我会拿着听课本去听其他老师的课，认真学习不同老师上课的流程，讲解题目的方法，引导学生思考的途径，以及他们的上课风格。在办公室里，我也会和老教师进行沟通，比如这个知识点应该掌握哪种题型，这章重点要让学生学会什么，应该怎么制定教学计划，等等，我的付出还是有一点收获，孩子们在期中期末考试中拿下了普通班第一名的成绩，我真的为孩子们感到自豪。

一次难得的机会，让我有幸跟着数学组的老教师们一起赴梧州蒙山进行高效课堂的培训。

出发当天提前到了指定集合地点，礼貌的和周围的老师打过招呼，在坐了近 5 个小时的车后，我们一行人到达蒙山，紧接着由校长带领我们到蒙山县教育局进行参观，一进蒙山县教育局就能强烈地感受到浓浓的课改气息，大厅里整齐地陈列着课改的成果以及各项荣誉，看着一份份课改荣誉，我心里敬畏之情油然而生，我知道，这满满的荣誉是众多教育事业工作者通过不断学习，修改，实验得到的，这来之不易的成果浸透了汗水和时间，我也相信，我们的这一趟学习会满载而归。

第二天一大早，我们一行人便来到了蒙山文华实验学校，很意外的是学校领导没有组织我们集体去听某一节固定的课，而是让我们自己随意走动去听自己想听的课。我想，能做到这一点实属不易，这也说明了这个学校课改有了一定的成果，有信心将平常的课展示出来。我拿着笔记本和笔来到初二1班前，里面恰巧正在上数学课，虽然之前有做过功课，了解了一点高效课堂的内容，但亲身经历感觉截然不同，教室四周墙壁都挂着黑板，每块黑板分成小块，每个学生都有着自己的一小块黑板，当老师需要背默关键时，每个学生都离开座位来到自己的小黑板前自觉地写上内容，整个课堂秩序井井有条，老师在里面只是充当了一名导演的身份，学生才是课堂的主人，学生以小组的形式分工完成导学案上的题目，再进行讲解，充当一名小老师，讲给其余同学听，最后还会进行该题目的方法总结。学生完全掌控了课堂，积极优秀的学生带动了成绩稍差的学生。一堂课下来，我切切实实地感受到高效课堂与传统课堂的差别，也明白了课堂改革势在必行，一个上午下来，我听了三节课，不一样的科目有不一样的讲法，但不变的是老师已经退出了讲台，学生成了课堂的主导者，这一点，让我感悟颇深。

早在清代末年兴办近代教育初期，就已经出现了课程标准的雏形，在接下来的漫长时间里，课程改革经历一次次拟定、修订、更改等过程，如此坚持不懈地寻求最佳教学方式只是为了提升我国教育事业的水平。但我想，在当今教育的改革热潮里，我们不能只是追逐名利而不办实事，课改不是喊喊口号就可以的，最难的是从传统课堂转换到高效课堂的过渡阶段，老师是否能找到合适的方法，学生是否能尽早适应、融入课堂。课改的模式不能完全照搬他人的，只能在学习他人的方法后根据自己的实际情况进行调整。课改需要时间的沉淀才能反映出结果，而结果是好是坏却难以预测，只能再进行总结调整，只有不断地磨合，才能有所成绩，真正达到高效课堂。

这一趟学习下来，我学到了很多，明白了教学的复杂性和深度，也感受到了优秀教学模式下课堂带来的魅力。"课改奇葩，教育典范"。感谢这次蒙山之行。

当渐渐适应一名普通人民教师的日常时，却发现时光不再，我们已经把交接力棒传递给了下一届支教的小伙伴们，剩下的只有此刻内心最深处的触动和那一份不舍。

不舍一周五天都可以和孩子们见面的日子，虽然每天上课都要被班里的调皮鬼打断思路；虽然每天都要孜孜不倦一遍又一遍地强调一定要交作业；虽然每天下课了都会在办公室里教导那几名"惯犯"；虽然每天回到办公室都有待批改的作业等着我；但，想了想，好像这也是一种快乐……

不舍和孩子们一起努力的时光，虽然日头很晒，虽然拔河不是我们的强项，但只要啦啦队在一旁喊着加油，我们的付出就很值得；虽然大合唱排练的时候男生总是不配合，虽然我们准备的时间很匆忙，虽然因为没有经验，我们总是缺这个少那个的，但，比赛那天，我们一起喊着加油，互相鼓励，男生一改排练时的懒散，卖力地唱着。于是，换来了二等奖，换来了我们的欢呼和那久久不能平静的心情。

不舍课下和孩子们闲聊的轻松自在，虽然课上我很严厉，虽然班里有些孩子对我有些畏惧，但，课间时间，我的办公室里总有几个孩子过来跟我聊天。有时，是来问问题的，我很欣慰；有时，是来打发时间的，我很开心；有时，是来讲小秘密的，我很幸福。印象最深的，还是课代表小文和我的一次谈话，他告诉我他有欣赏的女生了，我很开心能得到他的信任，也很意外学生竟然会主动告诉老师这种有早恋迹象的想法。没有苛责，我只是告诉他，自己变得优秀了才会吸引女生的目光。

不舍友情，不舍从不同地方聚在一起的小伙伴们，不舍我们在饭桌上讨论自个儿班孩子的调皮事时的各种无奈；不舍全部人一起开玩笑对脾气好的徐老师的各种吐槽；不舍吃货盟友雒老师一边提醒不要吃太多却又带着我奔向美食的各种矛盾；不舍八个人挤在一辆小小三马车里却心情无限好的时光；不舍八个人一起到完小为孩子们送上物资时的喜悦；虽然，我们有过怨言，有过无奈，有过艰辛，但，想一想，好像这也是一种幸福……

友不在多，投缘为好；人不在众，志同为佳。我们八人来自不同的地方，在偌大的校园里，在茫茫毕业生中，来到了富川，组成了一个团队，做同一件事。善待每一个遇见，珍惜每一份情缘。当还没深刻的新情经过时间的沉淀最终变成不可抹灭的旧情时，我想，当初做出去支教的决定是对的，说长不长说短不短的一年，带给我的实在太多，一次收获颇丰的经历，一节受益匪浅的人生课堂，满满的感谢……

画室里、田野中一厢情愿的我们

徐康然

按照马斯洛需求理论的解释，人类需求像阶梯一样从低到高按层次分为五种，分别是：生理需求、安全需求、社交需求、尊重需求和自我实现需求。如果初中义务教育也按照这个理论来划分，按照升学的需求从低到高也可以分为：图音体科目、会考科目、中考科目。如果这还说的不明白的话，看每周的课表就能一目了然。

教育资源贫乏的地方，只能优先配置升学需求高的科目，而升学需求低的科目，则要么师资少，要么配套的硬件跟不上，我支教所在的富川一中便是如此。以美术课为例，我去支教之前，一中只有一名美术教师，而整个一有42个班，除去九年级的不上美术课之外，还有二十八个班，也就是说那位美术老师一周要上28节课，平均一天将近六节课！当过老师或支教过的朋友可能比较清楚，一天上六节课是什么概念，要知道在富川，初中生每天就上七节课！

🍀 一厢情愿的我

面对这样的情况，自认为有一技之长的我，便申请为那位老师分担一半的课程，也就是教授七年级14个班700余名学生的美术课。在城里，这类课程被称为第二课堂，是发展兴趣的天堂。但在这里，我并不求千里马，因为我不是伯乐。我只求孩子们能够尽量多的享受教育的公平，享受自己应该享受的那部分受教育权利，而不是将美术等"第二课堂"，当作是休闲课和睡觉课，这便是当时那个一厢情愿的我。

刚开始的时候，一周14节课让我很吃不消，特别是有两天是每天有四节课，而且是一个下午连着上，上第一个班和第二个班还好，到了后面的班级真的是想说话，声音马上就爆破了。可是看着学生们那一张张洋溢着青春的笑脸时，我明白我必须坚持下去。

还记得我上第一节课的时候，我让每一位同学都在纸上写下两个问题的答案，一个是美术课想学什么，另一个是对三年后即将中考的自己说的话。关于这两个问题，我在备课时也思索了很久，美术课的内容并不多，如何更加充实地上好每一节课成了我的一个难题。我让学生写对三年后即将中考的自己说的话，则是想在三年后，自己再来到富川一中，为他们中考加油鼓劲，想与学生一同见证他们这三年的成长。当然，我的这个做法，也遭到了一些老师的质疑，一个教美术的，为什么费那么大劲儿做这事，这不是班主任才有可能做的吗？再说，三年后学生记不记得你还两说呢。这些质疑，我也反复思索过，我想，只有在课堂上，教好每一节课，让每一节美术课成为学生们最愉快最兴奋的记忆，这样一来，就算学生不记得我，但一定记得自己在初一上的那节不一样的美术课。

当我看到了学生们交上来的纸条，大多数学生写着想学画画、素描、画人、画东西、画肖像等等，我也注意到，有一部分学生把素描的"素"，写成了"速"，"这个"小的笔误也让我心里一颤，学生对美术的一些基本概念不清不楚，他们小学的美术教育也可见一斑。有同学写"希望老师把会的都教给我们"，让我着实感动了一番。通过第一节课的"摸底"，我也对学生们的基本情况有了一个大概地了解，面对全县城半数以上的初中生，而且各个班级的学生情况差别比较大的情况，让他们对"兴趣""艺术"这些字眼感冒，着实不容易，于是我便一厢情愿地决定让孩子们能够通过我的课感悟每一位艺术家共有的精神——坚持。而每个学期我也定期向学校申请举办书法、绘画、摄影比赛，在赛前的一个半月每周末带学生去县城的小山上、田野中走走串串，但我很严肃地告诉学生，这是采风。这也让学生们在学习之余多了一些特长。

一厢情愿的我们

2014年10月，在学校的支持下我们举办了富川一中书画摄影展，记得那段时间特别忙，办展向来是不容易的，虽说在大学的时候就曾协助过几位好友一同办画展，没想到到了富川一中，也颇有"巧妇难为无米之炊"的感觉。没有展览室，那就在体育大厅，在乒乓球室。布展的一切准备活动都得自己来。好在一中师生众多，有才艺者更是不在少数，尤其是书法。在我教的七年级学生之中，也有那么十来个是从小练字习书的。布展的时候我常常厚着脸皮叫他们来协助我装裱字画打下手，有时会有学生悄悄在我耳边对作品评头论足，这你一句我一句的闲聊已成家常便饭。在学生们看来，我是一个有强迫症的老师，任何一处我认为不妥当的地方都要返工，在我这么一个"一厢情愿"的半吊子老师的带领下，汇聚了一帮同样"一厢情愿"的我们。"一厢情愿的我们"面对办书画展的各种困难都迎难而上，展览如期举行。

若不是教书的缘故，我可能很少与书画再有交集。学生之中也确有一些自小习书作画的，可这些都是家庭条件还不错的学生，为数也不多。问起学生为何习书作画，答案大多都是家长让学的。而与家长交流时，家长多表现出"学习书法绘画能培养孩子的耐心，能静下心来，学习自然能好。"这样的考虑。

学习书法绘画，为了给孩子培养耐心，这是目的还是手段？我不禁自问。孩子们有了耐心，就能好好学习。这是多少父母发自内心的想法啊。可是却没有多少父母将书法与中华文化的传承联系起来？就像昔日周恩来总理在少年时代立下的宏伟志向"为中华之崛起而读书"一样，现在又有几人是怀揣此想法进入学堂的呢？能学习书画的孩子，在这儿毕竟算是少数，而更多的孩子，字写得都不好，谈何书法？现在英语都要从幼儿园抓起，而书法？不考即不学！即使是学，其目的也是为了能静心，本质上也是为了考试而服务的。

办展不易，半个月后又有一场和富江书画院联合举办的书画展需要操办，书画院有几位前辈在富川二中、民中和高中教书，作为晚辈，有很多东西需要学习和思考，如果没有考试压力的这些科目，仅仅是作为学生日常学习中的添加剂存在的话，那何不取而代之，让他们放松去玩，去娱乐。既然不能被替代，那只求让学生们能感受多元化的美，感受中华传统文化的传承，毕竟自家的东西，还是要让孩子们懂得珍惜，明白其中的珍贵。

功夫不负有心人，"一厢情愿的我们"终于在书画展之后够代表学校、代表富川县、代表贺州市去参加比赛。2015年春季学期我指导的学生荣获贺州市汉字规范书写大赛二等奖、富川县汉字规范书写大赛一、二等奖、广西第五届中小学生艺术展演活动的书法、绘画、摄影三个项目的数名一二三等奖。

我想，在教育资源匮乏的地区，如果教育公平得到了保障，第二课堂也就不会那么的"一厢情愿"了，那将会是一朵绚丽的花，开在那茫茫学海之中。

多彩的第二课堂

黄季椋

在支教的日子里，除了在富川二中任教信息技术课程以外，每周的星期三，我还会和我的小伙伴，来到几十千米外的麦岭镇三民完小开展我们的多彩第二课堂。三民完小全校有六个年级，102 名学生，8 名老师。

初到三民完小，就被这些几岁的孩子弄得筋疲力尽。广西大学研究生支教团已经在三民完小进行了三年的定点服务，所以这些孩子们已经习惯了支教老师的到来，每到新学期就像期待礼物一样期待新的支教老师。新老师一来，一点也不怕生，马上邀请老师加入他们的游戏，玩得不亦乐乎。我们也被这群活力四射的孩子感染了，迅速融入他们的世界，与他们建立了良好的关系。

每周到三民完小任教，早上给五年级的孩子上语文课，下午给多个年级的小朋友上兴趣课。首先说说我的五年级，担任五年级语文课的是一位有着三十多年教龄的老师，一直致力于乡村教育，每周上课之前，我都会和老师请教如何更好地上好语文课。在多节课的接触下，我发现这些孩子，课后都非常活泼，乐于跟老师分享他们的生活，但是在课堂上，却非常沉默，老师的提问不喜欢举手回答，语文的字词句能力比较差，经常闹出错词错句的笑话，造词造句局限于课本，一有造词造句的任务，孩子就会努力翻书，然后把课本的内容誊写上来。我开始用小礼品奖励锻炼他们，锻炼他们课堂守规矩的习惯，锻炼他们勇敢表达的能力，锻炼他们发现生活中的语文。总希望利用每周短短的时间，教于他们更多的知识，每周利用十分钟，教他们认识中国地图，每节课把课文的背景知识说得更丰富。一个学期下来，我的学生，能基本认识中国的各个省级行政单位，知道中国历史的各个朝代，不再是纯粹的听故事般学习课文，懂得更多，视野更开阔。

语文课的课件，一名学生问我，"老师，Anglelababy 的英文怎么写？"我才意识到，我们的孩子，也通过电视、电台、报纸等媒体渠道与世界接轨，也急于知道媒介平台所阐述的语意。在课上，我问孩子，"你们会哪些英文字母啊？"他们异口同声回答，"ABCD！"。"那你们想学英语吗？""想！"听到这个"想"，我内心是酸楚的，城里同年龄的孩子，已经学会用简单的英语表达了，而他们却连字母都还不认识。我开始用字母歌教学，既上音乐课又上英语课，一个学期下来，四、五、六年级的孩子基本认识 26 个英文字母，也对日常用语有所了解。有时候也会上音乐课，音乐课上他们想听的很多都是流行歌曲，不适合这个年龄段演唱，但是作为一名小学生，却不懂演唱少年先锋队队歌，实在是不像话。我决定，花上几周时间，教学生演唱少年先锋队队歌，让孩子们明白，他们是祖国的接班人，要养成中华民族的优良传统，要爱祖国、爱家人、爱师长、爱同学，他们胸前的红领巾是骄傲的，少年队员是他们光荣的称号。他们更应该努力学习，变得更勇敢、更坚强、更和善、更友爱。在雷锋纪念日即将来临之际，也会教给孩子们《学习雷锋好榜样》，告诉他们雷锋是谁？雷锋纪念日的由来，我们为什么要掀起全民学雷锋的热潮？通过歌曲告诉他们故事和道理，印象更加深刻，也对革命故事和革命歌曲更有兴趣。相比起来，他们现在的生活还是幸福的，有可能爸爸妈妈不在身边，但至少，物质生活是满足的，吃饱穿暖，要学会满足，享受当下的幸福生活，更要好好学习，学习知识，学习做人，把中华民族的优良传统学习并传承，设立目标努力前进，我经常跟孩子们说，"世界那么大，你们总要去看看，但前提是，要学会知识，学会做人。"

看到高年级的哥哥姐姐有支教老师上课，低年级的小朋友不乐意了，下课围着我说，"老师，为什么你都不来给我们上课？"看到他们的询问，我答应他们，每周去给他们上一节课。针对一、二年级的小朋友分不清左右方位的情况，我给他们上起了实践课。实践课的主要形式就是游戏教学，在游戏中进步，一、二年级的孩子，反应力、行动力各方面都比较弱，我设计了"听口令"的游戏，根据老师的口令做相应动作，"举左手、举右手、向左转、向右转、蹲下、起立等等"。到熟悉了口令动作以后，我们将游戏升级，做与口令相反的动作，增加难度，让我们的同学通过游戏掌握生活技巧。游戏进行淘汰制，最厉害的同学会获得老师小小的奖励，以激励他们在游戏中的积极性。在接受奖励时，我们的同学不太懂得礼仪，单手拿过老师的礼品，发现这一现象

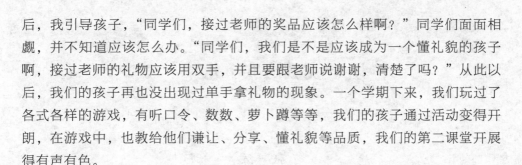

后，我引导孩子，"同学们，接过老师的奖品应该怎么样啊？"同学们面面相觑，并不知道应该怎么办。"同学们，我们是不是应该成为一个懂礼貌的孩子啊，接过老师的礼物应该用双手，并且要跟老师说谢谢，清楚了吗？"从此以后，我们的孩子再也没出现过单手拿礼物的现象。一个学期下来，我们玩过了各式各样的游戏，有听口令、数数、萝卜蹲等等，我们的孩子通过活动变得开朗，在游戏中，也教给他们谦让、分享、懂礼貌等品质，我们的第二课堂开展得有声有色。

在三民完小的时光里，我和小伙伴们上遍了语文、英语、音乐、美术、体育、实践等科目，在第二课堂里，我们用多彩的教学形式传播知识，开阔视野，传授技巧，也希望通过我们的努力，孩子们可以视野开拓，能力综合，能够更自信地接受未来的挑战。

支教这些事儿

张 练

为期一年的支教生活已然接近尾声。沉甸甸的十个月里，有成长，有挑战，有欢喜，有黯然，五味杂陈，却无一例外地重重喷射在我的生命中，因"支教"本身不言而喻的分量，亦因珍惜故而更加用力去感受。

依稀记得 2014 年 7 月 30 号的晚上，我睡不着。即将踏上那片瑶乡热土，我一直很激动，内心充满着好奇、期待，甚至有些惶恐。我好想知道，在接下来的一年里，到底是什么在等着我。现在，支教的日子已经过去十个月了，我想知道的，一切都有了答案。如今回顾支教的这些日子，支教的这些事儿，真的是酸甜苦辣，尽在其中。

富川一中七年级总共有 14 个班，6 个重点班，8 个普通班，我带的刚好是最后两个班。其中，14-13 班是全校出了名的课堂纪律最差的班级，所有科任老师都不想去上他们班的课，当然，我也不例外。依然清楚地记得，第一次段考，我给他们做了一套试卷，经过批改、讲解，再发答案下去。考试留空白的给我重抄，成绩好的，一个个给他们分析错题。最后考试的题目，竟然和那张试卷几乎一模一样，连题目的顺序都没改，只有一题八分的题不一样而已。但是结果却很让我吃惊：写错的继续做错，留空白的，继续留空白，跟没做过之前没什么两样。这就是我辛辛苦苦付出劳动和心血换来的成果啊！我改了多少张试卷，改了多少本作业，为了上好每一节课花了多少心思，他们会理解吗？

刚开始的时候，我也无法接受，后来，我释怀了，因为我明白了一个问题。在我们班，都是小考成绩很差的学生。最差的学生，连最简单的字都不会写，只会勾选择题；好一点的学生，会写字，但写不了一个完整的句子，一个句子写到一半就不会写了；再好点的学生，老师上课会抄笔记，但是到一考试，就全部忘记，只能乱写一通。这是基础问题，我真的无能为力。当然！我们班也有很好的学生，他们是我这一年支教生活的精神支柱。虽然不够聪明，但是他们很听话，并且很尊重我。他们会积极回答问题，会主动做作业，会记住我教的学习方法，会应用我教的答题技巧；他们会欣赏我的上课风格，不管课堂上有多吵、多乱，他们的目光始终都聚集在我的身上；当我发现了这一点，作为一名人民教师的神圣和自信心又回来了。我告诉自己，风雨中，这点痛，算什么，我是一只打不死的小强！于是，我改变了"作战方针"，开始想方设法发掘孩子们的优点，费尽心思提高渴望学习的学生的成绩。

后来，努力终于有了回报。不知从什么时候开始，他们最喜欢的老师是历史老师，他们最喜欢上的课，是历史课！爱学习的学生越来越优秀了。14-13班的历史成绩在八个普通班当中每次考试都稳居第二名，优秀率第一名；而14-14班成绩稍微差点，但是也紧随其后。并且，上学期期末考试，普通班总共只有三个学生历史考到90分以上，他们都是我的学生，就来自这两个看似很糟糕的班级。其实，孩子们真的都挺可爱的，他们有一个很明显的特点，就是不会记仇。不管在课堂上，不爱学习，调皮捣蛋的男生，不管怎么批评，怎么生气，甚至直接拉到政教处，他们都不会放在心上。反而是远远看见我，大声打招呼"历史老师好！"而且，在万圣节和圣诞节的时候，我的学生们都争着抢着要送我好糖，送我苹果，让我既惊喜又感动。

虽然教师不是我的目标职业，但是我永远记得，第一次站在三尺讲台上，给我的学生们讲元谋人时候的滋味；我永远记得，为了上好第一节课，我忐忑不安的想象了无数次那样的场景；我永远记得，我的学生第一次参加期中考试时，我比他们还要紧张的心情。我也不会忘记，第一次收到学生送我礼物时候的开心与激动；不会忘记，期末考试时，普通班只有我的学生能考上90分时候的自豪与成就感；不会忘记，给九年级女生们上心理辅导讲座时，她们一个个都激动得要加我QQ，高呼着也要上大学，也要读研究生时的场景。因为我永远记得，我曾经是一名三尺讲台上传道授业解惑的人民教师！

在这里的一年，还有最让我难忘的记忆，就是风雨星期三，那是我们每周去三民完小的日子。我依然清楚的记得，第一次去到三民完小的情景。站在校门口，整个学校一览无余。学校很小，唯一显眼的是挂着五星红旗的升旗台。孩子们的个头都普遍的矮小，但是却都很活泼可爱，在操场上，赤着脚丫子无忧无虑的打打闹闹，好像贫困与烦恼根本就无法打扰到他们。而那里的老师们也很热情，很真诚。他们大都是中老年教师，非常亲切，而且，炒菜非常好吃！在三民完小，学生中午在食堂有免费午餐，而老师们则围在一个圆桌旁，吃一盘自己炒的菜。那种感觉，就好像一家人一样，其乐融融。

三民完小的孩子们，大都是留守儿童，从小父母都不在身边，所以大都腼腆羞涩，所以上课从来不敢举手回答问题，更不敢大胆展示自己。于是，我总是想尽办法鼓励他们，站起来，在全班面前，大声地回答，大声地朗读，大声地背诵；我总是告诉他们，全班 19 个人，老师每个都喜欢。

但是，老师永远是老师，在学校，老师是孩子们的依靠，然而，回到家，孩子们需要的却是父母。有一次，我带了"小蜜蜂"去三民完小，为的是下午上音乐课的时候，给他们放儿歌或者经典歌曲听。他们看到新鲜的东西，非常开心，总是围在旁边看，认真地听着里面传出来的歌曲。我告诉他们，想听什么歌，老师都可以给他们下载。孩子们才四年级，我以为他们会说一些儿歌，谁知道，有一个平时看起来比较调皮的男生，竟然腼腆地问我，"老师，有《父亲》这首歌吗？"接着一个女孩子也问，"老师，有《妈妈的吻》这首歌吗"孩子们出乎意料的提问，让我措手不及。那一刻，感动与感触缠绕交织着；那一刻，我多想告诉孩子们，老师知道他们是想念爸爸妈妈了！那一刻，望着那一双双渴望亲情的眼睛，是一种深深地触动；那一刻，"留守儿童"四个字第一次真真正正地触动了我。我在想，我还能做些什么，才能让这些孩子们不用再饱受思念父母之苦？我在想，若是将来有一天，我能用自己所学的知识，改变一个地方的经济结构，让人们不用去打工也可以在家安居乐业，让孩子们想听的歌是儿童歌曲而不是思念父母的歌曲，那该多好！

我记得，去之前有人问我，"你为什么会选择去支教？你只是去一年而已，你改变不了什么的！"我笑而不语。我又何尝不知道，支教的我，如同一根火柴，只是偶尔在那片土地上亮了一下而已，不是太阳，救不了众生。但我也知道，火柴虽然马上就熄灭了，但却留下过光和热。这一年，我给孩子们带去视野，带去了榜样和希望，这一年，我明确了我的人生方向，这对我来说已经足够了。

然而，这次支教之行给我的另外一个收获就是友谊。我们八个人来自不同的学院，有着不同的专业背景，是缘分让我们相聚在一起，使我们格外珍惜。这一年，我们一起经历了很多：一起过节日，一起去骑行游玩，一起开展各种公益活动，一起过党组织生活。大家一起从陌生变熟悉，从幼稚变成熟，我们了解了彼此，也收获了友谊。大家在一起的时光，就像是兄弟姐妹在一起一样，轻松而快乐。八人行的支教行将我们八颗赤诚的心深深连通在一起，让艰苦的生活不再可怕，让富川的寒冬充满温暖，让我们永远记得团队的力量。

当初选择支教，我也不知道会面对怎样的工作和生活，但仍然充满着欣喜和自信，并且非常珍惜这来之不易的机会。最后的事实证明，我的选择是正确的。因为它虽然没有改变一座城市，却改变了我自己，也改变了我的学生们。有多少付出，就有多少收获，支教生活给了我一段全新的体验和感受，给我的人生划下了永不磨灭的一笔，如果让我再做一次选择，我还是会做出同样的决定，因为我相信，这一年是值得的，因为，这是我的选择。

初为人师

陶　云

　　时光如白驹过隙，为期一年的富川支教生活转眼就过去了一半。在过去的这短短半年里，我仰取俯拾，收获颇丰。虽有过些许艰辛但收获更多的是欢笑，曾想过放弃却依旧坚持前行。半年间，我们不仅仅在教学岗位上各尽其责，也组织和参与了各种活动，给别人带来温暖的同时，自己也获得了成长。这次支教将会是我人生中最有意义的经历之一，其中最让我难以忘怀的就是那段初为人师的时光。

　　时值八月酷暑，我们迎着火热的骄阳，踏上瑶乡的热土，开始了我们的支教旅程。根据学校老师的安排，本学期我担任八年级英语教学的工作，负责七班和十班的英语教学。刚得知这个消息的时候，一种任重而道远的感觉油然而生。在我面前，似乎横亘着两道巨大的屏障。其一是教学经验的不足。在来支教之前，我虽然去过几个学校当过志愿者，但却没有上课的实际教学经验。其二是身负重担的压力。在出发前，校领导指出支教团成员不仅仅要为当地教学贡献自己的力量，服务地方经济和社会发展更是支教团成员义不容辞的责任和义务。那么如何将以上两点责任落到实处，又该如何保持他们之间的平衡呢？这是一个难题。有难题就要迎难而上，积极解决，不能辜负学校对我们的期望。因此为了弥补自己的短板，丰富自己的教学经验，我积极向本校老师请教，只要有时间我都会到教学成绩突出以及教学经验丰富的教师课堂上听课。他们上课妙趣横生，教学有方有道，着实让我受益匪浅。在老师们的热情帮助下，我学到了如何合理安排课时、如何备课、布置作业等技巧，逐步熟悉了初中英语的教学步骤，我的教学工作终于能够有条不紊地进行。但是事情并不都是一帆风顺的，总有意外会发生。在我教学越来越游刃有余的时候，一个女生和我反映，学生还是比较喜欢以前的英语老师，因为她上课幽默，讲课也讲得好，学生们都十分投入。听到这里，我心里咯噔了一下，这是我最害怕遇到的情况。还没到富川支教前我就希望学校不要安排我接老教师的班级，因为老教师教学经验丰富，管教有方，是我们这些新教师望尘莫及的。如果教学水平不够，学生难免会有牢骚，教学成绩也有可能受到影响，压力也自然随之而来。偏偏天不遂人愿，我最不愿意看到的情况还是发生了。冷静下来以后，我进行了反思。学生喜欢原先的英语老师，那肯定是我有一些地方做得不够好，才让学生有意见。为了了解学生的想法，趁着某个晚自习，我请每个学生对我的教学工作和其他方面的工作提出意见，以匿名的方式写在纸上。将纸条收上来后，我总结了学生的意见，主要有以下三点：第一，上课不够严厉，讲话的学生较多，影响到课堂纪律；第二，讲课内容难度过大，语速太快，学生听不懂；第三，课堂上与学生缺少互动。找出了问题根源，接下来就要对症下药。首先是课堂纪律问题。由于我是新老师，在学生眼里不是很有威信。为了能够将纪律管好，我制定了一些奖惩措施，在一定时间内，上课表现良好的学生我会给予一些奖励，表现不好的就向家长汇报。除此之外，我还请求班主任偶尔抽空到课堂上帮忙管纪律。双管齐下，恩威并施，课堂纪律终于慢慢变好了。其次是教学内容的问题。结合其他老师的建议和班上的实际情况，我在讲课的时候开始更侧重基础知识的讲解。因为班上学生的基础知识普遍都不牢固，我在讲重难点时就结合经典例题来讲，这样学生就能更好地理解。经过一段时间的调整，学生们反映上课的内容他们大部分都能够听懂了，这让我很开心。最后是课堂互动的问题。我猜想可能是刚开始我和学生之间还不够熟悉，在课堂上师生双方都放不开。于是在课堂上，我开始尽量放松自己的表情，增加课堂问答等互动环节，时刻照顾到学生上课的情绪。学生给的回应也越来越多，越来越自然。经过自己的一番努力，问题得以逐一解决，但是和老教师之间还是有一定差距，要砥砺前行，才能不负众望。这是自己在教学上初为人师的样子，从稚嫩到成熟，从担忧害怕到游刃有余，从无从下手到应对自如，一步一个脚印，学生成长的同时我也在成长。

除了教学上遇到的难题，初为人师的我在学生的管理方面也遇到了一些问题。由于初中生正处于青春发育期，这一时期的学生由于生理上的急剧变化冲击着身心的发展，使身心发展在这个阶段失去平衡。身心发展的不平衡以及家庭教育等原因，较易引发各种心理问题，产生叛逆心理。叛逆心理的出现将会使学生对教师、学校甚至家长的教育以及管理产生抵抗心理，从而影响学生的成绩、与人交往能力以及未来的发展等等。针对这一问题，我查阅了相关的书籍，并与该校的心理老师积极交流，更深入地了解青少年心理问题。但理论与实际之间存在一定的差距，因为每个学生的问题都是不一样的。因此我决定对症下药，针对不同的学生采取不同的方式。对于比较顽皮捣蛋不爱学习的学生，我私下找他们谈话，了解他们不想学习的原因，然后与学生父母积极沟通，家庭学校两头抓。对于喜欢学习的学生，我就多和他们交流促进学习的方法以及怎样劳逸结合。例如，我所带的班级中，有个学生特别叛逆。上课不遵守课堂纪律，每天迟到早退，作业也从不会交。班主任软硬兼施劝诫他，但是他依旧我行我素。虽然这个学生很难教化，但是我依旧没有放弃他。每一个人的性格都是由他生活的环境所塑造的。所以为了能够多了解这个学生，我和班主任积极沟通，这才知道他是单亲家庭，家里边只有爸爸一个人，平时只顾着挣钱养家，没有精力来管教孩子，所以孩子才会这样叛逆。了解到的情况很复杂，怎样解决问题也是个难题。由于我没有这方面的经验，所以我咨询了学心理学的同学，向他们取经，在他们的帮助下终于一步一步地将这个学生带回正道。

首先我打电话给学生的家长，向他汇报了学生在学校的表现以及原因，希望他能够在工作之余给孩子更多的关爱。其次，在课堂上给他更多的关注，在课余时间多与他沟通，争取做他的好朋友，然后打开他的心扉。最后，依靠支教团的力量，给他的家庭一些资金捐助。在精神和物质的援助下，这个学生终于有所改变，开始向学习的正轨回归，自觉遵守纪律，也尽量完成作业。虽然他不善言辞，但是他悄悄写了封感谢信给我。当我读完这封感谢信时，不禁热泪盈眶，这种付出之后的回报让人很欣慰。所有的难题经过努力最后都一一攻克，在帮助学生成长的同时，我发现，我也成长了不少。

除了在富川一中支教外，我们支教团接棒上一届，继续在三民小学和浮田小学义务支教。相对于给孩子们传授知识，我觉得我们更应该打开孩子们的视野，带他们看不一样的世界，用新颖的教学方式培养孩子们的思考能力、动手能力等等。因此我决定给孩子们上手工折纸课。孩子们对折纸都展现出了极大的热情。通常课上到一半，我就已经被孩子们热情地围着，纷纷说着老师这里我不会折，老师你看我折好了等等。每次上完课，我嗓子都冒烟似的难受，但是看到孩子们对着自己的杰作露出自豪的微笑时，我就感觉一切都值了。老子曾经说过无私即为大私，初为人师的我，终于体会到了这句话的含义。

初为人师，感慨颇多。倘若没有亲身经历，哪能体会其中的酸甜苦辣，又哪能发现自己的长处与不足呢？很感谢这段支教的日子，让我慢慢成长，变得越来越成熟，越来越优秀。

用一年不长的时间，做一件终生难忘的事。作为广西大学研究生支教团的一员，我希望能够用实际行动诠释青年人的果敢与担当，在投身西部教育事业发展的道路上构筑青春梦想，书写青春华章。我会好好珍惜这次支教机会，脚踏实地，虚心学习，要吃苦耐劳，甘于奉献，为服务地方教育和经济继续贡献自己的智慧和力量。

扎根，笃行，灌溉希望

　　我们与孩子们相知，我们与大山相融，我们知行合一，我们通过力所能及的行动助推瑶乡经济社会发展。我们把志愿的涓涓细流汇聚，守望这方土地，灌溉这片希望。

走进大山

黄季椋

　　支教的日子里，除了平日的教学工作，周末也不闲着，会到学生的家里走访，看看他们的生活，与他们的家人亲切交谈，走着他们回家的路，我们也思考着许多问题。

　　十二月某个周六的早上，广西富川下着淅沥沥的冻雨，显得格外的阴冷，我们已和学生相约，这周去家访，于是小伙伴们便迎着风雨出门了。这次家访的地点，位于富川县的高寒山区——涝溪山。我们一行四人在县城购置了家访的鸡蛋和牛奶，搭上三轮车，便上山了。经过半个多小时的颠簸，来到了涝溪山的半山腰，师傅告诉我们，还得徒步往山上走五六千米才能到达我们的目的地——香塘村。

　　美妙的自然风光伴随着的是恶劣的生存条件，通向山里的路只有一条，是蜿蜒的泥路，车辆完全无法进入，平时山民们出入完全依靠摩托车，山里雾大，湿气重且阴晴不定。在徒步的两个小时里，山雨一直毫无规律地与我们相伴。然而我们的学生就在这样的条件下生活，艰苦且快乐。当地人把生活在大山的瑶乡人民称为"住山人"，他们一辈子都生活在山里，靠山而居，依山而活，这条山路便是他们回家的路，崎岖而泥泞。走到半程，学生骑着摩托来接爬坡吃力的我，骑在摩托车上的感觉，比走路难受许多，旁边就是悬崖峭壁，生怕一不小心跌落下去，我紧紧地抓着学生的臂膀，仿佛此时他便是我唯一的依靠。相比之下，学生就显得游刃有余，熟练掌握骑行技巧，时常调整我坐的位置，他告诉我，"每周上学就把摩托车放在县城的亲戚家，周末就这样骑着摩托车，拉着姐姐，回到山里的家，长此以往，练就了过硬的山路骑行本领。"这番话听着，除了感叹他如此懂事之外，也心疼这样的他。

　　终于到达学生家里，赵同学念初二，是我们共同的学生。赵妈妈早早煮好了油茶等待我们的到来，在交谈中了解到，他的祖辈，世世代代都居住在这大山深处，对大山有着无尽的依恋。赵同学家有六口人，爷爷、爸爸、妈妈，还有两个姐姐。爸爸妈妈以种植树木为生，典型的靠山吃饭，树木要多年才成材，周期长，爷爷用树木做棺材贩卖，我们刚好看到爷爷的手艺，完全是原始的手工制作，卖出去的价格还可以，但是产量非常少，像爷爷这样的手艺人，真是越来越少了。在老房子里，爷爷为自己留了一口棺材，爷爷说："我们山里人没有什么大的愿望，日子过得去，能入土为安就行了。"大姐姐已经到广东东莞去打工了，小姐姐在富川高中读书。在我们看来，这样的生存条件已然十分恶劣，但在与这一家人接触的过程中，完全感受不到他们对生活的厌烦，他们依旧淳朴善良，笑声依旧爽朗，他们没有自怨自艾，还对自然充满了感激，感谢自然赐予他们良好的生活环境以及赖以生存的资源。就像赵同学一样，他虽然不像县城的孩子，有光鲜的衣裳，有电脑、手机等先进的电子设备，但他也尽情享受着自己的生活环境，他说："老师，我们山里很好玩的，现在是冬天，可以看雪花，到了夏天更好玩，有很多野果子吃，溪流的水很清凉，到夏天你再来哦。"

　　我们还了解到，像这样的家庭，在这大山里还有许多，他们都有着共同的情况，像赵同学这样大的孩子，在十四五岁的年纪就不读书了，他们也想出去看看外面的花花世界，想着去外出打工走出大山，摆脱祖辈的生活方式，山里的人家，同龄人还在读书的，就只有赵同学和他的小姐姐。然而小姐姐也有了这样的想法，读高一的她跟老师说，下个学期也不想念书了，念书太难，看不到希望。这让我很惊讶，小姐姐就读的富川高中，是富川县最好的中学，能到富川高中就读在富川人眼中是件荣耀的事，然而，她还是萌生了辍学的念头。

　　这一趟走下来，感触良多。首先是教育问题，支教这段时间，我们发现，虽说大山的恶劣条件无法改变，更难以改变的是孩子们对读书无用的态度。读书是个费时费力的事情，所以很多孩子会放弃这个选择，打工使得他们很快能过上良好的物质生活。赵同学与他的小姐姐，都是淳朴善良的好孩子，在学习上缺少的只是良好的引导，使得他们对念书没有兴趣也没有信心。我们跟孩子说："老师和你一样都是农村的孩子，努力读书，一定能走出大山！"赵同学也表示，初二的他一定会努力，至少在初中毕业时，能够给自己一个看得到的未来。其次，是瑶乡人的生活态度，支教的过程，也是我们受教育的过程，平时

105

在钢筋水泥的森林里生活，完全看不到这样的世界。我们看到了瑶乡人民的淳朴善良，看到了他们对生活的积极态度，更看到大自然对人类的恩赐。看到他们，我们更应该学会感恩，感恩自己所拥有的一切，更应该学会知足，知足而常乐。

在支教的日子了，我们也希望给孩子们带来不一样的世界，告诉他们，他们身上的品质是多么可贵，在不断接触新世界的同时，请保持自身的淳朴善良。我们也希望自己在服务地要更加努力，面对这样的孩子，我们有什么理由松懈，必须更认真，更用心，不仅要带来多彩的世界，更要告诉他们读书的重要性。在服务的时间里，广西大学研究生支教团已经走过了富川的十个乡镇，走访了许多学生家庭，听了很多不一样的故事，教书育人的同时，我们也在不断成长，走过他们回家的路，希望给他们带来改变，再泥泞的路，有学生的地方，我们也会走下去。

家的方向

林　璐

一切就如同计划的那样，我们在劳动委员志明的带领下，准备前往文浩同学的家乡——山宝村进行家访。车轮沿着崎岖的山路绵延着，我们一行四人手里提着刚买的食材，脚踏自行车，感受着春天的生机与活力。上坡，下坡……我边走边想象着文浩每周上下学走在这条小道上的样子。不知过了多久，穿过一条林荫小道，我终于远远看见文浩。他也正朝着我们的方向张望，看见了我们，远远便向我们微笑招手。我低头看看手表，不禁摇了摇头。我们无意迟到，但由于山路起伏，很多路只能推车前行，当我们到达约定的地点，已足足比约定时间晚了半个多小时。

文浩的家就在山脚下，那是一幢三层半高楼房，外墙的暗绿色十分显眼。踏入家门，简单的家具，客厅里零星地摆放着几张小板凳，一股古朴的气息扑面而来。我抬头环顾四周，不禁想到，在偌大的三层半的房子里平日却只有他们祖孙两人居住，顿时心生凄凉。"来，来喝点茶"，老爷爷将一杯杯热茶端给我们，我们便用它驱散了早春的微寒。我们边喝茶边和老爷爷聊了起来。他告诉我们，他今年已经年满84岁，好在身体还比较硬朗，儿女不在身边，只有他的孙子一个人照顾他。爷爷又笑着和我们说道，文浩非常懂事，很会照顾人，每个周末回家都会将家里打扫一遍，很小便做饭给他吃。说到这里，爷爷脸上如树根般的皱纹立刻鲜活过来。

在我们聊天时，文浩默默地走到菜地里，娴熟地摘菜。我们好奇地跟上去，发现许多叫不出名字的蔬菜，他便耐心地一一向我们讲解。之后，他熟练地洗菜、切菜、生火、炒菜，一切像一名大厨一般举重若轻。我环顾厨房里简陋的环境，一阵心疼。"这是苹果煎蛋，这个是大白菜腊肉"，他边擦汗边笑着向我们介绍他的大作。看着眼前的这些美味，我们迫不及待拿起筷子尝了尝。虽然早就知道文浩会做菜，但这些佳肴的味道还是超出了我们的预期。看着身边坐着的这个 14 岁的少年，我心里觉得又骄傲，又辛酸，思绪也蔓延开来。

文浩的父母已经外出务工八年了，每年只有春节的时候会回来和家里团聚。这八年来，是文浩挑起了家里的重担，打理家中的点点滴滴，照顾年迈的爷爷，同时还要在艰苦的条件下学习。想到这些，我感觉有点潸然了。我的外公外婆都已经去世了，而现在想想，我为他们的付出少得可怜，我甚至没有亲手做一桌饭菜给他们尝尝。即使味道抱歉，他们心里也一定会非常开心，而我，却连这一点心意都来不及表达。我和他同样是独生子女，而生活环境的差别竟使我们产生了如此大的差别。我虽然是他的老师，虽然我在文化知识方面比他要强很多，但在为人子女为人子孙方面，也许他才是我的老师。"树欲静而风不止，子欲养而亲不待"，这样的悲伤我不想重演。

吃完饭后，在他的提议下，我们和几个班里的学生一起爬山，体验山野中的春光。屋子后便是一个陡峭的山坡，因为刚刚下了点零星小雨，便更湿滑危险了。我穿着厚底鞋，一路上都得小心翼翼。文浩特别照顾我，叮嘱我跟在他的身后，仔细地告诉我应该踩哪块石头，避免哪块石头，应该抓哪根树枝，该怎么用力。为了避免地下的小树枝把我刮伤，他又贴心地把挡在我前面的树枝一一折断。看着眼前这个小大人，我心里只有满满的感动。不一会儿，我们都气喘吁吁了，而他却如履平地，气定神闲。来到空旷处，看着脚下的溪流在铺满鹅卵石的河床上欢快地流淌，我们深深地呼吸着山里清新的空气，心灵仿佛也得到了净化。我想，这次家访不仅是一次了解班上同学生活状态、与家长交流沟通的普通家访，更是一次让我向他们学习的家访。其实，这里的学生大多都是留守儿童，他们早就是家里的小大人，在照顾家人方面比我做的多得多。

晚霞布满了天边，我们不舍地向祖孙两人道别。文浩和他的爷爷站在家门口迟迟不肯进屋。沐浴在夕阳中，我感到如此的感动，如此的充实。感激生命，感恩关怀，因为有些事，有些人，不能重来。

家　访

黄家祥

　　学生时期，影响孩子们学习成长的因素主要可以分为两个方面。一方面是学校，同学们在学校接受正规教育，学习各科知识，因此学校是他们学习知识的主要场所；另一方面就是家庭，适龄孩童除了在学校的时间外，大多都在自己家里，所以家庭是同学们成长的另一主要场所。为了将二者紧密联系在一起，更好地了解同学们的生活学习状态，增进家长对老师及其孩子在学校状态的认识，本学期，我与支教团的其他成员对我们所教的学生进行了家访，足迹遍布了大半个富川县。

　　家访即是对学生家庭的走访，看似简单的工作却需要我们提前做好很多准备：

　　首先，我们要对走访学生的各方面情况有所了解。作为自己的学生，在学校的表现自然是再了解不过，但很多时候我们都是从比较表面的现象去判断，并没有深入地去发掘学生在学校之外的一些条件，这便容易使我们对学生们的认知产生误差。正如本学期走访过的一个家庭一样，学生本人在学校是一个比较安静听话的人。但是当我们要去他的家庭进行家访的时候他就变得非常抵触，甚至情绪比较激动。经过长时间的沟通交流后才知道，该生的父亲因车祸留下了残疾，失去了务工的能力。其母亲再照顾父亲一段时间后，离开了家庭打工，多年没有回来，目前家庭主要靠爷爷支撑，孩子怕我们进行家访后，会将他家庭的情况透露给其他同学，因此十分抵触。所以，我们在家访之前一定要了解清楚情况，这不仅仅是学生个人的情况，还包括该家庭及家长的情况。在做准备的时候，我们要尽可能的细致，家庭成员、父母职业、文化程度等信息都要有个系统的了解。只有做了充分准备，对学生的各方面情况都有所了解，我们才能针对性地去与学生家长交流，给予学生帮助。

　　其次，家访时一定要充分地给予学生家长话语权。在学校时，我们的沟通对象主要是学生。作为年长的老师，我们在各方面都可以给学生提供较为直接的指导意见。但家访的对象主要的学生家长，我们不可能像与学生交流一样去与家长接触。我们在与他们沟通、讨论学生在学校的情况时，要更多地注意家长的意见，充分尊重家长，与之建立起平等、诚恳的人际关系。虽然在我所教的学生里，他们的家长大多文化程度不高，但是他们希望帮助自己孩子学习成长的心与我们是一样的。在专业知识上，他们或许不能给予过多的帮助，但是只要他们给予孩子足够多的关心，在家里时常督促孩子学习，那么也能为孩子的学习提供积极地帮助。我们给予家长充分的话语权，就能在交谈中更多地了解到学生在家庭中的成长情况，了解他们在学习生活上的需求，针对现阶段学生所遇到的主要困难，安排合理、可行的解决方案。

　　再次，在家访时我们要多说学生好话。在我进行家访的过程中，有这么个事情是挺有趣的。当我对学生说要去他家进行家访时，他们都是非常高兴地答应，然后会凑到我身边小声说，"老师你要多说我的好话啊"。家访，对于大多数学生来说是存在着心理压力的，因为学生总会觉得，家访就是就是老师要说我坏话。虽然，家访很大程度上我们是想让学生家长了解到自己孩子在学校的真实表现，但对于我个人来说，我并不主张家访时过多地去说孩子的坏话。因为这容易引起两种不利因素。第一，说孩子坏话会另家长反感。虽然说老师是在说事实，但毕竟是别人家的孩子，如果我们在交流时，喋喋不休的说孩子的坏话，往好点的方面说，家长会觉得该老师尽力了，对自己的孩子的行为感到失望；往坏的方面说，家长会觉着老师故意刁难自家的孩子，进而不配合学校、老师的工作；第二，说孩子坏话，会使孩子心理产生阴影。这样会使他们对老师产生一个错误的认识，觉着老师就是会告状的坏角色。长此以往，今后想要再深入地了解学生内心的真实想法也就不可能了。在家访时，我们多说学生好话，能够让孩子的家长产生自豪感，更加积极地配合学校的工作，让学生心存感激，在学校时更加听从老师的指导。但并不等同于，在家访时我们就只报喜不报忧。对于学生身上存在的比较突出缺点，我们必须如实告知家长，但是要采取比较温和的方式。我们不能将一次家访演变成一场批斗大会，这无疑是一次失败的家访。和谐的气氛，老师、家长、学生谈笑风生，共同品味学生的优点、缺点，并为学生的学习、成长出谋划策，这才是我们所期盼的一次成功的家访。

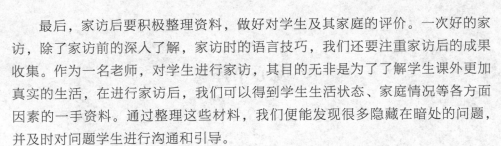

最后，家访后要积极整理资料，做好对学生及其家庭的评价。一次好的家访，除了家访前的深入了解，家访时的语言技巧，我们还要注重家访后的成果收集。作为一名老师，对学生进行家访，其目的无非是为了了解学生课外更加真实的生活，在进行家访后，我们可以得到学生生活状态、家庭情况等各方面因素的一手资料。通过整理这些材料，我们便能发现很多隐藏在暗处的问题，并及时对问题学生进行沟通和引导。

这一个学期的家访工作是辛苦的，由于家庭住地问题，我们时常需要翻山越岭，走几小时的山路才能到达学生家里。但这一切的工作，我觉得是非常值得的，正因为这个过程我们明白了，在老师眼中，学生或许只是班级的五十分之一，但在每个家长的眼中都是百分之百。家长对自己的孩子侵注了所有的精力与关怀，我们不能随意评价或放弃任何一个孩子，我们也要像他们的父母一样，将自己所有的关怀都献给学生。

爱心书屋

刘胜粤

在支教团的两个定点支教小学，全校教师 7 人，学生不足 100 人，每个班学生不足 20 人，学校除了一栋老旧的教学楼再无其他建筑，而这栋教学楼除了教室和一间教师办公室，便再无其他功能室。孩子们的阅读资料除了课本再无其他，课余时间只能在室外玩泥巴。它们分别是三民完小和浮田完小。

都说书籍是人类进步的阶梯，为了让偏远山区的孩子汲取更多的知识、了解大山外面的世界、丰富孩子们的精神世界，支教团在了解到该小学学生的课外读物匮乏之后，利用社会力量以及自己的补贴，为山区孩子筹集到多个书架以及一千多册图书，为孩子们建立起君武图书室。

三民完小，坐落在国家级贫困县富川县最偏远的麦岭镇；三民完小——广西大学研究生支教团每周三义务支教的地方；三民完小，一个只有 7 名教师和 46 位留守儿童的乡村完小；三民完小，广西大学研究生支教团已经坚守了两年的学校。这个学校的孩子们最初遇见支教团的哥哥姐姐时都十分羞涩，只是在远处看着，并不敢靠近，连拍照都觉得害羞；随着相处时间慢慢变长，孩子们和支教团的哥哥姐姐熟悉起来了，拍照期间也会摆出各种欢快的造型，每周的星期三也成了最值得他们期待的日子。乡村的完小，缺乏师资力量，课外读物更是寥寥无几，认识到这一情况，支教团的同学广泛发动社会力量，联系学校、兄弟高校以及曾经熟识的企业家，希望能借助他们的力量募集到对孩子们有帮助的书籍以及阅览室设备。皇天不负有心人，经过多番努力，支教团的同学在三民完小建立起"梦想书屋"。广西共青团刘玄启副书记与富川县李高岩副县长为"梦想书屋"揭牌。

第二届支教团的同学在发现浮田完小这个设施残破、师资力量匮乏的小学之后，就决定每周四利用一天的时间到该小学支教，帮科任老师减轻负担。然而，随着时间流逝，支教团的同学与孩子们越来越熟悉，孩子们也在期待着每周四的到来，这个时间，是孩子们一周最开心的时间。支教的时间越长，与孩子们的交流也就越多，对孩子们的学习日常也有了更多地观察，支教团的同学发现，孩子们中午不回家休息，这一大段的时间都是在玩泥巴或者在空地上追逐嬉戏。为了让孩子在这段时间能够做一些对学习有帮助的事情，支教团的同学在与校领导商量之后决定在学校建立一个阅览室。支教团的同学在网上发出募捐书籍的倡议书之后，短短一个月，就得到了各方的热烈响应。热心公益的企业家特意买来全新的书架捐赠给孩子们；驻邑兄弟高校更是将募捐到的书籍亲自送到富川，其中广西艺术学院为孩子们特意购置了一套新书。支教团的同学利用每周四到浮田完小的时间将书架安装好，并将书籍整齐地码在书架上，同时购置了飞行棋、象棋、跳棋、军旗，供孩子们陶冶情操。并在图书室里开辟出一处心愿墙，供孩子们写下他们自己的愿望。并且将平时与孩子在一起活动时的照片打印出来，贴在墙上。广西大学党委副书记唐平秋为"君武图书室"揭牌。

　　大山深处里的孩子，虽然环境艰苦，但他们有着强烈的求知欲，他们对来之不易的书籍格外珍惜，图书室建成之后，经常能看到孩子们在课余时间挤在小屋里捧着书津津有味地读着，由于图书室面积较小，能摆下的桌椅有限，有的同学甚至蹲在地上看书，不管严寒酷暑。

　　我们支教团同学的个人力量是薄弱的，但是我们可以借助学校以及社会的力量，来帮助山里的孩子，满足他们对知识的渴望。我们不能改变一座城市，但我们可以改变一群孩子，告诉他们外面的世界有多么美好，鼓励他们努力学习，学成之后回来建设家乡。虽然每周只有一天的时间能与孩子们相处，但我们与孩子们的感情并不会因此而减少。图书室更是作为孩子们了解世界的一个窗口，开拓了他们的视野，丰富了孩子们的精神世界。

心灵氧吧

刘胜粤

在支教团的服务学校，有这样一群孩子，他们的父母外出务工，常年不在身边，孩子们只能和年迈的爷爷奶奶生活在一起。由于正值青春期，且疏于管教，这些孩子犯错的概率增大，心理存在这样或那样的问题。为了帮助这些孩子更好地成长，引导学生的心理平衡发展，针对学生的人格发展特点，通过心理辅导，促进学生自我认同的发展和人格的完善，提高学生的自助能力。在学校的帮助下，支教团在富川二中建立了"心灵氧吧"——心理活动室。心理活动室分为接待区、咨询区、阅览区、沙盘区、宣泄室、音乐舒缓区、心愿墙、微笑墙和认识自我区。

接待区是指心理咨询前期阶段接待心理来访同学的场地。接待区用于心理咨询开始前，有些初次来访的同学精神状态往往比较紧张，如不缓冲一下，很难进入情绪放松状态，这不利于心理咨询的顺利开展。接待区的设立就是提供了一个让来访同学充分休息或放松心情的空间，有利于下一步咨询的进行。同时墙上张贴有心理活动室制度、心理咨询守则以及心理挂图。

咨询区需要给来访同学一定的安全感，使他们能够在心理咨询师面前真实地表达自己，帮助他们心理健康。咨询师与来访同学的座位成"L"型摆放，以使得咨询师和来访同学双方既能够捕捉到对方的目光，又不至于因为目光的直视导致来访者紧张，来访同学能够在一种相对安全舒适的环境下真实的表露自己；同时在咨询区放置无声计时器，有利于心理咨询师掌握和调整咨询时间。

阅览区是心理图书资料的专用阅览区，基本设施有书柜、阅览桌椅等，并且集中配置有心理方面的报纸、杂志，同时放置有关帮助和提高心理素质及个人成长方面的书籍，让来访的同学选择自己所需的资料，从而得到帮助和启

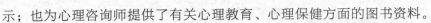

示；也为心理咨询师提供了有关心理教育、心理保健方面的图书资料。

沙盘区，沙盘游戏又称箱庭疗法，是根据荣格的心理分析学的心像和象征理论建立的一种心理疗法。北京师范大学张日晟教授箱庭疗法研究推广中心陈老师说"心理箱庭（沙盘）已经成为学校、政府、企事业单位等心理健康中心、心理咨询室必备心理应用设备"。沙盘游戏是在心理咨询师的陪伴下，来访同学从玩具架上自由挑选玩具，在盛有沙子的特制箱子里进行自我表现的一种心理疗法。少盘区的构成包括沙箱、沙子和沙具等必备的设备。沙盘区设置在与接待区临近的地方，这样当心理咨询师发现需要对来访同学进行沙盘治疗时可以很方便地来到沙盘游戏区。心理咨询师通过沙盘设备进行辅导，促进对来访同学心理健康的维护、想象力和创造力的培养、心性的修养和人格的健全发展。

心理问题的最终产生，在很多情况下是负面情绪不断积累的结果。因此，及时排除负面情绪，就可以起到预防和解决心理问题的效果。而宣泄，是人们常用而有效的方法。宣泄的方法有很多，但其中最基本的原则是宣泄必须合理合法，要做到既不损人也不害己，并保持合适的度。宣泄中可以设置适合中学生心理发展特点的宣泄方法，比如呐喊、涂鸦以及打击等。宣泄室是指供来访同学宣泄内心情绪的场地。设立宣泄室有助于将来访同学内心冲突所产生的负面情绪、心理负能量通过一个安全合适的途径和方法排解、宣泄出来，再结合心理咨询师的引导，促进个体的心理健康提高。宣泄室以安全舒适为前提并配有视频监控系统以及发泄球，墙壁进行软包处理。

音乐舒缓区配有音乐减压治疗系统，运用音乐特有的生理、心理效应，使来访同学在心理咨询师的帮助下，通过各种专门设计的音乐行为，经过音乐体验，达到消除和缓解焦虑、紧张等不良情绪，消除心理障碍，恢复或增进心理健康的目的。

心愿墙配备了便利贴和笔，供来访学生写下自己的心愿，使得他们有向上的动力。微笑墙上挂着学生们的笑脸，并且设置在靠近接待区的地方，使得来访同学容易看到，让他们知道生活中仍有欢乐的事情。认识自我区配备了全身镜，放置在靠近门口的地方，让来访同学进来就能够直观地看到自己，对自己的情绪有一个正确的认识。

心理活动室配备了经过系统培训的心理老师，并且于每天下午放学时间开放，供学生前来交流放松。广西大学党委副书记唐平秋为"心灵氧吧"揭牌。

在支教的路上，我们惊讶于初见这些学生时的吵闹、顽皮，但是相处久了会发现，他们只是渴望被关注，他们其实很容易满足。他们的本性并不坏，由于缺乏家庭的关爱，他们会做出一些出格的事情来吸引家长以及老师的注意，这些孩子是需要我们关注的，他们需要我们给以正确的引导，给他们舒缓心理的负面情绪，指明前进的方向。这正是"心灵氧吧"存在的意义。

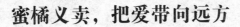

蜜橘义卖，把爱带向远方

王万奇

在一年的支教扶贫工作中，最令我难忘的便是"蜜橘义卖"公益活动。富川不仅是远近闻名的脐橙之乡，更是蜜橘的重要种植基地。当时正值一年中的水果飘香季，但我们却发觉有这样一群孩子，他们的父母为了生活而在全国各地四处奔波，没能及时返乡采摘作为家里主要经济来源的蜜橘，留守儿童很有可能失去一年的生活费。经过支教团全体队员的紧急磋商，在学校团委的指导下，广西大学研究生支教团最终决定开展"情系瑶乡，圆梦富川，蜜橘义卖"网上认购活动。

为了更好地了解服务地留守儿童家庭的蜜橘滞销情况，支教团分三次到学生家中走访，并深入到果园实地调研。通过几次详尽摸底，支教团一致决定，通过对接广西大学学生会、广西大学研究生支教团后援会，在"世界消除贫困日"当天利用微博、微信平台面向全社会发布关爱留守儿童"蜜橘义购倡议书"，呼吁广大师生积极参与，在吃水果的同时也为公益事业做点贡献，为远在山区的孩子们献上一份爱心。

让支教团感到振奋的是，在倡议书发布不到一周的时间里，支教团收到来自高校、机关、公司及个人转入的 8 万余元，累计卖出爱心蜜橘 26 000 余斤。蜜橘订购好了，怎么运回广西大学成了棘手的问题。在经过支教团集体讨论之后，决定由我押送蜜橘回南宁，并于 10 月 23 日在广西大学集中发放。

我和一位司机师傅共同押送全部爱心蜜橘的画面，至今依然历历在目。在穿越漫漫黑夜行走 1 000 余里，历时 12 小时后安全运回广西大学进行义卖。那个夜晚我终生难忘，从富川往贺州就行走了足足有三个多小时，途中看见侧翻在路两旁的车辆，还有在休息站遇到的偷油贼。总有太多的坎坷，但县里领

117

导对我电话短信的祝福和关心，老师同学对我的牵挂，让我更加坚信这次一定行。那天夜里十点多，爸爸突然打来电话，问我在做什么？嘈杂的声音不允许我有所隐瞒，当我告诉爸爸时，我便听到了来自电话那头激动又略带生气的声音："王万奇，谁叫你押车了，你要不要家里放心？"过了几秒的"冷战"时间，爸爸淡淡地说："既然都在路上了，就多用点心，和司机师傅多聊聊，到了服务站就停车休息休息，别给司机睡着了。"带着父亲的安慰，我只告诉自己趁着年轻，就让自己为梦想放纵一次。

第二天 10 点半蜜橘到达广西大学不到 2 个小时，所有的爱心蜜橘就被大家认购一空。支教团全体队员都深深地感谢所有的支持者，到现在为止，义卖所得全部爱心资金都已用于开展"关爱留守儿童"活动的开展。如果让我重新选择一次，我想我依然会选择和蜜橘一道回到学校，用爱心融化留守儿童内心的忧虑。

一个鸡蛋的故事

王万奇

　　一个鸡蛋对于大城市的孩子可能不算什么，但对于国家级贫困县尤其是大山深处的留守儿童来讲，可能就是一顿不错的大餐。支教团的小伙伴在服务地走访调研时，发现留守儿童家庭中，绝大多数生活条件艰苦，甚至有的只是姐姐带着弟弟或妹妹生活，稍微好点的就是跟着爷爷、奶奶生活。然而，正处在长身体时期的他们，却都面临着饮食习惯不健康，营养水平跟不上的状况。在众多留守儿童的愿望中，有这样一条深深地触动了每一位支教老师的心——"妈妈，我希望你和爸爸早点回来，我想吃你为我和弟弟煮的鸡蛋。你说过，煮好的鸡蛋拿在手上，暖暖的。"

　　支教团的小伙伴们不禁在想，一个暖暖的鸡蛋，不仅寄托着孩子们对鸡蛋的渴望，更承载着孩子们对父母的思念。当时正好临近元旦，大伙决定陪孩子们一起过个元旦节，于是便选择留守儿童比例较大，且教学条件简陋的两所完全小学——麦岭镇三民完小和福利镇浮田完小，开展"情系瑶乡，圆梦富川——圆蛋计划"活动。

　　为了让更多的人关注到留守儿童这一群体，并加入到"圆旦计划"公益活动中来。支教团成员通过微信支付的方式接受四方爱心人士的善款，用以为240名学生购买240个爱心鸡蛋（0.9元／个）。在不到48小时内，通过广西大学研究生支教团的官方微博宣传及相关爱心组织的转发，240个鸡蛋被来自全国各地12个省市136名爱心人士通过扫二维码或是微信红包等支付方式抢购一空。或许这就是公益的魅力，没有地域之分，只有浓浓爱意。

　　元旦放假前，支教团8位小伙伴一起前往麦岭镇三民完小和福利镇浮田完小，开展"圆旦计划"，并用募集来的钱为孩子们买了糖果。来到学校，支教

119

团的小伙伴们有的往锅里加水，有的往锅里放蛋，有的往炉灶里加柴，有的不时用纸板扇风，在一片欢声笑语中支教团成员开始为孩子们煮鸡蛋。

"圆蛋"计划让支教团的小伙伴看到了乡村小学生活的艰辛，但也更加坚定了大家做好一名西部计划志愿者的决心。一年的时间里，广西大学研究生支教团全体队员在工作中扎扎实实，在服务中真真切切，努力为富川瑶族自治县的教育事业贡献自己的一分力量。

全家福

徐康然

羊年春节对我来说很特别，这是我二十多年来唯一一次大年初三就离开了和家的春节，因为我和富川县福利镇浮田完小的孩子们有个约定，那就是春节，他们一同拍照。

为留守儿童拍摄全家福，这样一个想法来自于上学期支教团做的圆蛋计划活动里边的心愿墙。当时浮田完小有一些孩子表示想拥有自己家里的一张全家福。拍摄全家福其实并不难，尤其是现在的手机拍照功能越来越强大，单纯从技术上来讲，谁都可以去拍一张全家福。但是当我问起这些孩子的家长，家里有没有全家福的时候，回答基本上是否定的。作为孩子家长，常年在外地打工，他们的手机里多存有孩子单独的照片，可是合照并不多，更不用说是全家福了。于是，他便筹划着趁着羊年的春节假期，到村里边给这些个孩子拍全家福。

即使做足了准备，当时还是发生了让我始料不及的事情。当时班车晚点，浮田完小的校长在瑟瑟寒风中等了我两个小时。回想平时我去浮田完小的时候，要么是跟着团县委的车子去的，要么是被福利镇的领导接过去的。可是春节假期，大家都在放假，只能让校长来接。校长骑着破烂的二手摩托车带着我一路从福利镇吹风吹到了浮田村。

历尽千辛万苦到了学生家，我才发现一些家里的父母早在初三就回去打工了，有的家里老人生病还在县里边住院，小孩子跑到邻村去串门了等等。原本一天能拍 20 张全家福的计划也随之破灭。甚至于要拍摄一张全家福，不得不往返同一同学家里两三次，方才修成"正果"。浮田完小的学生都分布在以新屋地村为中心的附近 6 个自然村里边，当时完小的奉校长骑着摩托带着我挨家挨户去拍。

121

　　拍摄过程中他也发现，有不少的学生都是单亲家庭，这也大大出乎了预料，要知道，他们可都是留守儿童，再加上单亲，很难想象孩子的成长环境有多糟。一张照片，不重，才几克。但是一份思念却不轻，一年一次的团圆也来之不易。

　　这学期开学之后，我将洗出来的照片送到学生手中的时候，那份满足感萦绕于他们心间，做的事情很简单，但是意义却不凡。而学生们拿到了照片之后，心情更是激动，看到照片中的父母，甚是想念。于是大家便趁热打铁，当场让孩子们将自己相对父母说的话，写在信纸上，并由我们将一封封信寄出去。看到很多低年级的学生用大量的拼音代替汉字，高年级的学生那些质朴的语言，他仿佛已经看到了他们的父母拿着信，脸上洋溢着的笑容。

　　这一年支教生涯让我学到了很多，一年时光让我在从来没有从事过的领域发挥了自己的价值；这一年也让我看到了很多，领会到了中国大好河山的魅力和瑶族同胞的淳朴热情。支教生涯给了我完成梦想的机会，给提供了我体验另一段人生的平台。

育 人

——沉甸甸的责任

张　练

　　在为期一年的支教生活里，发生了很多令人难忘的事情，其中，有一次经历深深地触及了我的心灵，在我脑海里挥之不去。

　　那一天是星期三，是每一周我们三人去三民完小的日子。依然清楚地记得那一天的天气是多云，阳光懒懒的，不想透过云层，因而天空阴沉沉的。然而，我们却兴致勃勃，热情洋溢地走在通往三民完小的路上，因为从县城去到麦岭这个小学支教的一天，总是一周里最值得我们期待的日子。

　　下车后，十五分钟的步行还是有一段路途的，有清风同行，有鸟语相伴，十分惬意。于是我们愉快地利用这一段短短的时光，摆尽各种姿势，要将自己同一路上的青山绿水、田野风光永久地定格。谁知，总是有淘气的老牛、鸭子、大狗、鹅等各种动物跑进我们的镜头，为我们的背景添上了生命的气息。

　　十五分钟是短暂的，抑或是惬意的时光总是特别短暂。很快就到了学校，还未到学校，学生们远远地见着我们，就已在阳台上欢呼雀跃，上课铃响了，都迟迟不愿进教室。由于天开始变冷了，我们去得比较晚，所以将我们的课都安排在了第二、第三节，也好有一节课的时间调整、休息一下。准备了一下，很快便是我们的语文课了。我教的是四年级语文，上次课已经学过了《秋》这篇课文，这次一上课便让学生们朗读一遍，检查一下生字词的识记情况。让我很欣慰的是，一周没来了，他们都还记得我上周教的内容，看来平日里都是没少下功夫的。半节课的复习之后，就开始教他们写第一单元的作文。听有经验的老师说，作文课总是最难教的，村里的学生见识少，获取知识和资源的途径更少，能写出一篇像样的作文来，真的挺有难度，更何况这些学生大部分都是留守儿童，没有父母在身边监督教导，自觉性也不够，想让他们自行阅览课外读物，拓宽知识面，太难了。了解到情况之后，我心里便做好了准备，决心多花点时间来讲这节课，多给他们补充些课外知识。其实，这里的孩子还是很热爱学习的，全班 19 个学生，每一个对我都很尊敬，给他们布置的作业也都写得比较用心，尤其是课堂上，讲到课外知识的时候，他们的眼神，充满好奇和渴求，比城里的学生更能让老师心里宽慰。

正午未到，两节语文课便结束了，在这里教书，时间总是过得特别快。中午我们在那里吃过午饭，稍作休息之后，下午就要给他们上体育课和音乐课。小学生，很听话，虽然调皮了些，但老师在他们的眼里还是很有威严的，不敢逾矩，尤其是这些从小父母都不在身边的孩子，在他们的心里，老师的地位其实是很重要的。而在有些小孩的心里，老师就和爸爸妈妈一样，是依靠。

下午第一节体育课下课的时候，我们班有一个男生不小心磕破了膝盖，破了一层皮，流了不少血，有学生来告知我，我去到的时候，他在哭，不停地抹眼泪。我知道，他很疼，就让他先哭着吧，我心疼地告诉他，别怕，有老师在，老师给你找草药去。于是，我匆匆的下楼，来到学校的草地上寻找小时候常用来止血的草药，我的学生们看见我在寻找，他们就全都跟来了，他们说，老师我们和你一起找。找了一会儿，便找到了那棵草药，虽说我也不知道叫什么草，但小时候我也很调皮，经常磕破皮，我的祖母就是用它给我止血的。拿了草药，我赶紧给他包扎上，告诉他"别怕，有老师在，有同学们在呢，男子汉以后要坚强点"。渐渐地，他就不哭了，到放学的时候，便见他又活蹦乱跳的了。看着他开开心心地回去，我便觉得，在这里，老师的责任变得更为重大了些，不仅仅是教书，更是育人。尤其是在下课的时候，这里的孩子很多都会围在那些长年累月耕耘在此的老老师的身边玩耍，就好像是围着爷爷奶奶似的，那般自在和轻松，那般欢乐和祥和。

然而，我也深深地知道，在欢乐祥和的背后，是多少孩子的辛酸，是多少家庭的悲哀。因为留守儿童的特殊性在于"留守"，即父母离乡、孤独留守。与课余时间能从朝夕相处的父母处汲取多彩世界知识和养分的城里孩子相比，即便众多与祖辈生活的留守儿童并不过分缺乏关爱，但众所周知的是，农村老人因历史的特殊性大都未能接受良好的教育，又因年老限制难以与时俱进，便不能给予留守儿童全面而开阔的视野，同样的，乡村完小的老教师亦是如此。于是，学校的职责便远不能局限于应试教育，更多层面上还要承担起父母的使命。但是，白天在学校的时候，老师是他们的依靠，可是当他们放学回到了家里，谁是他们的依靠呢？那一刻，我深深感受到了"留守儿童"四个字那沉甸甸的分量。那一刻，我在想，如果中国没有那么多留守儿童，如果每个留守儿童在学校都能获得心灵的滋养，如果每次老师都能勇敢地告诉学生们，别怕，有老师在，那该多好！

但是，现在的中国，有多少个地方，有多少偏远山区的小学都是这样的情况？学校老师，能给予孩子的知识有限，给予孩子的温暖也有限。那作为支教老师的我们怎样做才能最大限度地给孩子们带去他们需要的东西的呢？刚来的时候，我们都以为，留守儿童最缺的是物质，是教学设备，是师资力量。于是，我们想尽办法给孩子们募集到很多教学用品、衣服鞋子。然而，很快我们就发现，孩子们其实并不缺这个。他们的父母在外面打工，每年赚的钱也不少，家里的经济条件已经没有想象中那么贫困了，他们真正缺乏的是精神和爱。

回去之后，我开始关注关于留守儿童方面的研究和政策，希望能想出一些办法来解决这个问题。但是，最终我发现，留守儿童最大的心结或难题便是在缺乏母爱或父爱基础上的情感缺失。科学研究表明，一个家庭中父母对孩子的情感关爱和影响力是无法替代的，因此，我意识到，我们国家现在面对的是一个棘手而又不得不解决的问题。

故而，从那以后，下课之后的我更愿以朋友的身份与孩子嬉戏玩耍，透过平等的身份更为深层地了解孩子们内心的需求——种渴望被重视、被关爱的心理，并对他们进行心理上地开解与引导，让他们对"父母外出打工"这一情况有正确的理解，而非"怨恨父母或抱怨社会"，并尽可能地满足他们对山外世界的好奇心，辅助其树立正确的道德观价值观。另外，上课的时候，我也会给孩子们描述大城市的繁华，外面世界的精彩，告诉他们，他们的爸爸妈妈都很爱他们，此时此刻正在大城市里和他们在学校上课一样努力地奋斗，只要他们好好学习，迟早有一天可以每一天都能见到爸爸妈妈。下午体艺课的时候，我会给他们带去小音箱，下载一些好听的歌曲，应孩子们的要求，给他们下载《妈妈的吻》《父亲》《鲁冰花》等表达对父母思念之情的歌曲。陪着他们静静地听这些歌曲，和他们一起思念自己的父母，并鼓励他们唱歌、跳舞，让他们的父母在回来的时候，能亲耳听到孩子们的歌声。孩子们是羞涩的，但他们更是单纯、天真、无邪的。在思念父母的时候，轻轻哼一曲，也是一种内心的慰藉，所以他们都很乐意学。孩子们脸上的笑容让我感觉这一切做的都是值得的。

作为一名能力有限的支教老师，我能做的真的很少，但是，我还是会尽力去完成教师教书育人的责任，我想，在这里，育人是我更为重要的责任。

拿得起放不下的西部支教情

王万奇

2014 年 8 月我到国家级贫困县富川瑶族自治县支教，时至今日虽已有 2 年多的时间，但每每想起自己在支教时的点点滴滴依然清晰可见。无论是课堂上给学生们讲解世界地理，抑或是与支教小伙伴们一起策划公益活动，还是到留守儿童家中家访，都让自己无法忘却，而这一切都源于那一份拿得起放不下的西部情。

邀请贫困地区留守儿童到广西大学参观

🍀 每逢佳节倍思"亲"

"用一年不长的时间，做一件一生难忘的事情"，这几乎是每一位西部计划志愿者的心声。一年的时间不长也不短，但每逢佳节来临时，总会收到孩子们寄来的书信或是在QQ中的留言，我想这应该就是一年支教给自己带来的最大收获。如今重新做回学生，渐渐学会从学生的角度去审度这段经历，去思考这群孩子，去缅怀那份情怀，偶尔也会觉得自己曾经太苛刻，如果还有机会王老师一定要对他们宽松些。今年六一儿童节，我揣着思念了几个月的小情绪去看望孩子们，发现他们都变化了——小胖变瘦了，二虎长高了，李芳会笑了，孩子们都在变，变得越来越接近王老师一直希望的样子。说好送给孩子们的文具还是没敢忘记，看见他们捧着文具脸上洋溢出的灿烂笑容，我深深地甜在了心里。

🍀 化作春泥更护"花"

一年的时间里，我和我的团队成员累计家访60余次，行程逾1 200余千

为那坡县留守儿童发放"瑶篮奖学金"

米，足迹遍布全县 13 个乡镇，30 多个村部。在走访调研期间，了解到富川县竟有留守儿童 9 000 余名，个别孩子生活异常艰辛。如今虽然自己已不在服务地，也不用站在讲台上为学生们授课，但历久弥深的师生情谊只会随着时间的推移更加浓烈。所以我毅然决定用自己在研究生期间的奖学金资助能帮助的每个孩子，因为自己永远都是孩子们心目中的王老师。我告诉他们，这是王老师通过自己的努力获得的大奖学金，现在把它拆分成小的奖学金，就是希望将来你们也能够读大学，也能够得"国家奖学金""专业奖学金"。或许 200-500 的奖学金并不算多，但对于 12 个受资助的留守儿童来说，也许就是最好的支持，愿她们像花儿般美丽绽放。

🍀 天下谁人不识"君"

如果说在当下谁最有号召力，谁能够在大学生群体中最具带动力，那无疑就是我们青年志愿者。在我们每一名西部计划志愿者心中都有这样一种情怀，那就是不能因为支教结束就放下志愿服务。回到学校为了把对孩子们关爱延续下去，在校团委的指导下，我们成立了瑶篮计划志愿服务队，旨在为山区的留守儿童创造摇篮般的成长环境。截至目前，"瑶篮"计划已筹集近 10 万余元用于资助贫困山区小学，累计捐赠图书 6 800 余册，图书架 34 个，建造图书室 4 间，心理咨询室 1 间，爱心款项覆盖贺州市、百色市、河池市等三市 8 县 10 乡 12 村，援助乡村小学 12 所，直接或间接帮助留守儿童 3 000 余名。我们坚信，随着一届届支教团成员的努力，一个个瑶篮计划志愿者的努力，将会有更多的人参与到对留守儿童的关爱活动中来，让每一个人都知道志愿"君"，让每一个人都努力成为志愿"君"。

自己现在已经是一名马克思主义学院研究生二年级的学生，导师常常鼓励我说：在学好理论知识的同时，别忘了到基层去到人民群众中去听听他们的心声。恰逢全国上下为打赢精准扶贫精准脱贫攻坚战的关键时期，我们青年大学生唯有把自己的专业所学与社会实践结合起来，才能真正做到学以致用，才能在将来更好地投身到中华民族伟大复兴中国梦的实践中，再续那拿得起放不下的西部情。

共同成长的幸福记号

王心月

时光如梭，又是一路风尘仆仆，又是一夜星光灿烂，又是一味苦乐酸甜，又是一曲人生凯歌，问世间志愿为何物，只叫人百感交集。半年的生活很快过去了，半年的时间，我对于富川，对于富川二中已经从陌生变得熟悉，有辛苦的付出，就有幸福的收获，我感受到了支教赋予我生命的精彩。孩子们成长很多，而作为老师的我也成长很多。

我在富川二中教授的课程是初二的信息技术。孩子们在初一时没有系统地上课，第一周的课堂很乱，没有座位安排，来到教室打开电脑之后便开始上网玩游戏，离开教室后教室板凳乱放，桌子上的课本也是一团糟。第二周，我给每个班的同学都安排了座位，并且设立了组长和课代表，层层安排下来，虽然还是有些吵闹，但是随着时间推移，孩子们渐渐地习惯了课堂规则，慢慢地课堂纪律变得规范了，下课后桌椅板凳课本都自觉放回原位。纪律方面处理得当之后，便是教学上的改变。根据他们的具体情况，我更改了教学计划，从课本改为了作业形式，有重点有难点地进行教学，之后我发现很多人的精力并不能集中，于是在后面的教学中我没有一节课全讲课程，而是采取半节课讲课，半节课做练习的方式，将当节课所讲的知识用一个或两个的练习来增加他们对操作的运用和记忆。虽然这样做进度会相对慢些，但是可以更好地让学生们掌握并且也能提高了他们的动手能力。

半年之后，当我再一次做小测试时，发现孩子们的电脑操作能力提高了。就word文档操作来讲，之前一窍不通，而现在很多同学不光能完成我的要求，而且还可以做很多新的转变。除此之外我觉得更让我欣喜的是他们对信息这门课的兴趣，最开始对于讲课他们是很反感的，每次用教师电脑控制时都会引起

一片埋怨，可是在渐渐了解课程之后，很多学生见到我问好之后第一句问的都是"老师我们今天学什么啊？"。学期末最后一节课让他们做电子贺卡。当看到一张张精美的电子贺卡出现在屏幕上的时候，一种成就感油然而生。

支教团除了在中学任职之外，每个星期三，我们都会到乡下小学看望孩子们，和他们聊天，一起做游戏。我教的是音乐，刚开始教的时候很多小孩子都不敢出声，他们的眼睛里有着躲闪和害羞，所以在上课的时候会先放一些有吸引力的歌，或者讲述跟今天的歌曲有关系的故事。并且在发现他们有图书馆之后，每次中午只要有时间，我们就会坐在升旗台旁的柱子下给他们讲故事，很多小孩子刚开始还是羞怯不敢走近，可是看到其他孩子一边听故事一边哈哈大笑的时候，她们也小心翼翼地靠过来，这个时候我就再接再厉，在讲的时候不经意向他们搭话，或是问问他们对故事中主人公的看法，或是问问他们之前有没有听过类似的故事，虽然刚开始他们都有些不敢开口，可是渐渐地就开始回答，后面更是主动地说给我听。记得很清楚的是一个三年级的小女孩，很可爱很乖巧，就是害羞得很，唱歌的时候虽然一直盯着我看可是一看我看向她，马上就不好意思地别过头去。我看出她很想唱可是又不好意思，于是课间时间跟其他小朋友聊天经常会不经意跟她讲话跟她聊天，问她喜欢什么歌曲，并且分了很多小组比赛，奖励唱得好的孩子，孩子们看到唱得好的孩子得到糖果，他们便也开始大胆地唱，后来一次我再去三年级上课的时候，她竟然主动问："老师，今天我们唱什么啊？"我有点惊讶以至于过了几秒才想起回答。

半年的时间已让我看到了孩子的很多改变，同时，当我审视自己的时候，发现我已不再是那个刚出学校冲冲撞撞的大学生了，这半年时间，我的成长也远比自己想象的多。

首先是角色的转变，从一个学生一下转变成一个老师，很多地方都跟学生时代不一样，怎样教学，怎样管理课堂都是棘手的问题，因为不是师范专业，没有之前的经验积累，这中间有好多次措手不及和不知所措。首先不对口的课程，让我对于如何处理教学时间完全没有头绪，可以说是对于计算机教学完全一无所知。但现在可以在完成课程任务的同时跟他们讲解新的关于信息的技术。

其次是信息的教学内容。回想初中信息课发现自己基本都在玩中度过，拿到课本后没有一点头绪，问之前的老师也没有得到什么有用的信息，只好一边看课本备课，一边在网上查找会考的模拟题。又结合学生基础差的情况，一点一点让学生走上正轨，虽然现在看来信息没有其他课程重要，可却是这些孩子以后必然会用到的知识，所以丝毫不敢懈怠。除此之外，纪律也是让人头疼的一方面，太严厉会让学生都远离你，可是如果不严厉学生上课的时候就很可能扰乱课堂秩序，所以向当老师的长辈询问了很多整治纪律的方法，在教学的同时跟孩子们"斗智斗勇"。除此之外，一些突发的紧急状况在一定程度上也让我成长很多，其中让我记忆犹新的是一次上课的时候突然一个孩子感觉不舒服，肚子特别疼，这是我第一次遇见这种事情，一时之间特别慌张，但是在冷静下来之后最先想到的是如何应对这一个学生和一整个课堂，所以我临时安排了课堂小测验，由班长和课代表看管好班级纪律，我则联系该学生班主任由班主任联系家长处理。当家长赶来接走学生的时候，回到教室我紧张的心情才稍稍有些和缓。事后回想自己的整个反应，冷静沉着的让我自己都有些吃惊。后面虽然也遇到不少突发情况，但是每次在做出应对前都会让自己冷静几秒钟，这样处理起事情来沉着了许多。

除了教学上的收获，支教的半年还有很多学生时期没有的收获，认识了其他学校支教的小伙伴，在与他们的交流中，增长了很多知识，开阔了视野，更是对支教生活和支教结束后的研究生生活有了很多不同的想法，这些想法之前的我是根本想不到的。参与了很多县团委组织的活动，雨夜跟团县委的书记副书记一起摆凳子放雨具，让我体会到基层工作者的不易。雨水透过早已经破洞的一次性雨衣淋进衣领里，冷得让人打颤，雨水在鞋子里乱窜，可是手脚都已经冻的感觉不到冰冷。下乡参加扶贫暖冬活动又让我发现原来我们的生活如此幸福美满，对于很多富川周边村子的村民来说，连温饱问题都没有解决，很多家里最值钱的就是一口锅，有些村民经常是有上顿没下顿，更别说我们日常的娱乐活动，看电视玩电脑根本就是一件想都不敢想的事情。参加学校的大课间活动，身上肩负一个班的教学任务让我从一个"同手同脚重度患者"成功变成可以自己熟练完成整套动作的"舞者"。作为学校业余摄影师，用相机记录学校举行的各种活动如大课间评比、毛泽东诗词朗诵比赛和校运会，当看到学校宣传栏上我拍照的照片时，心里有种隐隐的自豪，在这个过程中，我发现用摄影工具记录下精彩的瞬间远比眼睛看过更让人兴奋。

虽然是"支教"，但是到目前为止反而我学到的东西更多。在这里，我学到了许多未曾学到的东西，许多我在学校里学不到但对我将来的人生意义重大的知识，这一切将使我在以后的学习和工作中获益匪浅。在这里，我们苦过、累过，却依旧笑着；我们迷惘过、徘徊过，可依旧坚持着。支教虽然辛苦，但是锻炼了我的意志，提高了我的能力，让我在苦中作乐提高了身心健康水平。支教不仅让我结交了很多朋友，收获了友谊，更使我长大了，学会了吃苦耐劳，学会了积极对待人生，学会了如何冷静处理突发状况。我也深刻体会到了团队精神的重要性；知道了很多困难是需要团队协作，需要大家同心协力才能克服的。同时，也让我看到了老师的辛苦与高尚。

也许我的到来不能马上改变什么，可是我想至少通过我能给他们带来一缕清新的空气，让他们对大山之外的世界充满兴趣，因为只有当这些孩子想要看看外面的世界时，他们才会想要走出去。"支教"生活给了我一段无极限的体验和感受，给自己人生留下了印象不可磨灭的，生命因为它而更加丰富和精彩，这将是我今后工作的不竭动力。它驱散了数不尽的寒冷与孤独，照亮了无数次的黑暗与迷茫，如流水般汩汩淌过心田，荡涤内心，让我们洗净铅华，收拾好心情重新出发，在实践中重新认识与发现自我的价值。

1617，我们一路一起

石诗阳

最是一年春好处，春回大地，万物滋生。琅琅的书声，师生的笑颜……春日的二中处处是迸发的生机，处处是希望的春色。从 2016 年皎洁的秋到如今 2017 年这盎然的春，时光就像手中的细沙在不经意间流逝。1617，广西大学研支团的几位小伙伴一路一起，和瑶乡孩子们一路一起，和西部基层一路一起。

1617，我们一路一起走来，细细想想做过的事，依旧温暖满满。我们走上讲台，开启了作为老师的人生第一课；我们走进果园，挑起"公益创业"的大旗，为瑶乡销售蜜橘助力精准扶贫；我们走进乡村，为村小解决热水饮用难题，与留守儿童共度欢乐童年。国庆节，我们和学生一起朗诵《少年中国说》，祝福祖国，祝福西部；冬至日，我们和内宿生一起包饺子话成长，其乐融融；元旦新年，我们陪留守儿童挑选棉衣，温暖了他们也感动了我们……时光流逝，万物更新，孩子们在成长，我们也在成长。

🍀 桂华秋皎洁，由此再登高

2016 年的九月，我们登上了讲台，当我编辑完"开学第一课"的微信，让我身边的四位小伙伴出出主意起个好题目，我们队里唯一的男同志王剑南应声而出"桂华秋皎洁，由此再登高"，然后大家鼓掌通过。从学生到老师，对于我们来说是一个巨大的角色转变，在金秋九月我们换了身份，这是一个新起点，需要我们一步一个脚印步步登高。我还没有忘记第一次走进教室、走上讲台时的紧张心情，还记得第一次见到这群可爱的孩子"新老师，小石老师……"的声声欢呼，那一刻一定要当好老师的责任从心底油然升起，我一定要做好这个工作！虽然有刚走上讲台的生涩稚嫩，却也在不断努力、不断付出与收获中成熟进步，使我充分感受着支教赋予我的生命精彩。

刚到富川二中，一切都很陌生，学生也都是刚上初一的孩子，所以学生的一些情况只能靠我自己去了解，我尽可能多地和学生们在一起，与他们谈学习，谈理想，以心交心，把自己真正融入他们当中，成为他们的一员。我发现这些学生并没有什么大的人生理想，大部分学生来读书的原因是父母"要我来读我便来读呗"，所以学生的学习没有较强的主动性和积极性。初步了解学生的思想状况是作为老师的首要任务。由于农村学生的家长文化水平有限、教育观念存在偏差以及外出打工等客观因素的影响，对孩子缺乏必要的激励和引导，关注孩子学习情况的少之又少，各方面发展几乎是"放养"的状态。家庭教育的缺失导致这些学生的文化基础远不如城里的孩子。学生虽然天真淳朴，却显得有些木讷，思维缓慢、语言苍白，作业拖拉也就不足为奇了。开始的每一节课，尽管我做了充分的课前准备，并把师生互动的"版本"降了又降，但课堂教学的尴尬还是层出不穷，我自以为比较适度的问题，学生却张口结舌、茫然不知。期中考试时，满分的没有，90分以上的只有几个，最低分还出现十几分的情况。看到那一排鲜红的分数，我在感到惊讶的同时，也深深地感受到了肩上担子的沉重。

情况了解清楚了，接下来就是脚踏实地地工作，一个一个地解决问题。我为下一步的工作定了一个方向，我认为，成人比成才更重要，应该让孩子有一个远大的志向，拥有正确的价值观和为人处事的方法以及健康的心理，因此我会在讲课的过程中借助课本内容引申到人生教育上，给他们讲述外面世界的精彩，使学生们感受到学习的重要性，树立起远大的理想。每当我和学生们讲这些故事和见闻的时候，大家都听得非常认真，从他们的眼神里我看到了这些孩子对美好未来的向往，他们逐渐理解了学习文化知识的重要性和必要性。接着我开始思考如何引导学生热爱学习，促进他们的全面发展。我从欣赏他们入手，用微笑去面对他们，同时还通过自己的年龄优势，与学生打成一片。比如把QQ号码给学生，他们周末回家后如果有时间上网便会通过网络与我联系，我线上解答课程问题并和他们聊一些心里话，正确地引导。另外，我还总是在课前提前出现在教室或是推后离开教室，利用课间为学生答疑或谈论自己的所见所闻，开阔学生眼界。

作为文科生，虽然地理学习功底还算扎实，可是当真正成为一位地理老师时，还是得自己从头学起，不仅要自己懂，还得讲得出，让学生也能懂。因此我在教学上也下了很大功夫，只要没有课，我都会到其他地理老师的课堂听课，记录笔记。因为教材上的内容并不涉及方方面面的全部知识点，通过听其他老师的课，让没有教学经验的我把重要的知识点全部把握。经过不断学习，我取得了一定的进步，代表地理学科上了一堂全校公开课，获得了学校领导和老师们的赞扬和鼓励。非师范专业的我在教学方法运用和学生心理情况了解等方面也是欠缺的，因此我借用课余时间到各学科办公室向经验丰富的老教师请教，寻找适合自己的教育教学方法。

教育教学工作使我们完成了从学生到老师的角色转变，实践着"有知无行"到"知行合一"的成长历练，也经历了从"浅尝辄止"到"深度体验"的教书过程。在工作中学习，在学习中工作，不断探索，不断提高，这就是我们努力成长为一名好老师的过程。

❀ 世上无难事，只要肯登攀

按照团中央对研究生支教团工作的定位要求，我们在完成支教任务外，还开展了力所能及的扶贫公益活动，并配合团县委和服务学校做好基层团组织建设。由于我们人力有限，扶贫对象又情况不一，组织开展相关活动对我们来说是一个不小的考验，有时候也会出现畏难情绪。但当我们想到有母校做我们的坚强后盾，有各级组织的关心支持，只要我们"撸起袖子加油干"就一定能够做成别人做不成的事。后来我们五位队员达成了一个坚定的共识"有了困难克服困难，出现问题解决问题，绝不轻言放弃"。就是在这种"不怕困难、勇敢攀登"的干劲下，我们策划的每个行动都达到了预期效果。最让我印象深刻的是去年的"蜜橘义卖"活动，我们首次尝试用"公益创业"的形式通过建立网店义卖蜜橘，但是对于我们几个零创业经验并缺乏创业思维的人来说确实困难重重，但好在我们敢于直面这些困难，从农业局调研情况开始，到果农果园中实地劳动，再到和10余家果品公司洽谈对接，50天的时间里我们跑遍了富川县的12个乡镇40多家果园，"助力瑶乡精准扶贫，共筑公益创业梦想"活动最终取得圆满成功！

另外，我们每周都坚持到三民小学和浮田小学开展义务教学活动，这两所村小均没有公共交通工具可以直接到达，我们总是乘车到最靠近学校的地方再步行前往，不论刮风下雨都坚守着与孩子们的约定。这些孩子多为留守儿童，有的甚至父母双亡，我在手工课上嘱咐他们把完成的作品拿回去送给爸爸妈妈或是爷爷奶奶，多数的孩子都会选择拿给爷爷奶奶，因为爸爸妈妈不在身边。还有孩子会索性送给我，因为"我没有妈妈……觉得您像姐姐，就想送给您"，每到这个时候，我觉得我们的人生价值得到了真正体现。

1617，我们精诚团结一路一起。在实践中我们体会到基层工作的平凡与不平凡。"到西部去，到基层去，到祖国最需要的地方去"不仅仅是一句口号，更是我们无悔的选择。作为一名青年党员、一名志愿者就是要敢于迎面困难、挑战自我、不懈攀登，才能不断磨砺自己、创造价值。

🍀 好雨知时节，当春乃发生

笔行至此处，窗外雨声淅沥。春水流响中，我想起了朱自清的《春》：舒活舒活筋骨，抖擞抖擞精神，各做各的一份事儿去，"一年之计在于春"，刚起头儿，有的是功夫，有的是希望……在这好时节，就应该生气蓬勃，就应该斗志昂扬。"百年追梦，全面小康""学雷锋在行动""游学西大""青春喜迎十九大，高举团旗跟党走""与人生对话"……新学期的工作已经谋划好，我们定将不忘初心，收集一路走来的信心，汇集一起前进的力量，撸起袖子加油干，让青春在西部基层绽放光彩！1617，我们一路一起！

故梦重温

—— 旧路新旅程

覃漪雯

我们经常说，人的一生是短暂的，在须臾的几十年时间里，我们需要经历自己的一生。同样，在自己的一生里，总会有让你转眼便忘的东西，可能是低微的，不需要记忆下来的。相反，有些东西是需要我们去铭记的，比如你的成人礼，你的初恋，你的第一次旅行，这些东西往往都是大家愿意去铭记的。身为中国的学生，我想大部分的人对高考都有感觉，或清浅或浓烈，三年孜孜不倦的奋斗时光，就算再过去几十年也依然是记忆里最深刻的。

当我成为支教团成员并且被分配到宁明中学高三年级时，我既惊讶又有点畏缩，我深知高考对一个中国学生意味着什么。尽管它并不能决定一个人的一生，但是它却对你未来的道路产生很深的影响。我不敢贸然在学生们的人生路口做个挥旗人，资历尚浅是我自认为最大的制约因素。我很紧张，不断地跟学校相关负责人沟通表示能不能把我放到高一，高一是新的，我也是新的，我们双方都能够在相互变得足够有经验的过程中相互进步。而高三年级需要经验的积累储备，这恰恰是我欠缺的。高三年级负责人听完了我的想法，很认真地思考了一下，也很有信心地回答了我，她说她相信我可以的。她说做一个老师首先要做到的，就是过硬的专业技能，传道授业解惑，在这一方面她不担心我的专业；其次经验于教师而言是重要的，但是很巧妙的事情是，纵使如我这般缺乏经验也未必不是好事。由于缺乏经验，我所要比其他老师付出的努力就要更多，但是我的好处就在于能够跳脱教学思想的惯性，不会盲目陷在经验的坑道里，使整个教学陷入以前的死循环，况且我经历高考也仅是几年前的事情，所以不用担心。年级负责人的一番话其实非常让我动心。我并不知道大家会不会跟我有一样的感觉，就是高考过后上了梦寐以求的大学，但却感觉到生活变得空洞了。高中尤其是高三时期，生活和学习异常充实，因为大家看得清自己的目标，有方向、有自我约束也有学校约束，而在大学相对更自由的学习环境中，获得了久违的自由，没有清醒的目标，没有高中时候严格的管束，很多同学日渐沉迷在像打游戏这样的游玩事情里，而忘了当初自己有多刻苦多坚持才来到这里的，有些同学过后醒悟走了出来，有些同学就浑浑噩噩到毕业。所以我很害怕，因为自己就经历过这一段迷茫的时期，庆幸的是，我走出来了，我想回到那个充实的时期，回到自己最踏踏实实努力的时候。所以最后在年级负责人的劝导和自己的内心愿望的双重配合下，从2016年9月1日起，持证上岗，成了西部计划志愿者中一名高三英语老师。重温高三旧梦，但是是以一个新的身份，有了一个新的使命。

在开始上课之前，我和同学们进行了简单的交流介绍，总有一种莫名其妙的自信，觉得我肯定能够让同学们全都喜欢上我，然后认认真真学英语。虽然这种自信莫名其妙，但却是我任课之前给我自己的一个肯定。刚开始确实如我预想的一般，大家都很兴奋，刚刚去上课的时候，可能同学对新老师的新鲜感还在，所以同学们很热情，尽管他们基础比较差，懂的比较少，但是我总觉得他们的态度让我很受鼓舞，总觉得自己的选择是对的。为了能够让这些基础较差的孩子能够更容易地记下单词，我用浅显的拼音慢慢解释，使同学们慢慢记住，孩子们很愿意学，给了我很大的精神鼓舞，我当时是很积极又不知疲倦的，再加上我并没有大他们很多岁，所以我喜欢用平易的态度给他们讲课。但是很多东西不会按照自己的设想一直走下去，人生充满了变数。没过多久，大概是新鲜感过了的原因，同学们的态度急转直下，上课愿意回答问题的寥寥无几，大家每天都是一副睡不饱的样子。有一次，按照往常上课我到了教室就开始进行听写，但是后排的同学懒懒散散地说："老师我不想听写，可不可以不写？"那个时候很生气，但是还是耐着性子冷脸说了一句："行，你要不听写也可以，课后自己每个单词抄15遍交上来。"可是最后他依然没有交，就连我课堂点了名要交，这个孩子都无动于衷。万不得已之下我去找了班主任说了这件事情，班主任说他脾气犟让我来说。最后他确实是交了，但是我却变得沮丧了。因为我总觉得我看起来似乎已经是跟他们搞好了关系，为什么这种事情自己还解决不了，需要动用班主任的权威呢？那个时候的我很容易生气，为什么他们就是不愿意学，为什么就是不愿意主动去复习之类的问题，每天都盘绕在我的脑海里，我就变得越来越暴躁，内心有些难受，对他们说话也有些情绪起伏，冷着脸给他们讲课，他们会私底下给我说老师不要黑着脸啊，可是但凡上课看到他们无心学习的样子，真的会又气又急，最后控制不住自己。上课看到他们课本翻不到知识点，听不下去倒头就想睡的样子，内心又气又急。身边有很多朋友也在说既然他们不想学，就随便教教算了。大概是过了一个多月的时光，我有点受不住了，我给我以前的班主任打了电话，起初也是满腹委屈一直在抱怨，班主任一直认真在听，他并没有打断我也没有插嘴，当我倒完我的苦水了以后，他很认真地问了我一句，他问我你一直在说学生们的问题，那你想没想过，你身上自己存在的问题。一句话问得我哑口无言。

我把从开始上课到现在的种种情况认真想了一遍，才发现我的毛病的确不少，我从一开始就把期待放得太高，把所有人的位置都摆在了勤学好问、刻苦钻研的好学生角色上，先入为主，所以当出现了一些我意料之外不能操控的原因的时候，我就开始觉得是别人的错。与此同时，我好像也陷入了中国式传统教育的思维，学生除了学习之外就不能想别的，学习成绩是衡量你的唯一标准，尽管我自己觉得只看成绩太主观片面，但不幸的是我也走进了那个教育想法的误区里。我还有一个不足就是我一直秉承着只有老师和学生亲如朋友的相处，才能让大家在学习过程中更加自在，但是我没考虑到的是，老师在和同学们处理好这样的关系的时候，要树立老师自己的威信，每个学生的性格都不一样，你既得平和又得有威信，让他们不敢越界。十月中旬的时候我所教的毕业班的语文老师在班群上说了一句话，我才真正懂了我要做的是什么。语文老师说我们现在所做的和现在教给你们的东西不是为了要你们考多高的分，而是让你们在未来的路上走得更容易些。在跟一些前辈老师们的交流中发现，几乎大部分孩子现在在上课的时候都会有这样的表现，所以自己在上课的时候要用一些方法来提高他们的兴趣，用他们喜欢并感兴趣的时评做例子来分析，对他们的吸引效果就会很明显。我自己喜欢看新闻，所以在后来每次看到同学们学的有些烦躁了，就把新闻拿出来跟她们分析的一些事情相关联，这样一方面能让同学们在繁重课业中有所休息，另一方面也希望让他们形成自己对事情的看法，纠正自己的观念。我也学会了对大家使用套路，一些很对大家胃口的套

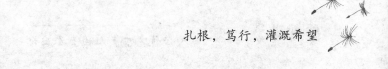

路，在提高大家学习兴趣的同时也给了孩子们一些甜头，不至于让同学们在每天长达 16 个小时的学习过程中感到乏味无趣。

而在生活里，似乎这些高三的孩子们也把我当作能够去倾诉，能够给他们建议的朋友。他们愿意跟我讨论学习问题、生活问题甚至是青涩懵懂的感情问题，我很开心看到他们对我敞开心扉，但是有些孩子的遭遇确实让人非常心疼。曾经有个孩子跟我说，他说老师我该怎么办，我也知道我现在成绩一塌糊涂，我也想努力，可是我爸妈却一直在不停跟我说，成绩那么差就不要浪费钱再念书了，学费和生活费花销那么大还不如去打工，还能给我们赚点钱，于是当我每次想起这些话时就没有动力再去学习，就想做一个他们所期待我成为的那样的人。这样的例子其实在现在的农村的孩子身上时常发生着，很多比较保守的父母所持有的观念就是你念得好那么你继续念，以后找个好工作挣大钱；如果你成绩不好那么你就出来给我打工赚钱，不要白白浪费辛苦赚来的钱。其实这个问题一直以来都是我们面临的问题，保守父母所持有的保守观念其实说白了对以后整个国家素质的影响是很大的。虽然知道问题所在，但我所能做的就是去开导这个孩子，我想让他知道，现在多学一点，以后多懂一点，就会过得更好一点，整个国家素质也能提升一点。

如今我已经做了七个月的高三英语教师，从刚开始的畏首畏尾不知所措，到现在站在讲台便可以口若悬河，这便是我的成长。刚刚陪着这些高三的孩子参加了百日誓师大会，大会上听着学校领导的期许，老师代表的振奋和学生代表的热血誓词，似乎看到了四年前自己站在国旗下举着右手宣誓的样子，很稚嫩却很坚定。高考是一场没有硝烟的战争，当初我是作为一名高三学子在题海书海中战斗，但现在我是一名高三老师，在各个考试题型中给学生挥旗指路，指引方向。高考这条路上，熬不过就出局，熬得过就出众，这条路已经走了很远，就剩下最后的 100 米的冲刺距离，希望同学们抗得过困难耐得住艰苦，披荆斩棘直到最后到达终点的那天。

故梦重游，不变的是当年高三的满腔热血，走的是以前的路程，却得到了更多，不仅有作为学生的刻骨坚持，还有作为老师的责任和努力。感谢所有的高三老师对即将高考的学子付出的心血和辛苦，祝福所有的高三学子金榜题名！

支教之心，再续艺术之情

李秋实

总有几分钟，其中的每一秒，我都愿意拿一年去换取。

总有几颗泪，其中的每一次抽泣，我都愿意拿满手的承诺去代替。

总有几段场景，其中的每幅画面，我都愿意拿全部的力量去铭记。

总有几段话语，其中的每个字眼，我都愿意拿所有的夜晚去复习。

亲爱的孩子们，如果一切可以延续，我想和你们，永远在一起。

时光流逝，转眼间，这已是来宁明中学支教的第八个月了。蓦然回首，刚来这里的场景历历在目，如同昨日发生。但我却已经和这里的孩子们朝夕相处了一个多学期的时光，这段日子虽然短暂但很充实，同时也让我真真切切地感受到了支教生活的多姿多彩。

刚来支教的时候，学校分配给我的教学工作是担任高一七个班级的美术老师。想想几个月前，我还是坐在教室里听课的学生。眨眼间，就变成了站在三尺讲台上授人以渔的老师。角色的转变之快，让我一时没反应过来。带着兴奋又紧张的心情，我来到了这里。兴奋的是我终于可以见到这帮孩子们了，可以用自己的力量去传承知识。紧张的是该怎么把握好这以兴趣为导向的课程。美术课本来就是一门兴趣爱好课，我开始担心如何去正确地引导学生们，让他们保持学习的热情等，好多问题瞬间涌上心头。作为初出校园的我，开始向两位有经验的美术老师请教教学的方法和技巧。跟着同学们一起听两位老师的授课，学习他们的授课方式，制造课堂氛围。在实际的授课中进行运用，把他们的教学经验变成自己的，提高自己的教学能力。在遇到问题的时候，我会在思考之后，再主动向其他老师请教，而他们也会毫无保留地将经验与我分享，我们一同探讨。

第一天上课的场景，让我记忆犹新。我曾经无数次幻想着走进教室的场景，热情的掌声不断，高高的欢呼声和张张开心的笑脸……当我第一次走进教室，这里的场景与幻想完全不同，没有热情的鼓掌，没有欢呼，没有笑脸。有的是诧异的表情，大眼瞪小眼的疑问仿佛在说："同学你是新转来的吧？！"抑制住内心的惶恐和不安，抛去内心的惊讶，我淡定地说了一句："我是你们的美术老师。"看着他们满脸的尴尬和诧异，时间停滞了三秒，接着就是幻想中的场景。我的自我介绍还没结束，学生们就开始按捺不住心中的好奇。开始向我提出一长串的问题。有的问我是哪里人，有的问我什么是研究生支教团，还有的问我的年龄……我的回答，让第一堂课的氛围活跃了起来，愉快的交谈让我很快融入了他们的队伍。这一天，我上了两个班的课，站了一个半小时，腿开始抽筋，嗓子也讲得有些哑了，虽然毕业时候，也曾实习过，可还是没有这么辛苦。又一次地体会到了当老师的辛苦，心里默默地感谢起我的老师们。

第一印象很重要，越来越感觉这句话很对。因为初次见面的良好印象，课上学生们总能很积极地配合我，积极地回答我提出的问题，和我一起讨论学习上的知识。虽然偶尔也会出点小插曲，造成场面失控的现象，但这时就会有正义的使者来帮我管理秩序。无论是走在校园里还是校园外，时不时就会有学生向我微笑，冲我打招呼道一声：老师好。其实在这一点上我有些惭愧，虽然我教有四百多个学生，但是我并不能记住每个人的名字，有的甚至都没有印象，为此我还在课上向他们表达过歉意，我记得我的老师也曾经这么做过。私下里，有的学生对我的称呼直接就是姐姐，有的学生说给我做免费导游，带我游遍宁明，还有的学生邀请我去他们家砍甘蔗。我很感动，因为这里的孩子大部分都是来自乡村，他们的家境并不是那么富裕，可他们愿意把最好的东西与我分享，他们常常会问我："老师，你的家乡和我们这里有什么不同，你们那里有没有甘蔗，如果没有下次我带过来给你吃。"这也许就是他们所能拿出来最好的东西。课上因为要讲不同地方的文化及作品，我会问他们都去过哪些地方，他们会毫不犹豫地说越南。因为区位原因，这是他们最为熟悉的地名，虽然熟悉但是他们并没有真正去过，大部分的孩子可能连宁明这个小小的县城都没走出去过。还有上次圣诞节有个学生说给我送苹果，虽然没有华丽的包装只是简简单单的一个透明塑料袋，但是却表达了他们对我的认可和喜欢。这一切的一切让我开始慢慢享受被学生"宠爱"的滋味。同时伴随着学校举办的"冬游""游园活动""元旦晚会""合唱比赛"等一系列活动更加拉近了我与他们

143

的距离。慢慢地，我想我已经爱上了这帮天真烂漫的学生，和他们相处的过程中，让我重温了高中的美好时光。

同时，宁明坐落在世界文化遗产——花山的脚下，千百年来传承着骆越先祖的文明，这里的孩子们有着向往艺术的灵魂。但专业老师的缺乏以及家庭的贫困成了他们学习艺术的阻力。为了使花山儿女得到充分的发展，在学校的支持下，我们创立了这间"梦想画室"，利用晚上 7：30 到 10：05 这段时间，免费对喜欢画画的学生们进行专业性的培训。

我是负责梦想画室教学的主要老师，我从小就与绘画艺术有着不解的情缘，不仅对绘画艺术情有独钟，在本科期间也是修的与美术相关的专业，这次算是真的学以致用。在与天马行空的高中生相处过程中，在这群孩子们身上重温了高中时的艺考梦想。

人都是有闪光点的，而作为少年时期的我们，也都曾经历过天马行空、想象力爆棚的年纪，在这个与都市脱轨的边远地区，孩子们更需要接受课外的兴趣教育。刚开始的时候我对自己充满信心，认为这里的孩子们可以很容易地接受我所教给他们一切的知识。但事与愿违，虽然他们非常喜欢画画，可是这里的孩子在高中之前基本都没上过美术课，更别说是让他们动手画画了，所以最初的效果并不好。多少个夜晚，我辗转反侧难以入眠，无数次想要放弃，泪水时常情不自禁地溢出眼眶，打湿我的衣襟，但是我的脑海里全都是他们画画时认真的模样。我便暗下决心，要咬紧牙关一定不能放弃，相信只要坚持过这段时间，他们就会有所突破。于是，我重整旗鼓，继续坚持我的梦想并制定了更为细致的教学计划。起初，从最基础的削铅笔开始一步步引领他们入门，然后慢慢深入到拿笔姿势再到如何起形上调子。我会捉着他们的手一点点教给他们，告诉他们拿笔上调子就像是打篮球一样，只是把篮球换成了铅笔，但是着力点和用力方向都是一样的。一个个地去纠正，反反复复地练习，终于在历时四个多月的不懈努力下，他们从零基础到了可以独立完成绘画几何作品。我感到非常的欣慰和满满的成就感，这大概就是作为老师最幸福的时刻了。时间长了，也渐渐熟悉了起来，成了无话不谈的朋友，对他们有了更进一步的了解。闲聊的时候他们就会说："老师，到时候我们舍不得你走怎么办？你走的时候我们会哭的。"。我的内心一次次被融化，我想在这短暂的相处时光里，我们已经成了亲人。或许这就是缘分，我们年龄相仿，能在这个时空相遇，在你们身上，看到了自己过去的青涩和梦想，再次坚定我对初衷的追求，从你们身上看到了无限的可能，我愿毫无保留地在你们追梦的路上予以帮助和鼓励，助力前行。

人们常说"收获"与"反馈"，我们大学生总在迷茫学不知用、读书无用，而在支教的这些经历，用实际行动将所学所得反哺社会，真实地感受到知识的力量，给下一代人以正面影响。这就是来到西部、来到基层的大学生能够体现的最大价值，是真正个人投身国家建设、社会发展以及中华民族的伟大复兴事业的体现。

梦想画室的快乐时光值得每一个人回味。上学期结束的时候，学生们相继用书信的形式表达了对我的深深感谢。信中提到"希望自己将来也能成为一名支教老师，回到家乡，回到基层，反哺下一代"……读到这里，我转身走向窗台，微微抬头，望着操场上的蓝天、白云和阳光，一股暖流从心中穿过，西部的天气和这封封感谢信一样让人温暖。西部诸如此般的故事还有很多，并仍在延续着，而我也只是其中的一行一句。

支教的旅程即将进入尾声，我依然会"一节复一节，千枝攒万叶"，在时下浮躁的世界静默以对，坚持像竹一样虚心踏实。一步一个脚印，脚踏实地走完我生命中最有意义的这段旅程。

我愿化作一颗蒲公英，虽然我不会鲜花盛开，但我可以向世界传播爱和青春的气息；我愿化作一盏路灯，虽然我微不足道，但我可以凭借我微弱的光在黑夜中为你照亮前行的路；我愿化作一双隐形的翅膀，带你们翻阅高山，遨游知识的海洋。有梦的地方就是天堂，当那页青春风干成怀念，所有的感动沉淀为诗行，呈给迎风的翅膀，呈给所有在支教路上的你们。

无论再苦再累，都会把支教的精神传承下去，虽然时间有限，但我们会尽最大的努力，为你们打开新的世界。走进去，告诉你们知识是可以改变生活的希望，让你们理解不论是村落还是田间都可以是丰富的世界，用我们的爱去温暖你们的心房。我爱西部的这片天空，更爱这片天空下的你们。

耕耘平凡生活，播种英雄梦想

周子富

体会过花山的盛夏，经历过花山的寒冬，依然踏在阳光明媚的道路，但回头惊觉，原来我的支教生涯已然过半。

在这片壮乡气息浓重的骆越土地，有使人感叹的古代文明遗产，也有我用真情播种、用真诚灌溉的独家记忆。日出日落，春去秋来，这场关于角色转换的故事，不经意间，进入了倒计时。

细数走过的 200 个日夜，相遇不易，且行且感恩。它让我这个习惯城市生活的年轻人爱上了边境的四季；它让我重温那段年少激情洋溢的岁月，每天都过着十八岁的充实生活；它也让我每每想起将来要面对离别的场景，不禁伤感，越发珍惜当下。

这是一段关于我与宁明中学的故事，没有波澜起伏的情节描写，也没有高大伟岸的人物设置，但贯穿全文的情感变化，注定这故事将成为我的独家记忆，无比珍贵。

（一）

宁明中学是坐落在广西边境县宁明的一所普通高中，相比世界文化遗产——花山岩壁画，它则更加不被人所知道。但身处骆越文明之乡，让支教充满了更多的寓意。

宁明中学地处边境的欠发达地区，学校师资十分吃紧，支教团的到来仿佛像是一场及时雨。就这样，几个心怀大作一番基层事业的年轻人义不容辞地接受学校给予我们的任务，分别肩负起高一生物 6 个班和一个高三英语的教学重任，同时分别担任高一年级班主任的工作。

　　我自小很喜欢超级英雄的影视作品，其中，有一句话我至今铭记在心——能力越大，责任越大。凭借着自我激励，我毫不犹豫选择担当。我相信，人的一生需要做各种选择，而这些选择带来的历练将会塑造自己的性格和品性。而既然选择一年的支教，我希望能在有限的时间体验更多不同的经历。由于这个决定，着实让我在过去的大半年光景里，尝遍了生活的酸甜苦辣。而如今回首过往半载，那些伴着汗水和泪水的回忆，更加坚定着我的初衷。

（二）

　　宁明中学受限于区位条件，生源条件不佳，他们大多来自在贫困的农村。一个班 65 个学生，教室挤得满满当当的。由于父母大多外出打工，不常在身边，孩子们身上自然有着各种坏毛病。刚开学的第一天，与他们初次见面，竟没有同学懂得给老师打招呼问好，我还啧啧称奇，这里的新生们都不太懂基本礼貌。

　　军训第一天晚上，接到年级主任的紧急通知，需要我接手担任高一 399 班的班主任，这突如其来的消息让我在焦虑和担忧的情绪里纠结着。倘若我接受，我将成为西大支教团史上第一名高中班主任。我不确定能否胜任如此重大的责任，但当我低头看到身上的支教团队服时，我还是带着忐忑答应了。

　　军训第二天，正式与我们班的学生们见面，虽然正处盛夏时节，初为人师，自己的腼腆不免把本应活泼的气氛变得严肃、冰冷。拿着名单，看着一张张身着迷彩服的陌生面孔，让我连名字都读得断断续续。班里的女孩子比男孩子稍多一些，但却丝毫不影响喧嚷吵闹的班级氛围。第一天晚自习，我站在讲台上，平时积极活泼的我，在这群学生面前却变得无所适从，欲言又止。

　　孩子们大多处于打工家庭，父母文化程度不高，而且不常在身边，更谈不上良好的家教。这帮孩子对于班纪校规早已麻木不已，既没有忌讳也没有敬畏，对年轻的老师也没有半分的尊重。我说话本就拘谨，扯着嗓子喊"安静"，好不容易安静下来了，而我却已经把构思好的开场白忘记了，就这样，与学生相处的第一天在压力和沮丧中收尾了。

　　当晚，从教室走回宿舍的路上，头脑里一片混乱，我想，现实和理想的差距太大，让我产生了深深的挫败感，逐渐让我开始动摇当初的决定。回到宿舍，我呆呆躺在床上，脑海中回想起大学校园里的回忆，静静地度过了第一个开学的夜晚。

（三）

转眼，军训结束了，很快就转入了正式上课的日子。在正式上岗那天开始，周围的老师和同学们对我们充满着兴趣。在办公室能够成为聊天的焦点，在教室走廊经过也会吸引同学们的目光。作为来到宁明中学的首批研究生支教老师，领导和老师对我们也给予特殊的期望。在课余闲暇时间里，与老师们开玩笑、交流生活经历，也让我逐渐放下了焦虑的情绪。

我教的孩子们大多数都是2000年以后出生的，最大的也不过是1998年出生的，但对于1993年出生的我，在日常交流中让我感受到彼此的代沟。我暂且勉强把自己看作与他们年龄相仿的大哥哥。这里把班主任俗称为"班头"，初来乍到听起来一股山贼土匪的味道。当了二十几年的学生，如今角色反转，原本活泼开朗的我，在这群调皮学生面前变成刻板严肃的中年男人，督促孩子们学习，准点到教室抓迟到、上课不认真的同学。毕竟同学们从小在习惯养成上有所欠缺，我都会在每次班会课上，把为人道理结合大学里有趣的经历拿出来交流，引导这群青春期的孩子们走上正确的成长道路；在他们迷茫懈怠甚至犯错的时候，我都总会心平气和地与他们交谈，分析问题原因，让他们能够在错误中认识自我。

逐渐地我开始意识到支教的意义，在他们身上我看见了自己过去的影子——每个孩子成长的过程中都会犯错，都会经历叛逆。倘若我能够回到过去，再次面对青涩的自己，我就明白为什么我需要耐心和包容去对待他们。这场角色转变的故事里，孩子们与我的羁绊注定将成为我无穷的动力，为将他们引上正确的道路而无怨无悔努力，给自己，给"班主任"这个称谓一个交代。

从接受班主任工作那天起，我就踏上了经历酸甜苦辣的道路。说实话，对于一个无任何教师经验的年轻人而言，入行即当班主任无疑挑战巨大。但凭借着一腔热血、一股激情、一颗真心激励着自己充实每一天。当然，在办公室里我也把自己当作学生，工作课业上有任何的疑问都会虚心向周围的老师们请教，在相互交流的过程中，也收获了交心的朋友。生活总避免不了烦恼忧愁，与伙伴、同事倾诉交谈却成了我最享受的减压方式。为人师表的历程，也是自己修炼心境、磨砺身心的过程。

相比城里，支教地的学生个性更强、更好动，有的学生学习没有养成习惯，有的来学校读书没有目标。俗话说德才兼备，德在前，在我看来，第一课交给孩子们的应是"何以为人"。虽然扭转意识的难度可谓巨大，但我愿意去付出努力。

（四）

死板严肃似乎成了班主任共有的刻板特征。"不为父母焉知父母心"，老师心中比同学多一杆遵守原则的天秤，严肃是对"是非对错"的认真态度，而非不易近人。管理班级需要智慧，通过定规矩、讲道理、重原则，让学生心服口服，从每次事务处理中收获同学对我的尊重。

过度依赖手机是他们这个年龄段里最突出的问题，家庭管教不严的前提下，在校的手机问题无法得到有效解决。苦口婆心的教导，孩子们总会点头认错，但是转身没几天又不懂哪来一台新的手机。这样的情形实在让我苦恼不已。

这样顽固的态度逐渐也出现在其他问题上。保持自习课安静是我从始至终强调的纪律要求，但班上总有个别"刺头"，老师进来才安静一旦老师离开，立马恢复骚动。针对个别同学，我多次警告教育后，依然无动于衷。一天，我把这名学生叫到办公室，和他交流的过程中发现，他对待这些时期的态度极为不屑。面对这样的学生，我的情绪既无奈又愤怒，再加上年轻气盛，忍不住直接在办公室动怒，随后把家长也通知到校。通过与家长的沟通，才发现原来这个学生的家庭情况特殊，父母是渔民，晚上工作，白天休息，不能经常陪伴和教育孩子，使得孩子养成了一些坏习惯和坏脾气。看到奔波劳累的父母，再看看这名倔强学生，我看到了曾经的自己，不禁心中泛起一阵伤感。冷静片刻，开始与学生聊起了我与父母的故事，希望用坦诚的态度唤醒他内心的善性，将心比心，引起他的共鸣。我始终相信，用一颗真心总可以换取另一颗真心，坦诚相待。作为一名班主任，绝对不能忽视了自己对于一名学生的影响。

（五）

努力终究会被时间兑现，经过那天坦诚交心，这名倔强的学生开始努力去让自己做出改变，但仍不时需要老师的提醒。如今接受错误的态度已变得平和，也有深刻的自我认知，在生活学习上遇到的问题都能和我细细分析，寻求解决办法，努力把高中过得充实有意义，并在期末考试中取得班级第六的好成绩。他也是班级表现的缩影，相比初次见面的任性，孩子们经过一学期的相处，也逐渐懂事。

　　即使在曾经一段时间里，教育学生鲜有见效，使得我隐隐怀疑他们的善性，但是通过不断尝试，还是成功证明了每一个孩子内心都是天真善良的。如何帮助他们激发内心的善良，是我这个老师在学生身上得到的珍贵收获。

　　难忘的是，在学期结束后的分班会上，学生们集体为我献唱了《开始的开始，我们都是孩子》，终究还是忍不住泪水的我与学生相拥而泣的那短暂时光。我深深被学生所感动，那当初走过的弯路，在此也圆满了！

　　半年的时光，我从一名大学生转变成为一名支教老师，这个角色转换让我经历了更多的人生变化，我为学生付出汗水，我也在学生身上磨砺成长，书写了一段平凡支教生活里的英雄梦想。

同心，携手，青春激荡

　　塞北雪色新，岭南桂花香，为了同一个梦想我们欢聚一堂；瑶乡油茶暖，大山橘树壮，我们奔赴大山，让青春在支教路上激情绽放。梧叶秋声，春梦池塘，丹桂嫣然，桃李芬芳。

有你们，我们步履更稳健

耿 卓

　　广西大学研究所支教团三年以来成绩斐然，这些成绩并非仅仅依靠某一个或者某几个支教成员的努力就能得来，而是整个研究生支教团队的齐心协力之果。研究生支教团队并非局限于支教团的几位成员，对于我们广西大学研究生支教团来说，广义的完整的支教团队应涵括现时身在基层的支教团成员、回到母校的继续深造的支教团前辈、仍待毕业的新一届支教团成员、广西大学研究生支教团后援会，乃至一直以来对支教团工作给予大力支持的地方政府、学校各部门、广西大学学生会、研究生会、社团总会、新媒体联盟等组织都应纳入支教团队之列。如果没有支教地政府的通力合作，没有母校各位老师的悉心帮扶，没有老前辈们的尽心传授，没有母校同学们的理解参与，广西大学研究生支教团的所有成果必将大打折扣，过程必将步步荆棘。

　　身在基层的西大支教团成员一开始只有6人，现在到第三届也不过是8人，人数虽少，母校给予的关心却一点都不少。作为2015年出发的第三届支教团，在出征仪式上我们异常激动：谁能想到自治区政协副主席、广西大学党委书记刘正东老师亲自来送我们出发，还专门同西大支教团的同学们进行了亲切谈话，勉励我们积极践行社会主义核心价值观，在基层使人生出彩，努力为学校争光。刘书记对我们支教的8名同学说，你们在人生特别的时候做了一个特别的选择，实践会证明你们的这个选择是无悔的。在上研究生之前去志愿支教既是为国家和社会服务，又是到基层接受群众教育、实践锻炼，其实这是一种不可多得、不可缺少的人生大课，多接地气，看看基层是如何工作的、群众是怎样生活的、社会是怎样运转的，对回校后思考怎样学习、怎样为今后做好准备，对完成研究生学习和今后人生道路都具有特别重要的意义。

刘书记亲自来送别我们，同学们已经非常兴奋，这一番激励，更是让我们干劲儿十足，更加坚定了踏踏实实服务基层的信念，更加迫不及待地想要开展我们的支教工作。

而从2013年第一届支教团成立时，每年校党委唐平秋副书记都会专门抽出时间亲自带队，与支教团的同学们一起坐7个多小时的火车，来到服务地贺州市富川瑶族自治县，将支教团同学们安顿好后，还要对支教工作做出指导。而到我们第三届支教团出发前，唐老师已经专门多次同我们座谈，了解我们的想法，解决我们的疑惑，而且早早向我们表示一定还要送我们到富川。无奈的是出发当天学校临时给唐老师安排了重要工作，并专门通过校团委陈磊书记向我们传达歉意，同学们真的十分理解，在我们到达富川之后，唐老师不仅时常打电话关心我们的生活、工作情况，每次电话里都会为未能送行富川向同学们说对不起。然而就在2016年元旦来临之际，唐书记还是专门与校团委陈书记等母校老师们跋涉700多千米来到富川看望我们和富川的孩子们，实现了当时的诺言！他们参观了支教团筹建的心理活动室、君武图书馆，举行了座谈会，听了支教团老师上课，还给山区的孩子们捐赠来了价值两万余元的棉衣、书包、体育器材。那种感动，真的是暖在心头却无以言表，同在富川支教的兄弟高校的同仁们跟我们说，真的好羡慕你们，你们学校对你们真好真重视！是啊，两天行程随短，却给了支教团成员莫大的鼓励，更鞭策着支教团成员们加倍努力地为基层服务！

在第一届支教团下到富川支教之时，广西大学校团委就指导校学生会抽出专门的学生骨干组建了广西大学研究生支教团后援会，专门来支持支教团的各项工作。支教团的义务支教点缺书了，学生会和后援会的同学们带头募集；支教团需要资金做公益了，学生会和后援会的同学们带头捐款，在课余时间摆点宣传；支教团举行"蜜橘义购"活动，学生会和后援会的同学们从凌晨一直到半夜忙碌着搬运、分配、派送；而在新一届支教团成员选拔过程中，这些同学的参与也最为积极，他们也以出色的工作能力、优异的学习成绩、较高的政治觉悟以及良好的工作态度名列前茅，每一届支教团都会有主要的学生干部入选，而他们绝对经得起任何考验与质疑！

广西大学研究生支教团是在广西大学校团委的直接指导下工作的，校团委老师也是我们最为信任和依赖的后盾。老师们每周都会主动打电话来询问和关心支教团的工作、生活情况；陈磊书记在全校团委会议上专门同各位老师强调了支教团工作的重要性，嘱咐各位老师一定全力支持支教团工作；每次支教团同学回到学校汇报工作，陈磊书记、主管支教工作的贾琦艳老师等各位老师都会把同学们喊到家里吃顿暖饭，安排好住宿；支教团的活动新闻稿一出，老师们就会立即指示新媒体联盟的同学予以宣传，并联系各大新闻媒体给予报道；支教团开展公益活动，各位老师都会专门协调全校各部门予以支持，在两届"蜜橘义购"活动中，经校团委的宣传，一共售出将近 70 000 斤富川蜜橘，其中全校各部门老师、同学们一共购买了将近 60 000 斤，筹得善款 20 000 余元，团委老师还联系了爱心企业来帮助销售……

在得知支教团公益活动经费不足后，校党委帮我们联系了晨光基金会。晨光基金会看了历届支教团的成绩，立即决定第一年投入爱心经费 40 000 元以开展支教活动，以后还会逐年递加；广西大学中加国际学院基金会利用活动筹集善款 3 000 余元，以便支教团开展"师情化衣"暖冬活动……母校师生筹集的每一笔善款，广西大学研究生支教团都用来做公益，帮助富川的孩子们。在广西大学援建富川县浮田完小的"君武图书室"的揭牌仪式上，一位小朋友兴奋地表示："我长大后也要考广西大学，跟支教团的哥哥姐姐一样为家乡做贡献！"是啊，母校不仅是支教团的坚强后盾，也是富川孩子们的成长支柱啊！

除了来自母校的关怀，团区委和区学联也给了我们很大的支持，团区委刘玄启副书记曾于 2014 年来到富川对广西大学支教团进行指导慰问，团区委宣传部谢建伟部长和学校部钟声宇部长经常打电话关注我们，并指示区学联官方微信和八桂青年官方微信对西大支教工作进行宣传报道。在 2015 年 10 月份，广西大学学生会和广西医科大学、广西民族大学、广西中医药大学、广西艺术学院、广西师范学院、广西财经学院、广西教育学院等驻邕高校学生会骨干一行 13 人来到富川慰问广西大学研究生支教团并开展爱心活动，在支教团的建议下，这些学生骨干们在西大支教点富川一中、二中开展了留守儿童心理辅导、励志讲座等活动，并且跟随支教团同学来到他们每周义务支教的三民完小和浮田完小，从支教团成员口中得知孩子们的艰苦情况，仅仅用了一个星期的时间，各高校学生干部从各高校师生手中募集到了 2 000 多本图书；在富川进行了实地考察后，各高校学生会在学校用各种方式支持广西大学研究生支教团的"蜜橘义购"活动，各兄弟高校一共助售了 5 000 余斤富川爱心蜜橘；而在12 月份，广西师范大学、桂林电子科技大学、桂林理工大学、桂林师专、桂林旅专、博文学院等桂林学联的兄弟高校学生骨干也来到了富川对支教团进行慰问……兄弟院校是兄弟，做公益，更是一呼百应！

就像刘正东书记最后同我们讲的："支教一年，时间会很快过去，要珍惜和充实支教生活的每一天，认真做好每一项工作和任务，在支教工作中挥洒辛勤汗水、书写无悔青春。"刘书记希望支教团当好表率、经受考验，创立支教服务品牌，努力为广西大学争光、为自己人生出彩！.

是啊，母校永远是广西大学研究生支教团踏实坚强的后盾，我们身为广西大学的君武学子，更应肩负使命，"复兴中华，发达广西"，我们更要义无反顾！

同 行

梁舒敏

　　2014年9月，时间——这位从来没有放慢过脚步的老人，一下子就把我——一个刚刚结束大三生活的大学生变成一个"准毕业"的大四学生。大四，一晃眼就来到我跟前；毕业，也成了一个无法逃避的问题。是时候好好想想毕业后该走的道路了——考研，考公务员，还是精心制作一份简历投往各大企业？无论自己选择了哪条道路，可以肯定的是，与自己在同一条道上的人必定不是少数，我将与一群有着庞大数量的同行者在这条道路上共前进、共奋斗。

　　也许冥冥之中是上天的安排，定要让我对我的同行者印象深刻。所以，毕业后与我同行的人少而精。少，是因为只有7人；精，是因为他们各有自己的才华与个性，精致如斯人。我的同行者，就是第三届广西大学研究生支教团的7位队友。大四上学期，我们一起经过学校笔试、试讲、面试的层层筛选，最终走到一起，成为第三届广西大学研支团的成员，一起奔赴富川瑶族自治县进行为期一年的支教志愿服务工作。就是这么一个西部计划的志愿服务活动，一下子，让"我"变成了"我们"。我们是一个团队，一起同行于瑶乡的这段旅程。这段旅程，因为能与这么一群人同行而变得格外难忘。我特此写下此文，纪念我的7位难忘的同行者。

一、群雁之首

　　纯净的天空中，当一群大雁如刀削般划过天际时，它们"人"字般的队形总让人忍不住驻足长望。人们总会把更多的目光聚焦在为首的大雁上，看它以一己之力，穿过空中气流，带领群雁不断向前。第三届研支团的成员里，起这类似这样作用的，非属队长——耿卓不可了。

　　初见队长，或许你难以忘记他那喷着发胶、发蜡的酷炫的发型，或许你难以忘记他那拉风的黑色大衣和靴子。和他开始不断接触时，或许你会发现他有着魔性的笑声，即使你心情不好，眉头紧皱，脸如苦瓜，也会不由自主地笑起来；或许你还会发现他热衷于展现他的歌喉，心情好时总爱不分时候不分地点地吼上几句。但是，你所看到的这些，绝对不是他工作时的样子。驻邑高校学术骨干的富川行、"爱心蜜橘"义购活动、二中心理活动室的布置、研支团纪录片的拍摄，这些活动都少不了队长在富川"大风口"的极端天气中风里来、雨里去的身影。有时一大早就不见队长的身影，有时中午也在外面忙碌，有时大晚上才回到学校，活像一个转不停的陀螺。队长承担着他的责任，为了整个团队而忙上忙下。这也许就如那句话所说的那样，"欲戴其冠，必承其重"吧。

二、笔杆子

提到笔杆子，那就肯定不能忘了第三届研支团里的一位举重若轻的重量级人物——黄季椋。

和我一样，她也在二中，担任整个初二年级的计算机老师。在本科阶段，在院学生会里，她从秘书处干事做起，后成为秘书长、院团委副书记。大学里的三年锻炼，让她的文笔水平不断提高，写出的文章有条有理，用词精辟。用她本人的话解释，她是"理科生里的文科生，文科生里的理科生"。

研支团的各种正式文稿，基本都出于黄笔杆子的手中。别看她平时大大咧咧、不拘小节，一旦涉及工作，她就完全变了一个人。她会利用洗澡的时间思考整篇文章的脉络，我猜测，许是洗澡时热水加快血液流动，脑子动得也比平时快些，灵感也来得相对容易些。"我开始写稿子了，你别和我说话"，一般，她会以这么一句话告诉身边的人，她要开始变身了。"广西大学研究生支教团开启'师情化衣·圆梦体材'活动……"写稿子时，她习惯自言自语，边写边读。偶尔会停下敲键盘的手，推敲稿子词语，对比哪个词语在精简的同时意思的表达也更准确。因为笔杆子习惯深夜写稿，所以，她忙碌的时候，一晚上就是键盘敲击的噼里啪啦的声音。无论那天她多忙多累，只要第二天需要，她绝对能在规定期限内拿出稿子，不耽误团队工作。

三、大厨

队里的大厨，是我心里名副其实、真真切切的大厨。她选择菜式、买菜、洗菜、洗锅炒菜的一条龙服务模式，她不加辣、少放盐、少放油的炒菜宗旨，她对于炒菜的绝对自信，都是我喜欢的地方。她，就是玉林妹子刘胜粤。

她曾说过，在家里面，要是她不炒菜不做饭就没饭吃了。敢情她这大厨的身手是在"专注炒菜五百年"的锻炼中得来的。可乐鸡翅、糖醋排骨、啤酒鸭、香菇焖鸡肉……这些菜，在大厨手下都是信手拈来，小菜一碟。买菜时的火眼金睛，会挑能砍价；刀功的娴熟，时刻保持高效率；炒菜时的游刃有余。这些让人不得不感叹，有这样一位大厨队友，真是人生一大幸事，尤其能满足吃货的要求。

四、火焰

火焰，是热情的象征。熊熊燃烧着的火焰，欢快跳跃着的火苗，总能让人感到温暖。在团队里，就有这么一位队友，热情且有度，豪爽却又细腻。她，就是山东妹子任娟。娟有着山东人特有的性子——热心。她有一个学生，英语很好，语文还不错，就是数学差了些。娟看那孩子是个可塑之才，不希望一开始就被一门主科拖后腿，所以自发用周末的时间无报酬地为她辅导。不管是秋天时的烈日当头，还是深冬时的刺骨寒风，娟一如既往地给孩子上课，有时也额外辅导别的课程。

娟自己的工作也不少，在一中政教处工作的她总是有一堆处理不完的事情。此外，她还是研支团官方微信的负责人，每一次的动态微信的推出，都少不了她的一番心思。完成了白天的正课，改完了作业，下了晚自习，值完了班，她就对着小小的笔记本屏幕，用专门的软件，反复斟酌排版和动态图画的选择。热情豪爽的她，就是用这么一颗细腻的心和绝对的责任心，把每一次的微信内容做得图文并茂、动静结合，传递内容的同时也不失新意，把传统的报道和新媒体的高科技相结合。

五、中央空调

顾名思义，中央空调能够造福整体，"福"射所有人。在一个团队里，能有这么一台"中央空调"，那真是大幸事。我就是这么幸运，因为我的一位队友就是中央空调，他就是苏学。我们有时叫他"小哥"。《古剑奇谭》热播时，我们管他叫"苏苏"。对于我们给他起的名字，他也不多说什么，但总是有呼必应。

苏学是一个爱干活的勤劳小伙子。"苏学，去洗一下菜，洗两次，好好洗，洗干净。""苏苏，倒一下垃圾，这里两袋，厨房那边三袋，一起拿下去。""苏学，来，提一下这些生活用品，好重。""小哥……""苏苏……"类似这样呼唤苏学的声音此起彼伏、连续不断。每每如此，苏学总是无怨无悔地随叫随

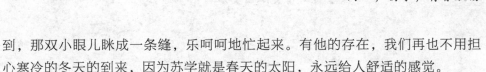

到，那双小眼儿眯成一条缝，乐呵呵地忙起来。有他的存在，我们再也不用担心寒冷的冬天的到来，因为苏学就是春天的太阳，永远给人舒适的感觉。

六、最海拔

最海拔，即海拔最高。队友中，个子最高者，非黄家祥不可了。183的海拔，在平均身高普遍不是很高的广西地区来说，有些鹤立鸡群的感觉了。这样的身高，在学生当中也是颇有震慑力。往教室门口一站，全班刷地就静下来了；开嘴一说话，班上平日里最调皮捣蛋的那几个学生也乖乖端正了身子；教育学生时，义正词严，头头是道，刚柔并济。他的说教，既能镇住学生，又能宽容处理，加上他的这般身高，二者相结合，让我打心眼里佩服他的教育能力。

世界最高峰喜马拉雅山拥有冷峻的面孔，但也不失白雪与蓝天相映时的柔和。同样，别看他平时教育学生的那副样子，私底下，他是个厨房高手，能煮一桌好菜。这也许就是他独特之处吧。

七、最熟悉

用英语作文里常用的一句话说，第七位才"姗姗来迟"出场的她，是 last but not least。她就是我的本科同班同学臧磊。本科时，她就是个超级勤奋的学生，走路时听的是 VOA、BBC，晚上看的是《Gone with the Wind》。当了老师，她依旧不松懈、不停止自我学习，一本厚厚的全英文语法书，没有装订成册，是能够活动的活页，方便随时拿出几张阅读。她醉心于学术探讨，对教材内容熟练于心，这样的她，总能给身边的人带来紧迫感，促使你和她一起不断往上走。

7 位队友中，只有她，和我同行的时间最长。本科四年，支教一年，研究生两年，这些日子，过去的已成为回忆，未来还未到来，我只能好好把握住支教的这一年，和她一起前进。

八、尾记

2015 年 7 月 29 日，"我"不单单只是"我"，"我"更是"我们"，一起开始支教志愿服务的这段旅程。8 个人同行，其中的欢乐，我们一起分享；其中的困难，我们一起承担。其实，在支教途中，与我们同行的，还有富川一二中的学生们、老师们，富川县团委、县教育局的老师们，更重要的，还有广西大学所有关心、支持研究生支教团工作的老师们。因为"我们"一起同行，这段旅程必将终生难忘。

年轻的朋友们今天来相会

王万奇

如果非得为中国青年志愿者研究生支教团献上一首歌，我想这首古老但不失活力的《年轻的朋友今天来相会》足以表达我内心的感情。从相聚井冈山到驻守服务地，再到各自回到学校继续读书，这短短一年的相聚却给了我们这群人永恒的记忆，留下了一生难忘的友谊。

❧ 井冈山上一团火

2014 年 6 月，自己作为广西大学第二届研究生支教团队长，与来自全国各高校的支教团队长相聚在井冈山上，这个每一位青年人都曾神往过的革命圣地，一开始却和大家开了个玩笑。原本负责接送大家的大巴，在前往青少年培训基地的路上却发生爆缸事件，但也就是这一件小事足以让自己铭记一生。当司机略带歉意地向大家解释时，车上的小伙伴们不约而同地向司机提出帮忙推车的请求，在司机拒绝后，大家又说如果基地不远的话，就徒步前往。虽然后来基地派了辆新车来接送，但刚刚那一幕多少证明了，这是一支不抱怨，甘付出，有担当的青年团体。

在后来几天的理论学习与实践锻炼中，似乎大家的热情和活力永远都在上升。在革命圣地井冈山，大家感受着来自八角楼的深邃、挑粮小道的艰辛、黄洋界的雄壮、烈士陵园的庄严，这些曾记录了革命仁人志士为了人民群众抛头颅洒热血的地方，催生着新的活力和生命力，把我们这群来自五湖四海的青年大学生志愿者聚在一起，形成了一把熊熊燃烧的烈火，而这把火必将洒向西部，照亮更多需要他们的地方。

🍀 西部地区满天星

2014 年 7 月，来自全国各地服务于广西的支教团队员相聚在广西经济干部管理学院，短短 4 天的培训，再一次点燃了大家到西部去、到基层去、到祖国最需要的地方去的热情。自治区项目办，让我在出阵仪式上代表全体西部计划志愿者做表态发言，我想大家应该有一个共同的心声就是：用一年不长的时间，做一生难忘的事。

在接下来一年的时间里，虽然大家分布在广西不同的贫困地区，但微信、微博、QQ 成了彼此之间沟通交流的主战场，无论是生活上、学习上、工作上大家群策群力，相互鼓励、支持，好像支教团的兄弟姐妹们从来都没有分开过似的。值得庆幸的是，在我们所在的富川瑶族自治县还有北京理工大学、广西师范大学支教团，周末一起去野炊、做公益成了大家相聚的最好方式。不得不提及的就是我那蹩脚的"正宗"陕西扯面，虽然常常暴露自己手艺，但小伙伴们还是会吃得很开心。

一年的时间不长也不短，但一年的时间足以让我们这群青年人建立深厚的友谊。虽然现在大家都已回到各自的学校继续攻读硕士研究生，但那份情还在，那份最美好的记忆还在，因为这是年轻朋友的相会。

用信仰点亮人生

苏 学

为了促进支教团队长之间的交流，帮助我们更好地树立志愿服务精神，提高志愿支教工作的能力，熟悉并了解服务地概况和岗位设置，也为了加强青年志愿者队伍建设，全国项目办召集第十七届研究生支教团队长在红色教育基地——井冈山革命传统教育基地于 2015 年 5 月 19 日至 22 日，开展为期四天的 2015 年中国青年志愿者研究生支教团队长培训。由于我校支教团队长有事不便离校，按照老师安排，我有幸代替队长前往参陪。

5 月 18 日，当我踏上去井冈山的火车时，我心中有一万个想象，想象着这个红色圣地、这片"星星之火"到底是一幅怎样的画卷。虽然要奔波一天一夜，但是兴奋与自豪充斥着整个心头，我渴望在井冈山的蓬勃生机里汲取到更多的精神养分。

为期四天的培训从专题课堂、经验交流、集中问答等几个方面，针对支教团工作的安全管理、团队发展、教学工作、项目设计等展开培训。第一个晚上以"遇见"为主题的团体辅导，让我们支教团与支教团的之间的认识更加清晰。

培训课堂上，来自清华大学、上海交通大学、首都师范大学及浙江大学 4 所高校的往届研支团队长依次分享了自己的团队在支教那年的故事和支教结束，甚至工作之后的感悟。"虽然我是一粒盐，改变不了一盆水的浓度；假如我们都是一粒沙，汇集起来就是一个沙漠了。"来自清华大学的宋湘平学长如是说。是啊，作为一名西部计划志愿者的你、我、他，从个体上讲，我们都是渺小的，尽管我们呕心沥血也不会改变太多，但是我们是一个群体，我们有着共同的名字，我们叫作中国青年志愿者扶贫接力计划研究生支教团。我们每一个人都在为这份事业做出贡献，一个一个地做，一届一届地接力下去，只要我们用心，肯定可以做出一定的成绩来。不说去改变一个村的情况，至少我们可以用实际行动去感动我们可以感动到的人。接下来的学长也是从自己的切身体会给了我很多干货。首先，我们是扶贫接力计划志愿者，所以我们的工作不仅是扶贫，还有教育，在扶贫与教育两个工作上，不分主次，不分先后，他们相辅相成，相得益彰。在扶贫中，我们不仅要解决孩子们的生活困难，更要在精神上给孩子们启发，接受爱心人士资助的同时，也要努力使自己变得强大，在不久的将来，要学会照顾自己，照顾需要照顾的人。其次，很多地方已经不是生活的贫苦，更煎熬的是精神世界的萎靡，这样我们要给孩子的不是物资上的帮助，而是精神世界的填补。那么在精神引领上，我们到底应该怎么做呢？这都是我们需要面对并解决的问题。我觉得，第一，我们要切实融入当地的生活环境，用心感受当地的民俗民风，试图去了解孩子们的内心世界到底是怎么样的。第二，我们不能将自己的想法强加于孩子甚至替孩子们做选择。每个人都有每个人的生活，也有自己的活法，何况我们只是比别人多读了几年书而已，并不是什么过来人，更不是圣人。我们应该让孩子们学会做出符合自己情况的选择。第三，并非仅有读书才有出路，所谓三十六行行行出状元，道德的教育与知识的教育同样重要。世界上最可怕的人就是有知识却没有道德的人，而那些有道德却知识不高的人同样可以为世界创造一大笔财富。

来自南京航空航天大学和中国海洋大学的团委书记侍旭、林旭升两位老师的讲话，也同样触动了我的内心。两位老师从实践出发，分别就志愿服务与社会主义核心价值观及支教团成员后续培养与发展的问题做了专题报告。井冈山精神不仅是星星之火可以燎原这般简单，更是坚持党的绝对领导、坚定不移的革命信念、一切从实际出发的踏实还有艰苦奋斗无所畏惧的作风。而我们支教团就是要学习井冈山的红色理念，在志愿服务中奉献青春，收获成长。我们与支教结缘，在茫茫的事业中，我们选择了投身西部，从事志愿服务工作，那就相当于选择了一片沃土，一片任你成长的沃土。在这片土地上，我们尽情挥洒自己汗水，在实践中不断成长、不断蜕变，为研究生的学习生涯做准备。人生选择，难得机遇。我相信在研究生阶段，我们定会收获更多，收获的不仅是风雨，更是风雨过后那灿烂的彩虹。

到西部去，到基层去，到祖国最需要的地方去。井冈山的培训学习期间，我们还参观了井冈山博物馆，瞻仰了烈士陵园，在烈士面前，我们还重温了入党誓词。一幅幅革命历史画面呈现在我们眼前，红米饭、南瓜汤、毛主席的读书石，红军战士们打造农具的生活画卷，活灵活现地印在我的脑海里。通过这次实践课，我感受到更加真实的战争故事，我的内心被震撼、被感动，感慨不已，却又不知从何说话。

通过这次学习，我的思想在不断升华，党性锻炼也得到提高，我更加坚定自己的选择是正确的。选择加入研究生支教团，选择到祖国需要的西部去奉献自己青春，我乐此不疲。在今后的工作中，我要继承和发扬优秀的井冈山精神，坚持以实际行动为基层的基础教育事业做出自己应有的贡献。

我的团

耿　卓

广西大学研究生支教团由第一届的 6 人，到第二、第三届的 8 人，再到新一届增加到 9 人，正是由于一届一届前辈们的努力奋斗，一届一届支教团队的成绩积累，使得我们的队伍有机会不断扩大。

当然，作为支教团队的排头兵和实践者，身处服务地的研究生支教团的 8 位同学身上的担子最重，当然角色身份也最为特殊。首先是初始角色的特殊性。广西大学历届研究生支教团成员都经历了严格的层层选拔，是各届本科毕业生中的佼佼者，成绩优异，政治觉悟高（大多数是中共党员），工作能力强（大多数有过主要学生干部的经历）。其次是工作身份的复杂性。支教团成员身在服务地的各所学校中，是服务学校的一名普通教师，受当地学校规章制度的约束，作为西部计划志愿者，又受当地教育局与团委的直接管辖，同时作为保留有母校学籍的西大学子，我们要时刻向母校（主要直接向主管支教工作的校团委）汇报工作并接受指导。最后是支教角色的多重性。我们是一名支教老师，同时又自发成为服务当地的公益活动组织、参与者，很多情况下由于支教团成员较强的工作能力，我们还在当地政府各部门中挂职工作。

正是由于这些复杂多面的工作角色与工作任务，使得研究生支教团队的管理与建设显得尤为重要，且相对于普通的组织单位，此项工作又显得尤为不易。

我受广西大学校团任命，担任广西大学第三届研究生支教团团长，在校期间，我曾担任校团委书记助理、校学生会副主席、校文艺部部长、广西区青马班班长等职务，也参与组织了挑战杯、校舞蹈大赛、辩论赛、五四晚会等一系列大型活动，可以说，在学生工作中，我拥有较为丰富的组织管理经验，可就是我这样一个"老油条"，刚刚担任支教团团长的时候对团队的组织管理工作真的十分头疼。教学过程中遭遇的特别调皮学生，日常支教团繁杂的工作量，刚刚步入社会与"职场"的各种人情世故，偏僻地区单调的课余生活，下乡做公益的劳累疲乏，身在他乡的思乡之情……刚刚开始的支教生活，问题便接踵而至，大家向团长反映，而我和大家一样却是手足无措。现在所遭遇的问题，不再是做学生干部时期学弟学妹们反映来的问题了，那些都可以靠经验来解决，而现在的情况，大家都是菜鸟，问题不解决，支教的各项工作如何开展？

既然是大家的问题，那还是大家来解决。问题是共有的，但大家都是单个儿反映，所以要先把问题都摆出来，于是我带头组织了支教团到达富川后的第一次聚餐变成了吐槽大会，大家把各自遇到的问题和困难都提了出来，但是无须解决，我跟大家说酒足饭饱回去睡觉，问题我们会解决。

哪里来的信心？母校老师指出了明路：交流问题、一同解决、集体分担才是硬道理。于是九月份的第一次全体会议的主要内容之一便是成立广西大学研究生支教团临时党支部，8 名同志中有 6 名党员，成立党支部便于党组织活动开展这是其一，选举出党组成员承担支教团日常工作分担日常问题才是重点。很多同志们说："你身为团长，兼任党支部书记不就得了！"我说："我这个团长负责汇报、负责交涉、负责出去东奔西跑为工作铺垫、负责统筹分配工作，其他的任务都是大家的，我不仅不担任党支部书记，也不担任组织委员、宣传委员，我这个团长也是受党管理指导的。"随后便选举出了臧磊同志为党支部书记，黄季椋同志为组织委员，任娟同志为宣传委员。同时我又半强制的"任命"了黄家祥和苏学两名同志为副团长，这样一来，8 个人的团队中有 6 名同志都成了"干部"。接下来就到分配工作了，累活儿重活儿男同志来干，精活儿细活儿女同志来做；季椋、胜粤同志文笔好，新闻稿由她们来；微信公众平台、摄影工作由技术控任娟、苏学来搞；微博公众号和文艺工作由的曾经的校舞队队员舒敏同志负责；支教团公益活动外出时，支教学校富川一中、二中的校内工作由家祥、臧磊同志担任。这样一来，大家都有了明确的分工，知道自己在日常工作中需要干什么，不再是无头苍蝇，干劲儿突然就足了起来。

自从成立的临时党支部明确了各自工作，在接下来的"爱心蚊帐"发放、青春期讲座、下乡支教、中秋家访等活动中，大家的工作配合愈发到位，打响了支教工作的头炮，在此期间我们在不定期地会议上不定期提出各项规定与目标：明确支教工作为根本，教学工作要抓牢。期中考试时，支教成员所带班级都取得了优异的成绩，任娟老师教的语文课、家祥老师和苏学老师所教的物理课都取得了同类班级均分第一；我所教授的四个班的地理成绩比同期平均分提升了 13 分以上，期末考试中，我所带的地理更是打破了富川二中普通班平均分的最高纪录。

牢骚抱怨难免，但再晚再熬夜也一定完成。这其中由于我们活动频繁，新闻稿件和微信平台的编辑更为辛苦，经常季椋和大卷要搞到深夜两三点，但再累两位女同志也只是形式上的骂我两句，只要给两句安慰，她们总能按时完成任务。虽然偶尔我作为团长对大家的牢骚有时很没耐心地训斥几句，但其实就是之前说的，团长只是一份职责而不是对谁要求的权利，支撑大家的永远是广西大学研究生支教团奉献的目标。仅仅在支教的前 5 个多月，支教团通过微信平台发稿 50 余篇，微博阅读量超过十万，中国青年网、广西新闻网、中国教育网、新华网、南宁晚报、南国早报等媒体报道 30 余次，广西学联、八桂志愿者、西大团学小微、广西大学学生会等不断转发关注，尤其是微信平台，在第三届做出了特色，很多人主动转发传播，很多团区委的老师、母校的老师同学们、兄弟院校的老师学生干部们都把广西大学研究生支教团的新闻当成了他们的日常关注点，这些都离不开整个团队的努力！

而在我们的第二次党支部会议上，大家又表明了继承支教团光荣传统的态度，明确教学工作作为我们工作中的一项，除此之外尽我们最大的能力为富川瑶族自治县做一切力所能及的奉献。于是我们邀请了学联兄弟院校的十多名学生干部来到富川为孩子们做励志讲座，继续开展"爱心蜜橘"义购活动，经过比去年更为广泛的宣传，蜜橘义购不仅得到了广西大学，更得到了广西医科大学、广西民族大学、广西艺术学院、广西财经学院等兄弟院校以及社会爱心人士的大力支持，一共为富川县销售蜜橘 40 000 余斤，比去年第一次活动增加了 13 000 余斤，帮助了更多的留守儿童；之后又一起为富川一中、二中建立了禁毒活动室、心理活动室；在临近寒假的一月份，我们又开展"师情化衣，圆梦体材"活动，共筹集 300 余套棉衣、保暖内衣，100 余套体育器材，1 000 余册图书，100 余套书包、彩笔、学习用品等，总价值三万余元，覆盖了四所山区小学的贫困儿童。临近寒假的会议上，大家明确表态：愈是临近假期，我们的公益之心愈发不能放松！孩子们在等着我们！

一次次的公益活动，在支教团成员们的心中逐渐形成了一个共通的广西大学研究生支教团的宗旨：工作拼命，不计得失；玩得疯癫，无拘无束；同心协作，奉献自我！每每会议开始不久，大家就会以哈哈大笑的方式来进行会议讨论，分享各自班中的奇葩学生；每周大家聚集在一起各展厨艺，做一桌丰盛大餐犒劳自己，团县委成书记、李琳姐姐，同在富川支教的北京理工大学支教团和广西师范大学支教团的同仁们都来尝过我们的手艺；大家都有了自己的外号——耿少、包子、黄肥、大卷、小哥、磊子、家长、小敏。短短几个月，同志们放下了隔阂，成了最亲密的兄弟姐妹！

广西大学研究生支教团的管理，其实很简单，每位成员要认准奉献两个字的目标；广西大学研究生支教团的发展，其实很简单，每位成员找准定位同心协力；广西大学研究生支教团未来的每一步其实很简单，每一代西大支教人的光荣传承！

我们是一个团体

周科秀

不会忘记，2014 年 8 月，刚刚毕业的我们在校领导的带领下，奔赴未来一年全新开始的生活……

不会忘记，2014 年 9 月，未褪去学生本色的我们开始站在了属于各自的讲台上，开始努力适应老师这个神圣的身份……

不会忘记，2015 年 7 月，我们结束了支教生活，带着对学生们的不舍，带着对下一届的期待，再次返回了校园……

回过头看看，短短的一年时间里我们8个人度过了一年前不曾想过的生活，五彩斑斓，五味杂陈，回味无穷……

我们8个人，来自祖国的大江南北，四年的校园生活不认识彼此，却在毕业时，做了同一个决定，于是，在陌生的地方，我们住在了同一个屋檐下……

我们是一个团体，在最初，这句话只是几个轻飘飘的字眼，对刚认识的我们来说，其中的深意无法深刻体会。时间的流淌中，生活中的互帮互助，志愿活动时的欢乐分享，困难时的齐心协力，困惑时的谆谆开导，渐渐地，我们感受到了彼此的温暖，感受到了真正的快乐，感受到了我们是一个团体这七个字的重量……

🍀 我们有责任感

从站到讲台的第一天起，我们8个人都很清楚自己的定位，虽然只是一年的支教老师，但不能有一丝的懈怠，做一天老师，就做好一天教学，有课时就好好完成教学，努力让学生们学到知识，没有课的时间，大家都会拿着听课本去听其他老师的课，认真学习不同老师上课的流程，讲解题目的方法，引导学生思考的途径以及他们的上课风格。时不时和有经验的老教师进行沟通，比如这个知识点应该掌握哪种题型，这章重点要让学生学会什么，应该怎么制定教学计划等。

周末时间，我们会给愿意上自习的学生们进行补习，从一开始的零星几个学生到之后近 20 个学生，带给我们的是感动和鼓励，也是对我们的支持。晚自习我们会抽时间把白天的知识再总结一遍才让学生们做练习，虽然会时不时听到学生们对晚自习上课的抱怨，虽然会时不时听到同组的老教师"批评"我们太认真，虽然我们上完晚自习课口干舌燥，但想着学生们掌握了新知识就感到无比的满足。我们的办公桌上永远都是厚厚的几摞作业，每天上完课首要任务就是批改学生们的作业，仔细检查每一道题，耐心圈出每一个错别字，工工整整地写上一段评语，希望学生们能感受到我们的真诚，也能对学习充满更多的兴趣。

我们的所有辛苦都是值得的，学生们都很争气，8 个人教的科目成绩都在年级名列前茅，同科目的老教师曾经以为我们只是随便来教教书，没什么经验也不专业，教学任务应该只能勉强完成，但看到我们的成果后，都对我们刮目相看，同时也改变了他们印象中支教老师的形象。我们的学生们很喜欢我们，课下常常会到我们的办公室和我们闲聊，我们也很愿意和他们聊天，聊聊他们的校园生活，聊聊他们喜欢的明星，他们也很乐意告诉我们一些当地有趣的地方和不同的民俗。在他们眼里，我们除了是一名老师，还是他们眼中的大朋友，感谢有他们，让我们更加热爱教师这份工作，更加有责任感，更加舍不得这短短的一年。

❀ 我们有凝聚力

我们是一个团体，做每一件事都离不开大家的出谋划策，你提一点建议，我提一个想法，于是一件件策划中的事都变成了行动。感触较深的是浮田完小趣味运动会的策划，从最初的一个想法，到一件件爱心人士的捐赠，再到活动的每一个小细节都被细细琢磨，商讨再三最终才完成了手中薄薄的几页 A4 纸。那天，拉着筹集好的一箱箱物资，我们来到这所小学，当看到在校门口迎接我们的一张张笑脸时，心坎里一阵暖流深深地打动了我们，破旧的两层教学楼，只有几排桌椅显得很宽敞的教室，透着风吱吱呀呀作响的门，这些那些的景象让我们感到有点伤感，但我们欣慰地发现，孩子们脸上的笑容是灿烂的，是无忧的，他们没有太多的抱怨，只有抢不走的天真。一个下午和孩子们一起玩了几个小游戏，孩子们从刚开始的拘谨到后来取得胜利的雀跃，我们都强烈地感受到了作为志愿者的幸福，虽然我们做的事情微乎其微，但真的做到后收获到的笑容和心情却是一生难以忘怀的。

我们支教团教的每个班都有一些学生是住在离县城很远的镇上的，他们大多数还是留守儿童，所以有时周末我们会一起乘车去进行家访，到学生家里了解学生的家庭情况，比如父母在不在身边，学生周末都会干些什么等。家访可以让我们真实地了解到学生的处境，也让我们更加了解当地的留守儿童情况，我们一直在思考怎么去帮助他们。这是一个大工程，短时间里无法完成，但我们坚信随着支教团一届届传下去，总会有完成的一天。因为，我们是一个团体。

🍀 我们有执行力

为什么来支教？为什么成为一名志愿者？这些问题随着一年时间的流淌，我们都有了深一点的理解。对于这两个问题，我们不用很清楚地用文字回答，用行动就好，说得再多再华丽没有行动呼应也还是泡沫，只要我们做好身边的每一件小事，用我们的力量去帮助能帮助的人就好。除了教书，我们还是志愿者，在这一年里，我们支教团有努力奉献出我们的绵薄之力，尽我们最大的可能去发现需要帮助的人和他们最迫切的需要，我们不做只会理论的志愿者，我们都有共同的心愿，就是用我们的实际行动去尝试改变点什么，改变不了一座城市，那就改变那里的孩子，这是我们常常挂在嘴边的话，很庆幸，我们有做到一点，虽小却弥足珍贵。

"圆梦六一"是我们的第一个大活动，走访搜集了孩子们的心愿，一条条编辑汇总，一遍遍推送到网络，等待着爱心人士的出现，动用我们周边的朋友，在校园里努力做着宣传，让更多的人了解到这一方土地上一群孩子的渴望。社会是温暖的，我们的队伍有了各界人士的大力支持，让我们在六一这个属于孩子们的节日里，为124位小朋友完成了节日愿望。

那满满的一车蜜橘此刻还记忆犹新，那洋溢着笑意的脸庞仍然如此清晰，26 000余斤的蜜橘，在母校师生的帮助下，我们为在收获季节愁眉不展的留守家庭解决了一个大难题，不需要什么回报，不需要什么称赞，我们已经渐渐习惯了奉献，奉献我们最大的热情。

寒寒冬日，给家庭条件较差的学生带来了巨大的考验，薄薄的被子抵不住冷冽的风，瘦弱的身板让人不由担心万分，我们开始寻找愿意给以帮助的人，在看到我们的呼吁后，短短几日，便收到了厚厚的被子、暖暖的围巾还有小巧的手套以及再合适不过的雪地靴，满满的感谢，是社会的温暖给了我们冬天里的一把火，让我们在富川这个有着"广西小东北"之称的瑶乡大地，为四所学校的孩子们送去最真切的温暖。

新年的第一天，大家都在庆祝节日时，完小里的孩子们并未感到欢乐，他们的父母为了家庭常年外出务工，这里的孩子们一直渴望有一份浓浓的亲情去化解心中的寂寞，我们知道我们给不了他们系着血缘的亲情呵护，但能给的陪伴我们不会吝啬，带着募集来的一颗颗鸡蛋，我们亲自烧柴煮水，为孩子们送上一颗热腾腾的鸡蛋。小小鸡蛋，带给他们的是我们的真心和祝福。孩子们开心了，我们也就知足了。

欢快的六一，甜甜的蜜橘，温暖的冬季，可爱的圆蛋，每一个活动的举行都是一次爱的汇聚，每一次爱的汇聚都是一次快乐的相逢。我们8个人越来越有默契，越来越喜欢上每一次的爱心活动，我们用我们的行动表明，我们是一个团体。

当然，我们也会有休闲的时间，支教团8个人经常一起组织活动，去骑骑车，去爬爬山，去看看风景，一行人，挤在一辆小小的三马车里，很温暖。有时会在想，我们8个人凑在一块，真的是巨大的缘分，相同的梦想，相同的事，牵着我们在茫茫毕业生中走在了同一条路上，经历一样的风雨，欣赏一样的彩虹。我们很珍惜我们的友谊，我们很感谢这次相遇。想说的太多，无法一一言表，唯有感谢！

那山、那水、那人

雒笑怡

🍀 相逢是首歌

富川，这个已然成为记忆中的小镇，在支教的这一年里带给我太多的感动、不舍和怀念。怀念富川的山山水水，怀念富川的孩子们，怀念我们服务于富川县的三个支教团的伙伴们。

记得与富川的山山水水第一次亲密接触是到富川不久后的集体骑行。虽也是南国小镇，但富川有着不同于南宁的秋高气爽。当南宁还被九月的酷暑和炎热包围的时候，富川这个桂北小镇已经有了些许秋意。在富川团县委的组织下，我们支教团和北京理工大学研究生支教团以及广西师范大学研究生支教团的伙伴们相聚在富川县莲山乡镇政府，开始了一场低碳环保的骑行之旅。

我们从莲山出发，带着对富川的未知，带着轻松舒畅的心情，尽情感受着富川的清新空气和美丽的乡间风光。路途不算远，但却并不平坦，一路曲曲折折，上坡、下坡，不断挑战着我们的胆量和体力。还好身旁的伙伴们总能在彼此累得气喘吁吁时停下来一同休息，能在上坡时互相鼓励，喊一句"加把劲"，让你瞬间又充满动力。我想我们之间的深厚友谊也就是在此时慢慢开始伸展蔓延开来的吧。

经过一个多小时的骑行，我们来到了目的地——龟石水库。龟石水库可谓是富川一宝，它从1961年开始蓄水，最大库容6亿立方米，是广西六大水库之一。它汇集了贺江源头无数条小溪的水，水质澄碧得像山中的溪水一样透明，空气清新，风光美不胜收。一时间我们每个人都被这美丽清新的景色所吸引，碧绿的草滩、平静澄澈的水面、远处朦胧的山峦以及一眼望不尽的水天相接……感觉所有的美好都集中于此，就连那几头悠闲的水牛也仿佛惬意于这山水之间，慵懒地在水中踱着步，于是大家也都纷纷拿出手机、相机记录下这山山水水的美妙，当然也记录下我们的友谊。当我们广西大学研究生支教团的8个人，在龟石水库的清风中举起飘舞的团旗，用青春的力量和志愿服务的满满热情喊出"我们是广西大学研究生支教团，我们在富川"的时候，我的内心充满了自豪与斗志，当我们3个支教团的小伙伴一起喊出"富川美"的时候，相机定格的不只是我们青春的笑脸，还有我们的缘分和友谊。

欣赏过美景之后，便是必不可少的品尝美食环节了。大家自觉地分成几组用准备好的食材制作美食，虽然我们这三个支教团的伙伴们都是第一次搭档配合，但大家都十分默契，你洗菜他生火，这儿帮个忙那儿搭把手……不一会儿丰盛美味的菜肴便做好了。于是，大家在欢乐的氛围当中一边品尝着自己动手制作的美食和富川当地的特色小吃，一边聊着笑着，好不热闹。就在大家你一言我一语聊得不亦乐乎的时候，我看着大家，看着一张张年轻的笑脸，突然感到很神奇。想想我们三个研究生支教团的伙伴们，来自不同的学校、不同的家乡，天南海北，原本互不相识的我们，因为支教这件事情走到一起，来到这个人生规划里从没出现过的小镇，聊着我们共同的支教生活，虽说是第一次结伴同游，但却没有一点陌生，没有一丝拘谨，想想就觉得是那么奇妙，那么不可思议。

通过这次的骑行活动，我们与富川的距离拉近了，我们十九个小伙伴之间的距离也拉近了，之后的时间里，我们互相学习、互相帮助、一起成长，在富川留下了我们共同的印记。

🍀 我们在一起

又是一年伊始，去年的这个时候，我们支教团的8个伙伴们还在一起欢庆元旦、一起批改试卷，一起在富川做着支教这件事。而今，我却只能看着一张张照片，回忆我们一起经历的美好时光。那一年，关于我们，太多有意义的瞬间，不论是在课堂还是在宿舍抑或是在富川的山水之间，都留下了我们的欢笑与感动。还记得去年的那次凤溪——秀水——上甘棠古镇一日游，着实让我难以忘怀。恰逢清明节，大家都想着借此机会放松一下。由于我们支教团的3个小伙伴有了回南宁的行程，于是，我们5个留守一中的伙伴们便计划着进行一次短途的踏青之旅。小长假第一天的一大清早，小徐老师便联系好了带我们旅游的小面包车，商量好路线之后，我们一行五人便向着目的地进发了。车辆行驶在富川乡间的小路上，车上是我们的欢声笑语，车窗外是一路明媚的田野风光。

第一站便是位于城北镇都庞岭下，与县城相距十多千米距离的凤溪瑶寨。寨子邻近川岩秦古道，一条流水清碧的凤溪从西岭山的密林幽谷中潺潺流出，含花香录鸟语，绕绿柳系竹丛，由凤溪村旁逶迤而过。我们沿着溪水的下游向着源头走去，眼前翠绿便更加繁盛，迂回而上，视野也变得愈发开阔，听寨子里的人说远处绵延的群山便是凤溪的源头，我们虽然不能到近处欣赏，但足以想象出那山间溪水的清澈。小徐老师和小刘老师是十足的摄影爱好者，两人不仅记录着凤溪的美景，各种高难度的拍照姿势也着实让我们叹服。在凤溪逗留了一会儿，我们便驱车前往了下一个目的地——秀水状元村。

秀水状元村位于湘、桂两省（区）交界地，富川的西北部，朝东镇之北两千米处，与湖南省江永县桃川镇石枧村相毗连。村内分为石余、八房、水楼、安福等4个自然村，共600多户，2000余人，90%的人都姓毛。这里既是贺州市绝无仅有的状元府第，也是富川瑶乡风格独具的唐宋古寨，它如同一颗璀璨夺目的明珠闪耀南疆，是人杰地灵的"风水宝地"，有"小桂林""状元村"的美誉。来到秀水后，我们一路参观了明、清时期的民居住宅、毛氏宗祠、祖庙、古戏台，以及上至皇帝、下到知县赐封、贺赠匾额等文物古迹，也一一欣赏了秀峰挹爽、三江涌浪、灵山石室、眼兔藏烟、坦水澄清、鳌岫仙岩、飞鹰振翅、化鲤排云等秀水八大景观，在古巷深处，我们拍下了有着怀旧气息的纪念照片，在巷子的转角，小徐老师拍下了让我们惊叹的文艺之作一米阳光。在这古树参天、翠竹成荫、山清水秀、风景如画的秀水状元村，我们领略着自然与历史的完美结合，也一点一点加深着我们的友谊。

离开秀水，车行四十分钟左右，我们便到达了位于湖南省永州市江永县的上甘棠古村，这是一个有着1200年历史的汉族古村，村内至今保存着200多幢明清时期的古民居，依山傍水的建筑格局，宛如一幅天然的山水画。刚到村口，我们便被上甘棠古朴的气息所吸引，一个大大的牌楼上镂刻着苍劲有力的"上甘棠村"四个大字。沿着村里的小路走进去，古村的全貌一一展现在我们眼前：村前环绕清澈的谢沐河，村后逶迤远去的屏峰山脉，村西南面是一大片沃野的良田。这历史的浓厚气息让我感受到了从未有过的静谧与祥和。而村中独具特色的远眺龟山、昂山毓秀、古衙遗址、月波雨亭、寿萱凉亭、步瀛古桥、文昌阁、古宅民居等甘棠八景构成的青山、绿水、小桥、人家的美丽画卷，又让我感受到发自内心的安宁和舒适。

小刘老师和小徐老师默默地用镜头记录着古村之美，记录着行走在画卷中的我们，给现实和回忆之间搭起桥梁，让我在离开富川离开支教团的兄弟姐妹之后，还能从这些照片当中想起我们一起看过的美好风景，一起经历的种种苦辣酸甜。

八人四季一年

刘胜粤

让我与你握别
再轻轻抽出我的手
知道思念从此生根
浮云白日
山川庄严温柔
让我与你握别
再轻轻抽出我的手
华年从此停顿
热泪在心中汇成河流
是那样万般无奈的凝视
渡口旁找不到
一朵可以相送的花
就把祝福别在襟上吧
而明日
明日又隔天涯

——席慕蓉《渡口》

2016 年 7 月，伴着落日的余晖，我们挥别了富川。正如我们来时，迎接我们的是"长河落日圆"的美丽画面。

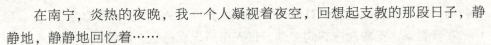

在南宁，炎热的夜晚，我一个人凝视着夜空，回想起支教的那段日子，静静地，静静地回忆着……

炎炎七月，在历经十余小时大巴的颠簸之后，我们支教团8人踏上了富川土地，放眼望去，县城被远山包围着，山峰林立，郁郁葱葱，弯弯曲曲的富江水似乎幽幽地在脚下吟唱着蝴蝶歌。此刻的我们并没有意识到，一年以后，我们对这片土地会爱得深沉。在团县委和学校的帮助下，我们在富川安定下来了。

在富川一中，我负责初一数学的教学工作，面对学生数学基础差和懒散的学习现状，我积极寻求各种有效措施，帮助学生一步一步地务实基础。先从公式定理入手，在课程方面，基本每一个月进行一章的学习，每周用两次晚读时间背定理，周五则是让学生复习本周学过的知识点，每天除了作业之外还给学生留三四道补习题。

在课余，有些学生会经常跑到我的宿舍询问关于数学的问题，时间长了，我们成了"朋友"而不仅仅是师生关系。半个学期之后，一名在班级中学习中上的学生来找我聊天，她叫唐芳。她告诉我初中科目太多，不知道该怎么学习，所以第一次段考成绩并不理想，加上性格内向，不知道怎么和同学相处。我很高兴她来找我聊天，因为从她的问题中，我深深感受到，唐芳相信她的刘老师。我告诉她在学不下去的时候，多提醒一下自己，上课多回答几个问题，跟着老师的思路走。那天晚上，我和同她一起来的四名同学聊了很多，不仅了解了他们的数学学习状况，同时还从孩子的口中探寻到了他们的内心世界。他们把困扰他们的各种问题都告诉了我，我一一教给他们解决方法。从那天晚上起，在校的学生每天晚上基本都会来我宿舍找我聊天，问问题。唐芳同学也能够在上课的时候积极回答问题。而我们，也就从师生关系演变成了"朋友"。在期末考试中，唐芳数学取得了A+的成绩，这在同类班级中是难以想象的成绩，我由衷地为唐芳高兴。在支教结束的时候，唐芳告诉我，她以前从来不敢问老师问题，是我改变了她，让她喜欢上数学，变得开朗。

2016年春夏季是富川雨水多发的季节，一个星期五下午，我接到一个学生家长的电话，我用蹩脚的富阳话和孩子家长进行了艰难的沟通。原来是雨太大，孩子回家的路已经不能走，要孩子留在学校附近的亲戚家住一晚。我向学生转达了她家长的意思，但是学生不愿意去亲戚家住，想自己住在宿舍。因为不放心学生一个人住，我就把她接到了自己的宿舍，带她去吃饭，给她辅导作业。这对于我来说本是应该的事情，但是后来支教结束的时候，孩子给我写了一封信，我才知道不经意间对孩子的照顾对于他们来说是多么得难忘。

在我看来，支教就应充满关怀。每天早晨走到教室，听着孩子们的琅琅读书声，看着他们那纯洁和渴望知识的眼神，我感到他们不仅是我们的学生，更是我们的朋友，是我们的亲人。学习成绩固然重要，但是我们更注重孩子们的健康成长。学生找我时，我不断鼓励孩子们，帮助他们摆脱厌学情绪，让他们明白：一个人的成长道路不可能一帆风顺，要充满信心，充满希望。通过这种方式，很多孩子转变了对人生的消极态度，学习风气也悄然地变得好起来。

初中的孩子们处在青春期的懵懂阶段，父母大多外出打工不在身边，我们便是他们亲近的人。他们存在对异性产生好奇、生理知识薄弱、青春期萌动等现象，为了解决他们青春期的生理、心理问题，我们开展了青春期讲座，让学生对自我有正确的认知，出现生理、心理问题时知道如何应对。学生中留守儿童居多，处于自由散漫的生活状态，容易被诱惑，从而犯下大错。我们从吸毒的危害、吸毒犯罪的案例、艾滋病的传播途径、艾滋病的危害、如何避开毒品和艾滋病等几个方面对学生进行教育。希望通过我们支教老师的努力，学生都能健康成长，避免走进歧途。

回到大学校园，研究生生活已经开始一段时间，在这期间，提醒我周末来了的不是日历，而是每周五晚上学生发来的 QQ 消息，他们会跟我聊最近发生的有趣的事情，学习上的困难，或者发来有趣的活动照片，更有学生打来电话，想听一听我的声音。我在学习的空余时间，收集了以前给他们拍的照片，做成明信片并写上祝福语给每个同学，学生收到之后告诉我会好好保留。我做这些，是因为我爱我的学生，我享受和他们在一起的日子。当然，现在只能回忆了……

听听那耳熟的"富阳话"，看看这已经被时间"挤满"了的作息表，想想那位和我进行"艰难"沟通的老父亲，望着那些纯真无邪的可爱脸庞，和那些和蔼可亲、充满欢笑的教师们，每次想到离别的场景，丝丝的酸楚涌上心头。我怎么舍得离开，怎么舍得离开这可爱的孩子，这和蔼的老师，还有这富饶的土地。

支教不仅是一种体验，更是一种责任。一年的生活犹如多变的旋律，她告诉我们：无论何时何地，无论遇到什么艰难险阻，只要对自己充满信心，对他人充满爱心，对生活充满热情，对事业执着与崇敬，就一定会领略到成功的喜悦！

一年的支教生活已经结束，回顾一年来自己的工作和表现，能够赢得学生

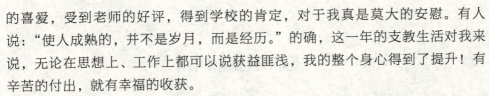

的喜爱，受到老师的好评，得到学校的肯定，对于我真是莫大的安慰。有人说："使人成熟的，并不是岁月，而是经历。"的确，这一年的支教生活对我来说，无论在思想上、工作上都可以说获益匪浅，我的整个身心得到了提升！有辛苦的付出，就有幸福的收获。

一年的支教工作，使我走进了贫困中学教育的深处，了解到了贫困中学教育的现状，认识到了贫困中学教育教学工作的困难与艰辛，体味到了贫困中学老师的酸甜苦辣。在学校的支持和老师的关怀下，我顺利完成了为期一年的支教工作。

一年的支教工作，让我更加肯定了我的选择是对的！短暂的支教服务期结束了，但是心底那颗志愿者的火种永远不会熄灭。路漫漫其修远兮，希望更多的人把志愿活动当成一种事业，让这把志愿者之火永远传递下去。

支教不止教书

臧 磊

从支教地回来已经半年多了，现在回想支教的生活有些恍惚了。不过这段经历确实给自己留下了深深的烙印：看到一辆车，会想到这是我们办公室主任的那款车；看到一个可爱的姑娘，会想我们班姑娘长大了是不是也这样。每次这样想又觉得那段日子好像离自己很远了，毕竟现在过的是完全不一样的生活。再来总结支教的生活，感觉很幸运，在一个山清水秀的地方，和一群意气风发的队友，过了一年清澈充实的生活。趁着这些回忆的小碎片还能拼接起一段时光，我想写一下自己认为有意义的感悟，也能让更多的人了解我们支教地的中学生，尤其是他们的心理健康。

其实很多人对初中生和支教都会有误解，毕竟没有身临其境。大多数人想起初中生会觉得他们很单纯，涉世未深，天天跑来跑去。想到支教，又会觉得支教地的孩子都应该是睁着大眼睛，对知识有着无限的渴望，对外面的世界充满想象和期盼。是的，他们确实涉世未深，充满求知欲，对知识和外面的世界都充满好奇。这种求知欲如果不经过正确的引导，会导向一种你无法想象的迷途。所以中学生的心理健康尤其需要关注，因为他们还没有建立起完整的判断体系，还不懂得如何保护自己的心理健康。

根据中华心理学会流行病学调查，青少年心理障碍发病率在 250-300%，这个数据触目惊心。中学时代是学生生理和心理逐渐走向成熟的重要阶段，在这一个阶段如果孩子得不到家长的呵护，也得不到正确的引导和及时的心理疏导，很容易滋生心理问题。

在开始这个话题之前，我想先介绍一下我的支教——地富川，这里是瑶乡，也是贫困县，很多青壮年到广东打工，留下年迈的老人和稚嫩的孩子。这些孩

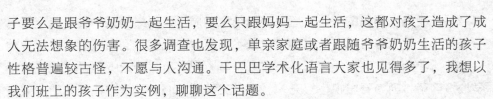

子要么是跟爷爷奶奶一起生活，要么只跟妈妈一起生活，这都对孩子造成了成人无法想象的伤害。很多调查也发现，单亲家庭或者跟随爷爷奶奶生活的孩子性格普遍较古怪，不愿与人沟通。干巴巴学术化语言大家也见得多了，我想以我们班上的孩子作为实例，聊聊这个话题。

我们班上留守儿童很多，不过各种情况是不一样的。我的课代表是只和妈妈生活在一起的乖乖女，长得特别白净，大眼睛，高马尾，给人的印象是那种神圣不可侵犯的小学霸。她的爸爸常年在外，回家的时间一年总共不到一个月。妈妈平时经常让我给她辅导，所以假期我常常带着她在办公室复习功课，到了吃饭时间，她的妈妈来把她接回去。后来我和她妈妈也处得很熟了。有一天晚上，她妈妈跟我视频，聊到孩子的爸爸就哭了。因为常年分居，这位母亲处于极度的不安全感，中，但是她又坚定地相信，她只要管好孩子，照顾好家，就是守好了这个家。然而孩子的父亲除了经济上给予了支持，没有给过孩子任何陪伴和心理上的支持，在姑娘小的时候，这位父亲把她打扮成小男孩儿的样子，穿上男孩的衣服，任谁问他都不说孩子是男是女，逢年过节回家经常和孩子吵架，吵得厉害时什么都砸。母亲为了一个完整的家一直隐忍。但是母亲的焦虑和不安全感孩子是完全感受得到的，父亲对自己的轻视和重男轻女她也是感受得到。她在这种环境中，变得特别脆弱敏感，而且与人相处能看出她不知不觉就完全顺应别人的意思，从不会违逆。我记得一个学心理学的同学告诉过我，有种性格是讨好型人格，这个孩子就让我想到了这个词。家庭的不安全感，从父亲这里得不到的肯定，让她迫切地希望从身边其他人那里得到，所以每次看到这个乖巧又对人百依百顺的姑娘，我都特别心疼。

除了这种心理上的不安全感，父母陪伴的缺失直接影响孩子在学校的表现。我们班上有两个孩子特别令老师头疼。一个上课天天睡觉，个头很小，又瘦又黑，只要他睡觉被叫起来就会特别暴躁，发火、扔书、踹凳子。另一个孩子就是无休无止地说话，任何人同他说话，他都滔滔不绝，奉陪到底。但是他们两个有个共同点，经常没饭吃。我发现这一点后会给他们买面包，给他们打饭，后来他俩一没饭吃就可怜巴巴地在食堂外面等我。经了解，我才知道他们其中一个父母在他很小时候就离婚了，他跟父亲生活，但是我教他那年，他父亲去世了，他就寄居在亲戚家。有天中午，我在办公室，突然来了一个中年妇女，见到我就哭了，说她是这个孩子的妈妈，知道孩子的爸爸没有以后想照顾照顾孩子，但是这个男孩总是躲着他。后来我们一起找到这个孩子，慢慢地他也开始接受自己妈妈的关心，还开心地给舍友展示妈妈给带来的被子。但是另一个孩子，是跟着自己爷爷过的，爸爸不常管他，我支教回来以后，就听说他退学了。我问他在家干什么，他说在家里看电视。所幸最近听他说，他又想回学校报到了，因为看电视也很无聊。所以父母的关心对孩子的成长真的至关重要。其实不只是父母的关心，对于缺乏关爱的孩子来说，来自任何人的关心，都是弥足珍贵的。我曾经送给其中一个孩子一个组装玩具，他在组装的过程中，起码让我去看了三次，那种雀跃的神情让我觉得很心酸。

除了家庭的因素，这些初中生对生理健康认知的偏差达到了让我震惊的地步。他们没有得到足够的途径获取青春期心理健康知识，好奇心就驱使他们通过各种不合适的途径获得了不合适的引导。政教处的老师有一天查寝，发现有学生在玩性虐游戏，而且这还不是第一次，曾经因为这种游戏，学校出过命案。上课时，偶尔能从有些学生嘴里听到黄段子，这让我非常不理解，这些都是初一的孩子吗？他们是通过什么获得的这些信息？其实支教团也意识到了这个问题的严重性，在各自所在的学校建立起了心理咨询室，还开展过心理健康教育的讲座。就在讲座的过程中，得知学校中有女生，已经怀孕好几次了。还有些姑娘跟进城打工回来的青年交往，这些青年往往打工回来，买个手机，买点礼物就把这些小姑娘骗到手了。这些事都让我觉得非常难过。支教回来我还常常关注班上同学的 QQ 空间，发现很多同学的空间都是互相之间的表白或者表白被拒的伤感，台词都是偶像剧里用剩的。

经过一年的支教，这里的孩子在物质上的匮乏，远没有精神上的匮乏带给我的震撼大。他们接触的世界很小，他们看到的世界也很小。他们对世界和未知的探求在没有合适指引的条件下，走进了迷途。支教团在这一领域做出的努力是我自己感到非常自豪的，但是我们这点力量，可谓杯水车薪。我认为最重要的是这种努力能够一届一届延续下去。同时靠支教团自己的力量是远远不够的，我们需要获得当地的支持，经过共同的努力创造和谐和互相尊重的氛围，让学生对心理咨询室和教师真正产生信任，愿意去倾诉，懂得寻求帮助，懂得在疑惑时用合适的途径找到答案。这就要求心理咨询室更加专业化，不仅能对学生进行心理干预，还能对教师进行有效的培训。毕竟支教的学生一批又一批，真正坚持在最基层和孩子们一起成长的，还是这些数十年如一日的老师。

同时，学校应该有效地开展心理健康讲座，让孩子能通过讲座更加了解自己。其实我们开展讲座的时候是遇到了些小波折的。我记得男生女生传递杯子

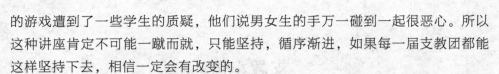

的游戏遭到了一些学生的质疑，他们说男女生的手万一碰到一起很恶心。所以这种讲座肯定不可能一蹴而就，只能坚持，循序渐进，如果每一届支教团都能这样坚持下去，相信一定会有改变的。

最后，真正能塑造孩子性格的，还是父母。父母陪伴的缺失对孩子心理健康的影响是无法估计的，所以应该加强家长的心理卫生知识培训。如果家长能够意识到心理健康的重要性，能够对孩子进行心理疏导，意识到自己的陪伴对孩子成长的作用，那比任何其他途径都弥足珍贵。

这就是我在支教中对中学生心理健康的粗浅了解。支教的一年我对孩子们的陪伴还远远不够，希望在以后他们能够得到系统的、行之有效的心理健康教育。支教，除了知识的传授，还有很多像心理健康教育这样的艰巨任务，等着我们去发现和完成。

支教小悟

黄家祥

　　繁星璀璨，皓月当空，感受着南宁温暖而潮湿的空气，听着操场上孩童的打闹声，往昔的回忆点点浮上心头。一年前，随着一段高昂的歌声，"到西部去，到基层去，到祖国最需要我们的地方去"，我与7位伙伴，带上行李，踏上了难忘的富川支教之旅。作为一名工科专业的学生，从来未想过自己能有机会走上三尺讲台，没有专业的教师经历，仅仅凭着对发展西部的热情和使命感来到了富川县第二中学。一直以为，我们背负着光荣使命，给孩子们带来了爱与知识，却不曾想到，这一年会给我的人生带来了如此多的收获。在这里我们是老师，但更是学生，我们学到了在大学学不到的知识，扩宽了眼界，积累了人生阅历。

　　在富川的这一年时间里，我的身份首先是一名支教老师，因此，完成学校布置的教学任务是我的基本工作。富川县第二中学，在师资力量上比较有限，特别是理化生老师比较缺少。通常情况下，一名物理老师需要带4个班级的课程，而且是跨年级代课。介于此因，在我们到达富川的第一天，校长便给我安排了任务，带领初二年级145、146、147三个班级的物理课程，除此以外，兼任学校政教处干事。教师，是一项光荣工作，是给学生传道授业解惑的，从儿童时代至今，我已经以学生的身份度过了20年。一直以来，都在期待着走上三尺讲台，为我的学生传授知识的那一刻。在我的设想中，我的学生应该是一群天真烂漫的孩子，透过他们的眼睛，传递出对知识的渴望。课堂上，他们积极地响应着我的教学计划，提出自己的困惑，渴望了解更多、更新、更先进的世界。但是，第一堂课彻底打破了我的幻想，我的学生是一群活泼过头、淘气顽劣的孩子。课堂上，他们对新老师充满着无限的好奇，对他们所不知道的

同心，携手，青春激荡

城市和大学生活有着憧憬和向往，他们很兴奋，会抓住一切机会和你讨论，可是一旦进入教学课题，便会闷不作声，或者喧哗闹事。特别是一些同学，每一堂课基本都会上演同样的戏码，打扰课堂进度，我曾经想通过处罚手段去震慑他们，但这只会适得其反。于是我向他们的班主任说明情况，希望能够从中找到解决的方法。原来，在二中上学的学生绝大部分属于留守儿童，他们大都与自己的爷爷奶奶生活在一起，父母长期不在身边，而爷爷奶奶年迈又没有精力管束，便造成了他们在学校不配合管理的状态。了解了他们的情况之后，我明白一味地施加压力，是不能解决当下问题的，他们的本质不坏，很多同学在课堂上不配合老师的工作，甚至表现出哗众取宠的样子，其目的就是为了吸引老师、同学的目光。通常情况下，学生能够快速让老师记住的方式有两个。第一，成绩出众，各方面表现优异。但这个对应的是极少数的同学，大多数同学的成绩都达不到。因此，一些成绩不好，又渴望得到关注的同学只能采取第二种方式，通过扰乱课堂来达到目的。在这种情况下，最好的解决方法就是满足同学的需要，给予他们足够多的关注，适时地给以肯定。这样便能打开他们的心扉，拉近老师与学生的距离。事实上，我也是这么做的，其效果也是显著的。在这一年里，我与三个班的同学建立了深厚的情谊，无论是成绩优异的同学、中流砥柱还是需要继续努力的同学，都能和我打成一片。

其二，在这一年里，我们还有一个调查者的身份。通过在校的工作便利，以及与当地团体的联合活动，我们几乎走遍了富川县的所有乡镇。其中一个重要方式便是家访。我们通过整理在校名册，找出典型学生进行家访，通过实地调查和与学生家长、亲友的交谈，了解学生的实际情况和困难。其中令我印象最深刻的便是在开展爱心义购期间，到我班一个小女生的家里。当时，我们到了她家的果园，满园的橘子一片丰收欣荣的景象，但是她却面露难色。我们向她询问之后得知，现在果子虽然丰收，但是却缺乏人员采摘，一旦过了采摘时间，只能任由水果烂在地里。由于果树在成熟前，工作较为简单，因此她的父母都外出务工，只有爷爷奶奶在家照看，今年父母又由于工作原因无法赶回家中帮忙，雇工的成本又太高，因此不知如何是好。在谈及父母时，她告诉我们自己很想父母，以往也就是农忙和过年的时候父母才会回来，今年看来只能等到过年了。我们对她的遭遇很揪心，对于果园所产生的问题努力设法帮助拓宽销售渠道，但对于她对父母的思念，我们却不能做得更多了。

通过这次富川支教工作，我深刻地了解到了留守儿童的问题。平时的生活中，

185

留守儿童或是老人似乎离我们的生活很遥远，但在富川支教的过程中，我看到了这些孩子生活中因为没有父母的教导而产生的一些问题。他们的爷爷奶奶虽然也很想好好地教育，但一是因为已经力不从心，二是因为隔代相亲而溺爱的程度太深，三是因为这些老人本身的教育程度不高，又大多与社会脱节，所以没有能力将孩子教育好。这些处于青春期叛逆状态的孩子，更是像脱缰的野马，任何意外的情况在这里都不算是意外。在这里生活，我一方面很感激自己能够有一个幸福安定的童年，另一方面又看到了留守儿童将面对的更大问题。在这样的教育背景下，孩子的成才之路十分坎坷，很多孩子都在家暴躁情绪的影响下改变了初心，追求那种叛逆的行为，这样的孩子长大之后，仍然还是会追随他们父辈的脚步。如果真的是这样，那他们的父辈母辈辛辛苦苦在外工作又有什么意义呢？这种情况产生的原因有很多。一是因为富川地区无法为年轻人提供好的工作机会，所以他们只能向外走，去找更多的机会，赚钱，供养父母和孩子。而他们大多都在一线城市工作，那里的教育开销和生活开销都很大，他们自己甚至都是要住在地下室，吃的也很难有营养。如果把孩子带在身边，孩子不但没有办法上学，还要生活在阴暗潮湿的地下室，食不饱腹，一旦生病，也没有办法没有经济条件能够去医院看病。这样的压力下，只能将孩子留在家里，留给父母。二是因为很少有年轻人愿意留在家乡创业或者发展家乡，大多都是怀着一颗好奇的心想要去探索不同的社会、不同的生活，很多人在大城市艰苦打拼后，就不愿意再回到家乡。虽然要忍受与子女分离的思念之苦，但生活所迫，也难以两全。这些都是可以理解但却很难改变的。不过，政府已经开始出台越来越多的政策来帮助改善这样的状况。比如，外来务工人员子女可以在当地医院直接就诊，可以在当地学校直接就读等。这样的政策虽然受到当地人的排斥，但这些排斥的人没有想过，他们其实享受的便捷的生活，都是这些孩子的父母帮助他们提供的。很多大城市一到过年就会人去楼空。大城市已经越来越离不开这样的低技能移民，也变得越来越多元化。城中村的出现，这便是大势所趋，也是改善留守儿童问题的最好办法。

"一年富川行，一生富川情"这是我们团队的口号，也是共鸣。一年的时间不长，不足以让我们走遍富川的每个角落，记下全部的音容姿态，但却在我们的人生中留下了浓墨重彩的一笔。在这里，我们不再高谈阔论，而是深入到群众中，体会他们的衣食住行。我相信对于我们团队的每个人来说，无论今后走多远，身在何方，都不会忘了这一年的经历，是富川教会了我们，抬头只能望天，低头才能看清前方的路。

最美不过那句"老师好"

黄　欢

"上课！"

"起立！"

"同学们好！"

"老师好！"

每天早晨上课之前嘹亮的一声"老师好"，仿佛是一针强心剂，总是让我激情澎湃，热血沸腾。如果问支教这大半年你最大的收获是什么？我会拍着胸脯自豪地回答："就是那一声整齐而响亮的老师好！"

半年前，告别熟悉的绿城南宁，初到陌生的瑶乡富川，我还是一个对未来惴惴不安的本科毕业生。第一次站上讲台被五十四双眼睛齐刷刷地盯着的时候，第一次听到孩子们稀稀拉拉地唤一声"老师好"的时候，紧张的汗水濡湿了掌心。其实我是一个性格比较内敛的人，在学生时代最害怕的人就是老师，然而这样一个害怕老师的学生现在站在讲台变成别人老师的时候，不得不逼着自己用最大的声音讲话，故作镇定地高谈阔论。就这样，在这种微妙的氛围中，我与1611这群小孩子们相遇，成了他们的语文老师。

在刚开学的前几周，这群小孩子们还没有开始放飞自我的时候，上课是十分轻松的一件事。因为课堂上很安静，我可以顺利地把要教授的内容讲完。在我认为自己的课堂氛围很好而沾沾自喜时，我发现了第一个问题——孩子们在走神。当我把注视在课本重点知识上的目光放在班上观察孩子们的时候发现，讲完了一个重点的地方，要求孩子们做笔记的时候，动手的人只有寥寥几个；当刚介绍完课文的主旨时，反过来提问孩子们这篇课文的主旨是什么，却没有一个声音念出答案；当课本的知识讲完了，让学生完成练习册上的作业时，睡倒的孩子已经一大片了……当自己在讲台上喊哑了喉咙，却看到孩子们在自己的讲课声中呼呼大睡时，我感到无比难过和自责。我是不是一个失败的老师？我是否对得起孩子们的一声"老师好"？我不断反问自己。

但是我没有气馁，在失望之余，我要寻求一条改变之路！我开始去听其他语文老师的课，吸取一些老教师的经验，反省自己的不足。我发现，一节课上太过安静也不是一件好事情。其实上课就像冲浪一样，要有节奏。轻松愉快的地方就要调动孩子们的积极性，让他们畅所欲言，发表自己的感想和意见；严谨认真的地方就要吸引孩子们的注意力，让他们专注于我，专注于PPT上的知识。我之前在课上就是拿着课本和教案，自己卖力地讲课，孩子们跟不上我的步伐，自然就开小差和睡觉了。认识到自己的不足之后，我在课件和教案上做了改动，把轻重缓急的部分标清楚，并且在课件里加入一些有趣的小视频，好听的音乐，或是在课上和大家分享一些与课本内容相关的时事，让同学们发表自己的意见。这些孩子们的知识面是十分狭窄的，我加入的这些新鲜的元素每次都能深深地吸引着孩子们。这不仅能让他们更快地专注于课堂，而且大大拓宽了他们的知识面。这样一来，课堂不再是一个沉闷的课堂，而变成了一个富有节奏的课堂。有时会有孩子们的欢声笑语，有时是鸦雀无声，有时会有孩子们回答问题整齐的声音，有时只有我一个人响亮的讲课声。渐渐地，我发现孩子们慢慢地跟上了我的步伐，上课睡觉和开小差的同学也减少了许多，而我也开始慢慢转变为一名真正的老师。

当一切在走向正轨的时候，最大的挑战也接踵而至。1611是一个普通班，班上孩子们的成绩都不太理想。我和孩子们都是初来乍到，刚开学的前几周彼此还不是很熟悉，所以我一开始决定走一个温柔的路线，希望用柔言细语带孩子们领略语文的风采。但是，当这群小孩子们彼此间混熟了之后，我发现我犯了一个大错误！

刚开始我教孩子们，上课之前要起立和老师互相问好，来表示对彼此的尊重。在开学前三周，我喊"上课"之后，还能听到同学们稀稀拉拉地回应一声"老师好"。直到有一天，我喊了一声"上课！"，连仅有的一声回应也埋没在孩子们的吵闹声中时，我决定要脱去温柔的外衣，做一个凶狠的老师！在我凶着脸拍了拍讲台之后，孩子们渐渐安静下来了，我开始和他们约法三章说："首先，在打第二次铃声之后，要坐好在位子上，如果不坐好的同学，我允许你一节课不用坐；其次，在老师说'上课'之后，要用洪亮的声音向老师问好，如果不够整齐洪亮，我们就重复到合格为止；最后，我在打上课铃后是你们的老师，我拒绝在课上开一切和课堂无关的玩笑，但是在打下课铃之后，我是大家的朋友，欢迎大家来找我聊天谈心。"

那节课，我们重复了"上课"和"老师好"五六遍，直到孩子们记住什么是整齐且洪亮的标准。国有国法，家有家规，没有规矩就不成方圆。我觉得温柔的教学有时候并不可行，学会"打一巴掌给一颗糖吃"，温柔和严厉并存才能更好地保证课堂的纪律和教学的质量。同时，我在课间也经常和孩子们一起玩闹，我可以和男孩子们聊他们喜欢的游戏和动漫，也可以和女孩子们分享追星心得和青春烦恼。在不知不觉中，我与孩子们建立了一种亦师亦友的关系。在严肃的课堂我能管住他们，他们服从我的管理；在休闲的课间，我们敞开心扉谈天论地。直到现在，课前的那一声"老师好"，再也没有令我失望过。

我依稀记着，上个学期中旬我布置的一篇全命题作文——我的老师。我鼓励他们畅所欲言，字数不限。有一个小男孩在作文里写道："我的语文老师，是一个性情多变的人。三个月前，她可温柔了，三个月后，她可凶了，不过我更喜欢老师现在的样子。"这短短一小段让我十分感动。这个男孩子是班上的"问题孩子"，经常不交作业、旷课、打架、抽烟。才开学几个月已经是政教处的常驻"茶客"了。他在我的课上也经常捣蛋，被我凶过很多次。有一天，我私下找他来办公室聊天。刚开始被我叫去的时候，他愁眉苦脸，紧张得抓住衣角，怕被我狂骂一顿并且打电话找家长。但是我没有，我很温柔地和他聊起了家长里短，慢慢地他也敞开了心扉。经过愉快的聊天，我知道这个整天调皮捣蛋的小孩子梦想着成为一名警察，平时嘻嘻哈哈的外表下也有敏感细腻的一面。我开导他，帮他分析要成为一名警察应该从现在开始怎么做，帮他分析家庭的关系（这孩子家庭背景很复杂），正确处理自己的叛逆心理。当时我并不知道我的这一番话他是否能听进去，直到我看到他作文里的这段话，我才知道也许或多或少有改变了他的想法。

这次经历也让我明白了，老师不仅仅是教书，最重要的还是育人。这些小孩子有许多留守儿童，对他们来说，最重要的教育也许不是课本上的知识，而是心灵上的滋养。自此以后，我会在闲暇的课间找一些孩子们出来聊天，分享彼此的故事。不知不觉中，孩子们的语文成绩在慢慢地进步着，在他们的作文里也能看得到越来越多真实流露的感情和别具一格的故事。看到自己的付出能够开花结果，是一件多么高兴的事情啊！我在期中考试的时候采取了奖励优秀学生的方法，给学习进步的孩子们发一些小礼品，鼓励他们继续加油。在圣诞节的时候，我收到了很多孩子们的回礼。当我看到自己的办公桌上堆成小山的苹果和卡片，穿过走廊听到孩子们一声声"老师好"，仿佛感觉自己是这世上最幸福的人了。

　　如今，每每听到孩子们憋足劲儿喊的一声"老师好"，我都感慨万千。一年说长不长，说短不短。然而光阴似箭，转眼支教的时间就已经过去一大半，剩下的时间里还能听到多少次活力四射的"老师好"呢？不过，庆幸的是我还有一半的时间和孩子们相处，我希望在这剩下的宝贵的时光里，能和孩子们做更多的事情，与孩子们产生更深的感情。我不强求他们的成绩能够提高多少，也不强求他们能够在我离开之后记住我多久。我只求自己不负初心，我只求自己对得起孩子们的一声"老师好"，我只求在这一年之后，孩子们的这声"老师好"也能经常在我心中回响，激励着我不断向前。也希望我曾与孩子们说过的道理，能够或多或少地改变他们的思想，使每一个人都能成为一个内心优美的人。

忆昔，回首，感悟成长

"一年富川行，一生富川情"是我
们的情感宣言。我们种下了心中的希望，带走的是相伴一
生的感动与惦念。一年支教路，我们感受到了瑶乡人民的淳朴热
情，体验到了参加工作的快乐和艰辛，更加意识到基层工作的
平凡与不平凡。我们在支教工作中完成了从学生到老师的
角色转变，实践着"有知无行"到"知行合一"的
成长历练，也经历了从"浅尝辄止"到"深
度体验"的社会化过程。这一年，
我们受益终生。

这一年，我们的人生更从容

耿 卓

中国青年志愿者研究生支教团从 1998 年开始组建，1999 年开始派遣，至今已经走过 17 个年头，项目累计派遣一万余人次。而我只是这么多前辈同仁中最普通的一个。如果问到我们为什么选择来支教，我想每个人的答案可能不尽相同，但每个人的的确确将自己一年的青春奉献在了支教事业中。

当初学校选拔我们支教的时候都问过一句，如果太苦，你会选择中途退出吗？我们每个人都信誓旦旦地回答坚决不会！而将近半年的支教生活，更加坚定了我们坚持到底的决心。

在成为一名研究生支教团成员之前，我在学校担任过各种学生干部职务，饱经历练，同时我也是一名大二就正式加入共产党的"老"学生党员，那么当大学毕业之后我们的人生道路到底该怎么走？对我来说，这个问题简单而复杂，在学校获得过的一些荣誉或许能让我不难找到一份满意的工作，但是对于一名党员学生干部来说，这条道路似乎走得不是那样的甘心：服务同学是一名学生干部的本职工作，而奉献社会又是一名党员的本质追求，我思考到了这些，于是响应号召参加支教团对我来说似乎显得自然而然。

在下到支教地之前，我们试讲过课，校团委安排我们在广西大学附属中学做过一个月的助理老师，这些表面一切顺利的经历好像显示出我们可以成为一名合格的支教老师，可我们接触到的是整体素质较高、生活条件较好的省城的孩子们，而我们将要去到的是地处西部省份广西的最边缘的国家级贫困县富川瑶族自治县，那里的情况怎么样？那里的孩子怎么样？我们真的能胜任吗？

既然选择了支教，那就只顾风雨兼程。初到富川，我被安排在富川二中支教，富川二中住校生多、农村学生多、留守儿童多、问题学生多，就是老师少，全校只有三个地理老师，于是我作为一个工科毕业生却被安排为初二四个普通班级的地理老师。当我满怀激情地走进作为支教老师第一节课的第一个班级，迎接我的是异常兴奋的孩子们，可能年纪差不了多少的缘故，这节课学生们特别吵特别闹，这让我无所适从，整节课的预备进度只讲了一半，我想这是第一节课，孩子们第一次见到我的缘故，以后慢慢就会好。可是我太乐观了，一个星期过去了，每个班每节课竟然都是这种情况，甚至还有愈演愈烈的趋势。这还怎么上课呢？孩子们初二结束地理就要中考了呀！这让我心急如焚。怎么办？是不是我个人的授课让孩子们不喜欢？于是我咨询了支教前辈，咨询了各位老师，得到的答案是：这些孩子们平常就很捣蛋。于是我查了我的班级学生们之前的成绩，令我难以置信的是这群孩子们的每科平均分基本都在30-50分，这样的成绩怎么能考上高中考上大学？怎么能改变命运走出大山？怎么能让身为他们老师的我们所接受呢？看来，在这里支教不是那么简单，但是我们正应该来这里支教！

在接下来的一段时间里，我改变了授课方式，丰富了地理科学的拓展内容，将之与实事政治、国情、国际事件尤其是军事、历史这类孩子们感兴趣却因为身处农村平时无法接触到的知识联系起来，孩子们听得津津有味，而我的课程也顺利了许多。为了给孩子们搜集这些知识，我必须不断地拓展自己，这对自己何尝不是一种学习与进步呢？

当然这只是其中的一种方式，对于这帮熊孩子，仅靠这种手段当然是不行的。我专门挑出几节课，结合自己的亲身经历：我也是农村来的孩子，很多小时候的农村伙伴上完高中、初中甚至小学就辍学打工，而现在辛辛苦苦一年，生活却依然过得很不如意。我是村里小学唯一一个读书到现在的，而我现在有机会有能力继续为咱们贫困山区的教育做一点事。想想咱们的父母，每天面朝黄土背朝天的劳作，那么辛苦不就是想看到咱们读书能改变命运走出大山吗？咱们国家咱们县在财政那么紧张的条件下给大家补充营养餐免除学杂费，不就是希望大家能学有所成回报家乡吗？孩子们，你们不好好学对得起国家？父母？老师？还是对得起自己？

没来支教前，没看到这帮孩子们前，我说不出这些话，我也对不读书的孩子没有那么心痛。然而不管来之前何种心意，缘由高尚与否，但我想所有人和我一样，一旦站到了讲台之上，一种肩负重任之感油然而生，咱们参与了那么多孩子们最美好的人生啊！

在学校当学生的时候，担任很多学生干部职务，学习之余我就想怎样把活动办好，怎样的活动同学们喜闻乐见，怎样把自己的工作经验传授给学弟学妹们……然而现在我身处支教地，担任广西大学第三届研究生支教团团长的职务，除了孩子们的学习，更多的是怎样能让我们这个团队在一年不多的时间里为富川做更多有意义的事。前辈们做得很好，我们的起点很高，可这更让我忐忑不已，生怕我们做得不好做得不够啊！于是我每天辗转反侧难以入眠，思考着做更多的事，关乎公益的事。我每天的关注点变成了哪些组织的公益活动值得我们借鉴，哪些资源我们可以用来支援富川，怎样更好地把我们所做所想让更多关注公益的人知道……为了"蜜橘义购"活动我了解了富川县的水果产业分布、流程，了解了哪些留守家庭采摘销售困难，天天往农业局、团县委、水果厂等单位跑，跟其中的领导打上了交道，也让他们了解了我们的工作并提供了很多帮助；为了建设"心理活动室"、开展青春期心理讲座，我去网上、向老师学习心理课程，掌握了心理活动室的运行流程；为了开展义务下乡支教以及"师情化衣，圆梦体材"等活动，我下到了县里十多个乡镇了解乡村小学状况，掌握了募捐方式及流程，购买爱心物资学会了跟商家讨价还价；学会了关心团员们的日常生活，甚至知道了每位同志喜欢的口味……

来到广西将近五年了，这里可以说已经成了我的第二故乡，"到西部去，到基层去，到祖国最需要的地方去"，这是我们的口号，然而广西就是西部地区，母校广西大学校歌中第一句就是：复兴中华，发达广西，是我们立校本意！于是学校派我们到了八桂大地最偏远的地方支教，作为广西大学学子，我们义不容辞！一年的时间不长也不短，但偏偏这一年，让我们的人生变得更加从容与坚定！

富川，我来过

麻　卓

"啊？你要去支教？！"这是我在 2013 年 10 月份，听到最多的一句话。对，我要去支教，去广西富川瑶族自治县支教一年。2014 年 9 月份就去，和其他 7 位志同道合的伙伴一起去。

支教，是个改变我很多的决定。一年的支教生活，已不能用确切的形容词来形容。虽谈不上尝尽人生百态，但至少也算得上是经历了风风雨雨。因为支教，我结缘于瑶乡富川涝溪山的美、富江河的涌动；因为支教，我结缘于瑶乡人民的热情朴实；因为支教，我结缘于瑶乡蜜橘的香甜美味……记得在支教结束的 2015 年 7 月，虽谈不上对富川魂牵梦萦，但也很多次恍惚以为自己还在富川。街头遇到的人会误以为是富川一中的哪位老师，公车上见到的学生会因为言谈举止的相像而想起自己的学生，吃到的蜜橘总是觉得不像政教处莫老师给的蜜橘香甜……怎能否认富川是我的第二故乡，怎能否认支教对我的改变，怎能否认我爱瑶乡富川，瑶乡富川也爱我。

我之所以爱富川，爱支教，是因为他们真的给予我太多。然而，感情的培养不是一朝一夕形成的，我也有过彷徨和迷茫，曾经用"值不值""对不对"来衡量支教这件事，到最后才发现，很多事情是不能用这个"标准"来衡量的。

❀ 平凡不平凡

"到西部去，到基层去，到祖国最需要的地方去"，这是我们所有西部计划志愿者都耳熟能详的一段旋律。我曾迷茫，基层是什么，最需要的又是什么。为什么现在很多大学毕业的青年学生，宁愿做北漂、蚁族，也不愿待在基层服务、锻炼。不解决这个根本性的问题，支教志愿活动就等同于无源之水、无本之木。这一年的支教生活，让我懂得，基层的工作是最平凡的，可是它的价值却又是最不平凡的。支教的这一年里，我在富川瑶族自治县美丽办做过实习干事，挂职过富川瑶族自治县旅游局的局长助理。虽然并没有做过什么惊天动地的大事情，但正所谓细节决定成败，没有这些小事的积累，又何谈厚积薄发。在基层实习期间，端茶倒水、整理文档、复印打印、打扫办公室这些都是常事。千万不要不以为然，更不要觉得自己是"大材小用"。可这些却是别人评价你是否有"眼力价"，是否踏实肯干的重要标准。如果这些小事都做不到，怎么能对你委以重任呢？如果总觉得自己"高高在上"，觉得自己比别人厉害，不与他人合作，如何实现1+1＞2呢？人员之间的默契配合和支持理解，是增强团队合作效果的重要手段。对于我们这些初出茅庐的青年大学生，少说话多做事总是比较保险的处事方式。一张白纸的我们凭什么指指点点别人，让别人信服呢？当然这并不是让我们"忍气吞声"，而是学会总结发展，先学着做，再发展自己的风格。在平凡之处彰显自己的不平凡就是基层服务的意义和价值的体现。

🍀 值不值

刚刚做支教的决定时，有很多人都问我"为什么去支教""支教值不值得""支教能带给你什么"之类的问题。确实，我也思考过这些问题，甚至是带着这些问题去支教。渐渐地我明白了，其实很多事情不能用"值不值"来衡量，或者说有些事情，不是因为有意义你才去做，而是因为你做了才有意义。可能你的存在都是微乎其微，甚至什么都不能改变，但是你还是必须去做。因为在我的心中，始终都有这么一个小男孩，他告诉我，我应该这么做，也必须这么做。

在暴风雨后的沙滩上，水洼里留下了很多条搁浅的小鱼。一个小男孩不停地弯下腰去，捡起小鱼把它扔回海里。大人们嘲笑他是徒劳，没有谁会在乎。因为这沙滩上有几百几千条小鱼，一个人根本救不过来。可是小男孩却指着每一条被救起来的小鱼说道：这条小鱼在乎，那条小鱼在乎。

相信听到小男孩这样说，不会再有人嘲笑，说不定还会有更多的人陪他一起捡起水洼里的小鱼。支教的我就像这个小男孩。如果每个人也都可以成为那个小男孩，那么将会有更多的小鱼回归大海。虽然每一个人的力量是有限的，但是我相信，只要今天我站在讲台上，一定会对孩子们有所改变。等到明天，你、他、我们都站在讲台上，哪怕我们用一年时间只能改变几个孩子，长此以

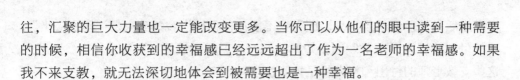

往，汇聚的巨大力量也一定能改变更多。当你可以从他们的眼中读到一种需要的时候，相信你收获到的幸福感已经远远超出了作为一名老师的幸福感。如果我不来支教，就无法深切地体会到被需要也是一种幸福。

🍀 怎么帮

作为一名支教老师，"怎么帮"也是我不停思考的问题。如何和这些孩子们打好交道，如何开展教学，是我必须直面的问题。曾记得去年刚开学的一节历史课，我因为学生没按要求写作业而当众批评了他，他因为很没面子，和我在课堂上吵了起来。第一次被学生这样顶撞我基本不知道该怎样处理。当时的窘境可想而知了。事后冷静下来，这样的男生在我的初中时代也有啊，故意引起老师的注意，想在全班面前表现自己，结果反而因为不认真被老师批评，引得同学唏嘘一片。换个角度思考问题，我确实伤害了他的自尊心。面对这样的学生，应该先是肯定他的积极性，再引导他用正确的态度做事。这样既保存了学生的自尊心，又适时地教会他做事的规矩，岂不两全其美。

作为一名西部计划志愿者，募集物资，下乡搞活动是常有的事。定点帮扶的三民村完全小学，是我接触到的教学设施条件差，师资力量薄弱的村小之一。这所学校的每个年级只有一个班，从学前班到六年级，一共 7 个班。三民完小只有一栋教学楼，全校只有 8 位教师，其中半数以上的教师都是 50 岁以上。124 个学生，人数最多的五年级有 24 人，人数最少的二年级只有 9 人。很多孩子都是中途辍学。因为家距离学校太远，所以他们中午都不能回家，只能在周边村子上买廉价的零食当作午餐。孩子们的课桌椅也都是很破烂的。有的桌子非常高，学前班的小孩子只能在椅子上垒起厚厚的书本，然后坐在上面才能够得到桌子，然而脚又不能挨着地板。喝水的时候学生都是直接拧开水龙头喝生水，让人看了着实心疼。

一次我手把手教一年级的孩子们折纸星星，可是当我折好了星星给他们的时候，很少有小孩会对我说谢谢。看得出来他们也很感动，可是好像不怎么会表达感情，一副欲言又止的样子。一直以来，我都希望自己不仅是他们的老师，更是他们的家人。我希望我可以带给孩子们更多精神的鼓励，能够走进他们的心。于是我教给他们"麻烦别人做事情"和"表达感谢"的话语，教给他们最基本的礼貌，让他们勇敢地表达自己，表现自己，告诉他们不要因为害怕在课堂上回答问题而埋着头，不要因为自己是留守儿童而闷闷不乐，不要因为自己生活条件差而感到自卑。因为我不能让他们认为我的到来是"理所应当"，我的付出是"取之不尽"的。如果他们只是习惯于接受，而不会付出，那我们这些支教老师的付出和努力将是竹篮打水一场空。

2015年7月，一年的支教生活结束了。富川一中1411班和1412班的孩子们送了好多纪念礼物，还有好多纸条给我。孩子们的每一句话都是一个个奖章。一年来，我在不断地学习和摸索中，与孩子们一起成长进步。也是在与孩子们的交流中，我明白了原来被需要的感觉是幸福的，原来有付出一定会有回报，原来真心真的可以换回真心。相信我的到来，为那里的孩子们带去过欢笑。因为我们的到来，他们的心里总会留一个位置给我。

即使多年以后，我也会无愧于心地告诉自己：富川，我来过。

支教这一年

雒笑怡

　　时光飞逝岁月如梭之类的话，笨嘴拙舌的我真的不怎么会说，纵使心里有着万千思绪，到了嘴边，到了纸上，也只能是寥寥几字。又是一年隆冬时节，去年的这个时候我们还在一起印着复习资料，一起改着考试卷纸……而此刻，与你们、与富川分别半年之久的我，却只能坐在书桌前，翻看着这一张张照片、一段段文字回想、感慨。

　　还清晰地记得那几场凉意十足的大雨过后，号称小东北的富川迎来了炎炎夏日，而我们也迎来了和富川和孩子们的分别。恍惚之间又想起那些分别的瞬间，恍惚之间还记得那些初到富川的酷热和各种不适……然而一年飞快地过去，在不经意间变成了我的、我们的青春记忆。

　　回想起来支教这一年的喜怒哀乐，心中感慨万千。

　　这一年，这样一个重要的人生阶段，我去到富川，到一个我从未想到过的地方和一群伙伴一起做这样一件有意义的事，于我而言这是选择，是挑战，更是一次走向成熟地蜕变。如果我不曾做这件事，我不会知道老师的辛劳；如果我不曾做这件事，我不会知道农村的教育存在这么多的问题；如果我不曾做这件事，我也就不知道自己其实有着这么大的能量，能这么快的褪去稚气，变得成熟独立。

　　这一年，我从坐在讲台下汲取知识的日语系学生转变为一名站上讲台传授知识的初二年级政治老师，感受着作为一名支教老师的酸甜苦辣。

　　酸：在支教之前，通过一些新闻报道和学长学姐的描述，我就了解过富川一些贫困学生的家庭情况，但去到富川，真正见识到之后，我还是为之震惊，为之心酸。这一年，我们多次到乡村学校走访，送去暖冬物资、学习用品、生活用品等等。每到一处，看着夏天光着脚、喝着自来水的孩子，看着冬天衣着单薄的孩子，看着家徒四壁、饱受贫穷之苦的孩子，我的心情是沉重的。他们在本该无忧无虑的年纪，远离了父母，远离了舒适，承受着与他们年纪完全不符的重量，或许他们自己未曾意识到，但作为一个来自城里、见过繁华的支教老师，我总会有种鼻尖一酸，想要流泪的冲动。而我的力量又是微小的，只能竭尽自己的所能为他们做一些，再多做一些，让他们感受到来自社会的温暖，哪怕只是一点点。

甜：说起来做老师，最开心的事情就是受到学生的认可和欢迎。作为支教团里唯一接手八年级的新老师，从最初开始最担心的就是和同学们的相处，他们能不能接受我这个老师，我们能不能愉快地相处，这都是我所面对的课题。为此，在支教的第一个学期我还制定了一个"表白计划"，通过这个举动，我和同学们的距离拉近了，之后的相处也变得更加融洽。还记得在圣诞节时收到小贺卡、小礼物时颇为感动的心情以及学生来找我诉说心事时信赖的眼神，种种都让我体会到作为老师的喜悦和温暖。

苦：作为老师，最苦的事莫过于学生的学习问题，我教的三个班都是平行班，学生的学习态度和学习能力都是有待提升的，特别是学习态度方面，很多同学对于"学习"二字的认识仅仅是被迫来到学校和被迫接受知识。可能在他们的成长过程中，用知识改变命运的概念非常模糊，在他们的意识里毕业后去打工的合理程度就相当于我们眼中的升学，而对于我一再重复的好好学习，考上大学，去见识外面的世界……他们并未认识到这些话的意义所在。对此我在无奈叹息的同时，也深深意识到了自己肩上的担子有多么沉重，我竭尽所能去激发他们对外面精彩世界的兴趣，让他们认识到学习的重要性，唤起他们对知识的渴望，尽管不能让每个学生都发自内心地接受学习、爱上学习，但部分学生的改变就足以让我欣慰。另外一个问题便是学生的辍学问题，虽然近年来国家一直在推进着"控辍保学"工作，但还是不断有学生流失，比如，我教的这三个班，本学期每个班都有几名学生选择了辍学，尽管老师多次劝阻，尽管国家给予了学费减免，增加补贴等多项优惠政策，但是他们仍然选择在这快乐的学习时光离开学校走向社会。我想学生流失的根源应该是许多家长、学生的观念不正确，没有认识到学习的重要性，才致使"学好学差都一样""学不学都一样"的思想广为流传，虽然我已经离开这里，但是我仍然衷心地希望这一情况能得到改善，希望这些孩子能在学校教育和家庭教育的共同引导下开心快乐地留在学校并积极主动地学习。

辣：这一年我几乎吃遍了泡椒炒各种菜。泡椒黄瓜、泡椒白菜，甚至泡椒鸡蛋……大概是由于富川毗邻湖南，所以饮食习惯偏辣，这让我一个不能吃辣的人着实的头痛过，不过经过这一年的"历练"，我吃辣的功力也着实渐长，可能多年以后，那盘泡椒鸡蛋给我的记忆仍然"辣味十足"，但我却吃得津津有味。

这一年，我们在一起。

这一年我去到富川这片瑶乡热土，遇到了支教团的其他小伙伴，一起欢笑感动，一起分担忧愁，一起做着支教这件让我们终生难忘的事。记得有一首歌是这样唱的："相逢是首歌／同行是你和我／心儿是年轻的太阳／真诚也活泼／相逢是首歌／歌手是你和我／心儿是永远的琴弦／坚定也执着。"一转眼，支教服务期已满，一转眼，离开富川已经有半年多之久，每每想起我们支教团的伙伴，我的脑海里总会响起这首歌的旋律。年轻的我们，从天南海北赶到富川，因为共同的志愿和满腔的热忱组成了这样一个大家庭，互相陪伴支撑，尽我们最大的努力认真地做着支教这件事。

这一年，我们一起经历了太多，我们一起走过那一条条家访的路，把老师的关心带到学生家中；我们一起去到三民完小开展暖冬行动，给孩子们发放暖冬物资；我们一起去到浮田完小，和那里的孩子一起开展趣味运动会，一起齐心协力开展"情系瑶乡蜜橘义卖活动"，一起去到莲山乡开展周末课堂活动，一起做了太多太多有意义的事，留下了太多太多珍贵的回忆。的确，人生就是这么不可预计。大四之前从未听说过富川这个地方，也从来没想过会以这样的方式度过我的间隔年。可是，只因为一个"十字路口"的转身，我的青春之旅便有了不一样的风景和色彩。在富川的每一天，我都清晰地感受着我们一起奋斗的意义，记录着我们一起用青春和汗水留下的精彩瞬间。我想，有一天，当我可以用足够经验的积累和沉淀实现自己人生价值的时候，我一定会微笑着说："正因为曾和你们相遇，正因为曾有你们陪伴，我才变成了现在这个更好的自己。"

青春是一列疾驰的列车，它飞快地行驶不留给我们踌躇的空隙，虽然我们不能清晰地预见下一站的风景，但至少我们可以做到让今天不留遗憾。

回首这一年我辛勤付出，回首这一年我满载收获，回首这一年，我可以骄傲地对自己说：感谢选择，无悔青春！

一载支教路，终生瑶乡情

蒋长标

　　一年时间，太短！似乎前一天才刚刚相遇，一转眼，今天便迎来了离别。

　　永远忘不了，2014 年 8 月 31 日，我与孩子们初次相遇的日子。从这一天起，我的生活不再没心没肺；从这一天起，在遥远的瑶乡富川，留下了我青春的足迹，留下了我对 67 个孩子的无尽牵挂……

　　仍然记得刚加入支教团即将为人师时的喜悦与忐忑。

　　喜悦，是因为梦想成真。一直以来，我对乡村支教类电影情有独钟，常被支教老师无私的爱感动，也常对电影中师生间的亲密与真挚情感心生羡慕。因此，从大学第一天起，我便有支教情怀，还为此而加入西大"青协"。可惜由于各种琐事，每每错失良机。临近毕业，本已对此不抱希望，支教团的组建却意外让我梦想成真，对此我自是喜不自胜。而忐忑，是因为害怕无法胜任。自己一非师范专业，二无教学经验，将为人师，要肩负起为几十个孩子"传道、授业、解惑"的重任，自己能否做好？此时我心中还是一个大大的问号。

　　带着这样的喜悦与忐忑，我们支教团一行六人在七月盛夏时节来到服务地——富川。

　　初见瑶乡，我就为它的秀丽与精致着迷。清清富江水，横穿全城；俊秀马鞍山，岿然矗立县城中心。在这依山傍水的景致里，美丽的风雨桥横亘富江两岸，古朴的明代城楼静静屹立在道路两旁，让这座本就秀丽的小城更添风采。每到华灯初上，五光十色的霓虹灯亮起，马鞍山上，风雨桥边，便如同进入一个梦幻的世界，整个县城都成了一个大景区。

　　除了这秀丽的山水，小城里浓浓的人情味儿也令我们倍感温馨。才到富川，我们便感受到县里和学校对我们无微不至的关怀。这样的氛围，让我们很

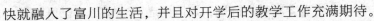

快就融入了富川的生活，并且对开学后的教学工作充满期待。

在满心的期盼中，学校开学的日子悄然而至。我依照安排成了富川一中 13 (9) 班 67 个孩子的班主任和数学老师。从此，我的角色由一个备受呵护的大学生转变成一个肩负"传道、授业、解惑"重任的人民教师。当第一次从学生口中听到"老师"这一称谓时，我真是开心极了！我终于和乡村支教电影的主角一样，成了一名光荣的支教老师！

但很快我就发现了，实际的教学生活并非都如电影那般美好。在真实的生活中，孩子们没有电影中那么好学，也不如电影中孩子那般懂事。由于留守儿童众多，许多孩子从小疏于管教，学习生活习惯不佳，基础普遍薄弱。加上社会大环境的影响，班上大部分孩子间弥漫着浓浓的厌学情绪。一部分孩子更是上课睡觉、吃东西、讲小话，顶撞老师，不讲卫生，乱扔垃圾，爬墙上网，打架斗殴，无所不为，而且屡教不改。这些问题一度使我心力交瘁，十分迷茫。

虽然有辛酸，但与电影里的一样，"爱"和"幸福"一直是我们支教生活的主旋律。

当孩子们问你能不能叫你哥哥，然后把心中从未对人说过的秘密分享给你的时候；当他们在课间来找你玩对着你撒娇的时候；当看着你因为他们犯错伤心难过他们不知所措急忙过来认错安慰你的时候；当他们争着用不多的零花钱专门给你买一杯奶茶泡好放到你桌上并"强迫"你必须收下的时候；当你有事他们一整天没见到你，然后第二天所有人都问你去哪了说一整天没见到你好想你的时候……那份甜蜜的幸福足以让所有的辛苦和委屈都变得微不足道。

除了孩子们带给我的幸福，队友和同事对我的情谊亦令我倍感温暖。每次遭遇困境感到孤独时，总会有那么多人关心我，给予我无私的帮助，让我顺利渡过难关。

支教团的伙伴们，在我班级管理最艰难的时刻，一直默默支持着我，给予我极大的帮助。在我身心俱疲时，是他们的鼓舞给了我继续走下去的信心和勇气；在我面对学生的突发状况无计可施时，是他们为我出谋划策，让我顺利化解难题。对于一起奋斗的小伙伴，我想说："很幸运能在最精彩的年龄与你们一起奋斗。谢谢你们一直以来的关心和支持。一起支教的这一年，是我人生一道靓丽的风景。我一定会将这一份精彩铭记于心。"

除了小伙伴，学校领导和老师也对我格外照顾。虽然班级管理工作中有许多做得不好的地方，但学校领导也从来没有苛责过我，还为我解决了许多非常

203

状况……对于工作中一些我不会应对的问题，周围的老师也都是尽己所能地向我传授自己多年的经验，来帮我渡过难关。特别是与我同一办公室两位老班主任，感觉就像哥哥一样，除了向我传授班级管理经验外，有时甚至直接帮助我进行班级管理，为我解了许多难解之围。

事实上，如果没有支教团伙伴的支持，没有学校领导的宽容，没有周围老师的无私帮助，我很难从容地走到今天。

一年富川行，一生富川情。我爱富川，不仅仅是因为这里有着我爱的学生，还因为这里有我们支教团伙伴一起奋斗的足迹，有那么一群关心我帮助我的同事好友，这里有我成长的印迹……

支教生涯有期，瑶乡情缘无限！富川这一片热土，早已在我心里留下了深深的烙印。这一年的支教生活，是我人生中最美的风景。虽然遭遇了很多挫折，但我不后悔！不管以后走到哪里，我都会将它珍藏于心。

和孩子们在一起的日子

刘胜粤

加入广西大学研究生支教团，来富川支教，是我人生中的一个意外，但这却是一个美丽的意外。在这里，我体会到了初为人师的艰辛与欢乐，浮躁的心在这里得到沉淀。这一年的经历，弥足珍贵。

初到富川，我从一个刚走出大学校园的毕业生转变成 56 个孩子的数学老师，内心不安、焦虑、期待等种种心情在斗争，脑子里思索的全是怎么把这漫长的 40 分钟课上好，如何才能让学生认真听课，学到知识。第一节课内容是"正数与负数"，对于一个数学专业的毕业生来说，这个内容太简单，以至我不知道要如何去讲解。于是，写教案、上网看老师上课的视频、看教参、看练习、抓考点成了我的头等大事。经过几天紧张的准备，我迎来了一年支教生涯的第一节课。站到讲台上，我努力让自己不紧张，尽管如此，却还是控制不住地加快了语速，40 分钟的内容反 30 分钟就被我讲完了，剩余的时间我只好让学生做练习。菜鸟老师的第一节课上得并不好，没有考虑学生的接受能力，而且自己太紧张，知识点讲解不够透彻。了解到自己存在的问题之后，我在第二天的课堂上放慢语速，加强与学生的互动，这么一来，40 分钟的课堂就欢乐地过去。

然而，日子并没有我想象中那么"舒适"，大山深处的孩子多为留守儿童，父母长期不在身边，只能和年迈的爷爷奶奶一起生活，长期疏于管教，孩子们的自律性很差，经常连 40 分钟的课堂都坐不住，每节课都要制造一些"事故"，以吸引老师的注意。某周三晚上晚自习，第一节给同学们写作业，第二节晚自习讲前一天的作业。但是同学们不知道怎么回事，都特别兴奋，每讲一道题都要强调纪律，更有一个男生高声说话，当下我气急了，快步走到他的座位前，把他连拖带拽地带到教室外面写检讨书。然而在我做完这一系列动作回到讲台上继续讲题的时候，底下的声音仍然没有停止，"目光、聚焦"的口令也不起作用……只能夹缝中求生存，和仍在听课的同学一起把课上完。

晚上回到寝室，我认真地思索了课堂上存在的问题，觉得不能跟学生硬碰硬，得软硬兼施，决定在上课前留出一分钟的时间让他们把想讲的话讲完。

到了第二天上课，令我震惊的一幕出现了。我刚走进教室，还未站定，同学们齐刷刷地站起来道："老师，对不起。"仍处于震惊中的我没反应过来怎么回事，某一同学便说："老师，我们昨晚太吵了，对不起。"我强忍住眼眶里的泪水开始上课……给一分钟他们讲话时间，然而这时教室却出奇安静。一节课下来，同学们都异常积极，他们争先恐后地到黑板上写练习，还主动帮助其他同学写错的地方。

"菜鸟"刘老师在支教路上虽有坎坷，但更多的是满满的喜悦和感动：帮学生把窗帘挂上之后，孩子们从心里发出了由衷的喜悦的声音；孩子们的声声"老师好"；作业登记表上渐渐多起来的"A+"……有些事情虽然很平常，但足以让初为人师的我深深感动。

孩子们不仅在学习上有进步，课余更是和我成了好朋友。年龄差距不大，因此学生和老师都比较聊得来，更有同学在周日回校的时候给老师带来家里的油茶、特色小吃、水果……这些事情，如果我不来支教，恐怕一辈子都不会体会到。

"如果人的一生能活七十年，那我愿意用我生命的七十分之一，营造一个奇迹。"在祖国的西部支教一年，远离了城市的喧嚣，我们在大山的怀抱中沉淀自己，安放原本浮躁的心。在富川，许多乡镇的孩子多为留守儿童，疏于父母的管教，孩子们的自律性很差，而且在很多父母的眼中赚了钱回来给孩子买新的衣服、玩具等就是对孩子最大的爱。家长对学习的不重视，直接影响到了学生对学习的态度。在我班的 56 个孩子中，大多数的男生没有学习的欲望，每天在学校想得最多的事情就是如何度过这漫长的一天。许多学生自我约束力不强，做出了某些违背中学生守则的事情，这些在他们家长看来很正常的事情，却令我们震惊。在我们一直以来的印象里，学生的主要任务就是学习，与学习无关的事情都无须关注，但这些偏远山区的孩子所做的事情却完全超出一个学生的正常活动。震惊之余，我们必须给予这些孩子正确的引导，在他们还没有错得太深的时候及时把他们拉出来，虽然不能改变一座城，但我们可以用自己的力量改变一群孩子。

　　"一年富川行，一生富川情。"这不是一句口号，我们早已把富川当作自己的第二故乡。我们与富川有着割舍不掉的情结，我们牵挂的不仅有自己的学生，更有富川的教育、经济、卫生、文化事业的发展。支教的一年，我们能做的事情并不多，但在力所能及的范围内我们有义务教好自己的学生，引起他们对学习的重视，让他们重新爱上学习，将来走上社会的时候能有更多选择工作的机会；对于留守儿童，我们要给予他们正确的疏导，让他们知道这个世界上除了父母之外，还有人在关注并关心着他们；对于支教点的孩子们，他们缺乏书籍，唯一的课外活动就是玩泥巴，我们要利用各高校及社会人士的力量，为他们筹建爱心书屋；对于富川滞销的蜜橘，我们要利用学校的力量，把蜜橘销往驻邕高校，以使果农的心更踏实。我们能做的事情并不多，但每完成一件事情，我们的内心会更加富足与踏实。如果现在问我是否后悔支教的这一年，我仍会坚定地回答"不后悔"。

孩子们，我要对你们说

麻　卓

　　孩子们，你们还好吗？我知道，你们肯定还记得我，虽然我不是你们人生中的第一位老师，但你们却是我人生中的第一批学生，更是我人生中重要的导师。和你们相处的一年里，有快乐，有悲伤，有坚定，有迷茫，但是不管怎么说，我相信通过这一年时间的相处，我和你们都在成长，都在进步。接手你们的时候，你们才读初一，对初中生活充满了期待和热情。如今你们初二了，是否还和当时一样对学习生活充满热情，还是因为种种原因而辍学了呢？不管怎么样，现在老师想对你们说……

　　习惯的培养是很重要的。好的习惯可以使你做起事来井井有条，更能享受到好习惯带来的种种福利。但是，在我支教的一年里，我却发现班里的大部分同学学习习惯差，生活习惯也不好。

　　记得每次布置历史作业的时候，我都需要强调一遍：一定要记得写在作业本上。这句话我从开学的时候就已经强调过，可是你们很多人都不在意。每次改作业的时候都会发现班里只有个别同学是自始至终用一个作业本写，而其他大部分同学都是拿一张纸写。你们总是没有积累知识的意识，不懂得厚积薄发的道理，成绩自然很难提高。在以后的学习中要注意改正，重视积累才行。

　　还有你们的生活习惯。作为女生辅导员，每周需要进行突击宿舍检查。记得有一次，我去舍检时发现宿舍满地的果皮、瓜子皮。叫一个同学来扫地，她却说："今天不是我值日。"孩子们，你们要学会担当，要学会主动为他人服务，并且要珍惜他人的劳动成果。因为只有你先尊重他人，你才能得到别人的尊重。在学校是这样，以后走出社会更是如此。

　　其实，老师也明白你们的难处，不好的生活习惯、学习习惯、为人处世和方式，很大程度上和你们的家庭教育有关。老师曾经去过三民村的三民完小教课，通过和那里的孩子打交道，我知道，你们这群孩子有很多就是在这样的环境中成长起来的，他们的现在就是你们的从前。

还记得 2014 年 12 月底，接近新年元旦，我们这些支教老师在三民完全小学举行了"圆蛋计划"：给每一个孩子送上一颗我们亲手为他们煮的鸡蛋。我们劈柴、生火、烧水、煮鸡蛋，他们捧着煮好的鸡蛋，脸上满是笑容。对他们来说，吃一个小小的鸡蛋已经是无比幸福的事情了。因为这里的孩子们大都是留守儿童，爸爸妈妈很少能陪在他们身边。他们的眼睛里很少会流露出有关"爱"的信号。他们不懂什么是爱，因为很少有人告诉他们什么是爱。他们也无法得到爱，自然也不会付出爱，甚至连一句简单的谢谢都不会表达。有的小孩，拿了鸡蛋就羞涩地跑掉；有的小孩干脆呆呆地看着你；只有个别的小孩经过你的启发会怯生生地说上一句："谢谢，"只是声音小得可怜。一群读小学的孩子，基本不会在外人面前表现自己，更不会表达自己的想法与感受，这是一件多么可悲的事情啊。

这只是让我感叹的其中一件事而已，其实每次去三民完小的时候，我总会有不同的感触。最初的感触是"可怜"，这群孩子们大多是名副其实的留守儿童，一年也见不了父母几次，跟年迈的爷爷奶奶生活，还要照顾弟弟妹妹。接下来的感触就是"心疼"，我能为他们做什么，能带给他们什么。于是，我们开始在社会上募集资金，购买物资，想要带给他们最"实惠"的帮助。可时间长了，老师发现，这里的孩子大多会把我们的出现和我们的给予当作一种"理所应当"。因为，他们根本不懂得我们为什么会出现在这里。记得一次去三民完小教课的时候，一群低年级的孩子跑过来问我："老师，听说你们要给我们发新鞋子穿，在哪里呀？怎么还不发给我们？"听他们这么一说，我愣住了。孩子们是开心了，因为有新鞋子穿，再也不用光脚在地上跑，不用穿着破洞的鞋走很久的山路来上课。可是我又觉很不安，如果这群孩子乐享其成，对我们的给予都欣然接受，而不是想着去改变、去努力、去争取，那么我们这些支教老师的帮助岂不是害了他们？

这不禁让老师反省。作为支教老师，西部计划志愿者的一员，对你们这些孩子们的付出，"到西部去，到祖国最需要的地方去"，这"最需要的"究竟是什么？曾经，老师觉得去支教，不就是"献爱心"吗，是一件具有成就感、容易获得满足感、有意义的事情。但是所谓的"献爱心"真的足够吗？还是只是为了满足自己的热心？

老师想到你们这群正在处于叛逆期的孩子，跟我顶嘴、对着干的事情屡见不鲜。似乎这已成了你们在班里"称王称霸"的条件之一。当时被你们气的欲哭无泪，但是现在回想起来，这也恰恰是你们需要我"特殊照顾"的证明。只是你们不太会用正确的方式进行表达，结果往往适得其反。所以，老师需要做的不是给你们鸡蛋吃，给你们新鞋子穿，而是给你们"精神食粮"。

"精神食粮"，说起来抽象，但实现起来并不难。只要多一点点情感上的关怀和教育就对你们大有裨益。只要当孩子们拿到鸡蛋的时候教他们说一声"谢谢"，就教会了他们感恩。发放物资的时候以比赛或者竞争的方式发放，让孩子们学会"一分耕耘，一分收获"，而不是安于现状的一味接受。作为你们的老师，除了科学文化知识的给予外，更不能忽略对你们的情感关怀。既要"为师"，又要"为长"。既要有老师的威严，又要有朋友的亲昵。你们说对吗？

你们要明白，物质上的给予是有穷有尽的，我们的力量远远不能帮助你们改变太多，别人能给予你们的终究还是要靠你们自己去争取。这一年里，我们尽量把外面的世界带给你们，让你们知道外面的世界是什么样子的，唤醒你们积极向上的斗志，让你们用自己的力量去改变自己，因为命运永远掌握在自己的手中。

老师希望，你们通过自己的双手去争取自己的未来和幸福，在接受中学会成长，在接受中学会感恩和改变。

老师相信，只要学习态度认真，有良好的生活和学习习惯，就都是优秀的孩子。真的，你们在老师的心里都是阳光帅气的小伙子和美丽动人的小姑娘。

谢谢你们，我可爱的孩子们，我们的相识、我们的分别，都会在我记忆的深处珍藏，期待你们长大的那一天。

老师的幸福感

张　练

　　有人说年轻老师最有活力，最容易俘获学生的心灵，因为年轻老师浑身涌动着青春举手投足间洋溢着激情，师生关系融洽和谐。于学生而言，是幸福；于教师本人而言，更是幸福。当然，幸福并不永远表现出轻松自在的人生，幸福便是一种由内而外流淌出来的甘霖，有丰富的人生内涵而又有无尽的生命回味。而作为年轻老师的我也常常为此深思。

　　然而，要想幸福首先要你的学生喜欢你，学生喜欢你是上好课、孩子们学习好的前提。但是要想让学生喜欢你，也不是件容易的事，尤其是处于叛逆期的初中生。一般而言，老师只有做到以情感人、以礼育人、以身示人、以德服人、以能教人，真心实意地为学生着想，使得彼此相互信任，才能获得学生的芳心。我自认为很多方面都没有做到，因此也不曾奢望会得到孩子们的欢心。然而，我错了，孩子们是单纯、善良的，并没有我们所想象的那么复杂。我很幸运，在支教的短短半年里就收获了当老师的幸福感。

　　我所认为的幸福很简单，就是孩子们带给我的一次感动。依然清晰地记得那天早上，和往常一样，吃过早餐，我便高高兴兴地走进办公室。刚一进门就有老师笑着对我说："小张，今天心情不错哟，你每天都这么开心，难怪你的学生这么喜欢你哦。"虽然莫名其妙，但我还是不好意思地笑了笑说："哪有，他们都是一群捣蛋鬼，上我的课从来就没有安静过，就是嫌我好欺负。"听到我的回答，其他老师也都笑了。

　　正纳闷着，便走近了我的办公桌，一靠近就看到上面多了好多个鲜红的苹果和几个漂亮的包装盒，上面还插着写满字的卡片，旁边还有好几块巧克力。第一眼看到的时候，我好欣喜、好感动，不由地心想，这真的是惊喜啊！不过我还是想了几秒才恍悟，原来昨天是圣诞节，但是我没有课，也没有晚自修，学生是一天都没有见到我了，他们准是昨天晚上把礼物给送到办公室来的。看来，办公室的其他老师是看到了我桌子上的礼物才"取笑"我的呀！不过，这也确实是出乎我的意料，平日里我的学生都很调皮，又不爱学习，而且两个班都是男生居多，从来不畏惧我这个年轻的历史老师，还经常在课堂上把我气个半死。没想到在这个特别的日子里，竟然能收到他们的礼物，而且数量还不少呢，还真是受宠若惊啊！我赶紧用手机把那些礼物拍了下来。

带着这份惊喜，第三节课铃一响，我便满脸笑容地走进教室，准备先感谢一番再上课。让我想不到的是，孩子们都是那么善良、可爱，真是让我后悔做出这一举动。我不感谢还不要紧，这感谢的话一出，就让那些还没送礼物给我的学生蠢蠢欲动了。他们纷纷拿出课桌下的礼物，糖果也好，苹果也罢，礼盒就更不用说了，都争着抢着要送给我，真是让我有点措手不及啊！幸亏是刚刚开始上课，于是我就借着上课的由头，让他们安静下来，礼物先留着，下了课再送也不迟，还心想着到了下课他们就该忘了吧。

果然不出我所料，那一堂课上的真是有点艰难，学生都很兴奋和激动，都在互相讨论和聊天，而且坐立不安。好不容易熬到了下课，铃声一响，教室里倒是安静了一小会儿，照平常的话，我都还没叫下课，很多学生都不见人影了。我正准备收拾东西要走，那帮学生似乎记起了什么，就开始有学生拿出礼物过来了，"老师，这是送给你的"，其他学生也跟着把手中的糖果举起来，纷纷嚷着要送给我，我不好意思地说："老师已经收到你们的礼物了，不用了，谢谢！"他们还是不肯罢休，有的直接跑过讲台来，"老师，您就收下吧"。当然，也有一些调皮的学生，他们没有礼物送，反而问我要礼物，有的还想直接把我手中的东西抢走。也许是开玩笑，也许是真想拿走，我都不在乎了，我紧紧地拿好学生送给我的东西，告诉那几个学生："这是其他同学送给我的，我不能把它给你们，你们想要，我另外再送给你们。"他们便不好意思地低头走了。虽然只是一根棒棒糖，或只是一个苹果，但他们却是那么愿意和我分享，可见七年级的学生，是多么的天真善良。不过，他们今天这一如此热情的举动实在是太出乎我的意料了，甚至有的学生看见我收下了糖果，还想送第二次，好像想要把所有的糖果都送给我似的。"老师，您就收下吧，收下吧！"那一刻，看着他们真挚的眼神，我连拒绝都是那么不忍心；那一刻，即便这里的寒风凛冽刺骨，我的心里却似装了个小火炉般，是那么那么的温暖。

　　然而，有些人会说我太容易满足了，不就是学生送了点礼物，就能感动成这样。面对这样的说法，我只会笑一笑，因为我知道，会这样想的人，应该是没有真正体会过当一名老师的感觉吧。一直以来，教师都是一个象征着付出和奉献的职业，"春蚕到死丝方尽，蜡炬成灰泪始干"，类似这样的诗句不是经常被用来形容教师这个神圣的职业吗？在古代，教师一直是一个很受人尊重的职业，只有饱读诗书的人才有资格成为传道、授业、解惑的教师。而在今天，教师虽然是很平凡的职业，只要有教师资格证，就有机会成为一个人民教师。然而，试想，在物欲横流的今天，教师的工资水平比起一般职业来说都是比较低的，尤其是中小学教师。但是中小学教师在工作中需要付出的精力和心血却大得多。而由于我国地方财政差距悬殊，大部分教师的工作付出与收入所得是不匹配的。因此，在这样的一个工作环境里，教师的幸福感是很难获得的。有时候在办公室里也经常会听到有些老师抱怨："现如今当老师，不仅要承受来自社会、学校、家庭的压力，各级各类的检查验收，还要承受学校内部各项指标的量化考核，在学校每天像个上了弦的陀螺，钻研教材，备课、上课，改作业，光是这些就弄得头昏脑花，回到家又忙着照顾家庭，哪有什么快乐和幸福可言！"

　　然而，"幸福感"是一种感受，来自于每个人的内心深处，并且因人而异。如何成为一名具有幸福感的老师，其实并没有什么固定的模式。同样的工作经历、工作环境、工作方式、工作效率、工作效能，却给每个人带来了不同的心境。而我，恰恰是那个比较容易感觉到幸福的人。在这一年的工作中，我感受到教师的幸福感与学生的表现是紧密相连的。记得一位教师说过这样一句话："作为一名教师，你可以尽你所能地教育、关心、呵护以及鼓励你的学生，即使这份工作给你带来了巨大的压力，即使你的生活需要得到更多的关注，你仍然认为这样做是值得的。"这句话在我看来是事实。

　　现如今重回学校，在教师节的那一天，给我自己的老师送上自己的祝福的同时，我的脑海里总会清晰地浮现出那一张张稚气可爱的脸蛋，那丝丝感动依旧萦绕心头。节日里，收到一条条来自学生的问候短信，那幸福的感觉会涌上心头。回想起在当老师的那一年里，能够收获的幸福感来自很多方面。当所带的孩子在我的帮助下有些许进步时；当课堂上的我捉襟见肘，而孩子们却依然聚精会神地听我讲课时；当期中、期末考试孩子们取得更好的成绩时……那些时候都是我觉得作为一名老师最幸福的时候。如今细细回想，在支教的那一年里，让我感到幸福的事真的很多很多。其实，幸福就是这么简单，老师的幸福感就是这么容易拥有。

学生的成长日记

任 娟

"咱们开始准备个本子写日记好不好？"

"不好，老师你要看我们的秘密！"

段考之后，我们班慢慢有了一个规矩——每周一篇日记。每周一收上日记本之后，我都会认真地批改每一份日记，与其说这是批改作业，不如说是让我打磨浮躁心情的过程。

作为一名语文老师，我可能有更多的机会了解学生的心灵世界。

当我第一个次看到我任教班级学生名单的时候，有一个名字我一眼就记住了，因为这名字跟我一要好的朋友重名。走进教室，互相介绍时，我也很快对叫璇的这个女孩有了印象，因为她很特别，是个有缺陷的孩子。想跟大家分享一下发生在我们两个之间的故事。

一天，放学后我外出买东西，在路上碰到了璇，璇艰难地自己走着，边走边吃辣条，用力撕咬辣条的表情很是可爱，可是我陪她走了一路，我说话都不理我，很尴尬的样子，最后咬字不清地跟我说："老师我到家了。"

有次，我上课走进教室时，发现好多同学都去后面跟同学挤着坐。我对这种课前纪律散漫现象很生气，就说："大家不想上课啊？自己坐到自己的座位上去。"结果，毫无效果。我又点了几个名字，有几个学生才吞吞吐吐地说："老师，前面很臭，璇好像拉裤子了！"接着有些学生起哄说："幼儿园都没毕业还来上初中。"我假装无意走到璇的身边，确实味道很大。我又怕璇心理受伤，就说没有味道，然后问璇是不是有什么不便？她告诉我没有。但我从她不自然的表情和坐姿上发现了问题，我依然理直气壮对学生说："没有问题，因为这节课需要讨论可以不坐在前面自己的座位上。"后面为了课堂的继续，我请来了班主任帮忙处理。而在那节课的最后，我说："我想跟大家分享一句话'善待别人就是善待自己'，根据这句话写这周的周记。"

周一收到学生上交的周记并批阅后，我发现大多数的同学明白我分享"善待别人就是善待自己"的用意，大家对待璇的不礼貌大多时候因为随大众，也都懂自己的过错，最让我有感触的是璇的日记。其实，璇的成绩很差，入学语文成绩 2 分，平时也大多对一个选择题，又因为手不方便，的写个完整的字很艰难，但我在她的日记本上看到了扭扭捏捏的"谢谢老师"。

慢慢地我们的交流多了起来，她最爱跟我说的话是："老师，作业是什么？"每逢周末她还会跟我聊 QQ，用语音跟我对话，有次我没及时回复，她发了十几条语音通话的申请。我知道她在特意找我聊天，她想跟我说话。一段时间后，她在班里有了越来越多的笑容，从上课、作业都可以看出她的很用心。

在 12 月份，陪伴了他们 6 个月的实习老师要返校了，当时我班学生在班干部的带领下搞了一次很有意义的欢送晚会，大家在跟实习老师聊天说地的时候，一旁的哭声吸引了大家的目光，大家回头看到璇，璇的样子可是让每位同学为之动容和心痛，实习老师给她递去了纸巾，有些同学上去安慰，看到璇跟大家的关系慢慢变好，我心里很是开心。一天晚自习后，璇第一次跟其他同学一样围到我身边，很自豪地"赏"了我一颗榴梿糖。我欣喜地接过来，大声地说"谢谢"，她开心地回家了。

学生的日记如孩子们心灵的窗户，每周几百字打起了我们之间沟通的桥梁，也正是他们的日记，让我更好地了解了富川的风土人情、风俗习惯，最主要的是让我学会了用一个孩子的眼光对待生活，让我发现了身边更多的美，更多乐趣，同时也带给我更多的思考，思考我在他们这个年纪干了什么，慢慢地让我体会到了生活的幸福，慢慢教会了我。

爱在继续

郑华庭

这是我的支教日记里描写家访时的片段："只有文浩和爷爷在家，更显得房子很空旷，更显得爷孙俩的孤独，爷爷已经八十四岁了，平时文浩和爷爷相依为命，文浩周一到周五在学校，爷爷一个在家就更加孤独，他们爷孙俩是典型的空巢老人、留守儿童。在学校，文浩有很多小伙伴陪伴，但他似乎心事重重，也许是不放心爷爷一个人在家。文浩在学校从不嬉笑打闹，给人一个小大人的感觉。来到文浩家，他小大人的形象更加具体了，致使我都没把他当成一名14岁的初一学生看，他的言行举止与他那张稚嫩的脸蛋并不相符。文浩的父母在外务工已经八年了，也就是说八年前文浩就已经开始学会自己照顾自己，也学会照顾爷爷，照顾家里的花草树木。平时文浩在家，都是他照顾爷爷，一名14岁的孩子就要承担家里的重担，也许更早，真是为难他了。"

为什么文浩的父母不能留在家里工作，狠心地抛下文浩和老人在家，背井离乡去广东打工呢？答案是明显的，是生活逼迫他们做出了这样的选择。像文浩这样的家庭，在富川山区不在少数。那怎么才能让父母留下，让孩子有人照顾，让老人不再孤独呢？办法可能只有一个，那就是让山里的青壮年在家门口就业。当时，我就想着，如果我能让顾文浩的父母留下照文浩，也许文浩会更好。

从富川回到学校已经一年多了，但留守儿童和空巢老人那孤寂的眼神至今令我难以忘怀。为了让富川的青壮年能回到家门口就业，也能兼顾家庭，我回到富川创业，运用自己在学校学习的知识和积累的资源，为富川的发展和让留守儿童的父母早日回到家乡就业贡献了自己的一分力量。

种植水果曾给富川人民带来丰厚的收入，但由于农产品市场的不稳定，已经动摇富川人民种植水果的信心。在互联网兴盛的今天，传统销售模式对推动农产品市场的发展显得乏力，但由于农民的互联网知识匮乏，需要我们这些当代大学生帮忙，助推富川农产品的发展，帮孩子把他们的父母留在身边。

对我而言，创业既能为富川的发展献上自己的一份微薄力量，同时也能实现自己的价值，这是两全其美的事。我在富川做的第一个产品是富川脐橙，富川脐橙获得了很多奖，其品质上等，并不亚于赣南脐橙等，但富川脐橙其线上销量远远落后于赣南脐橙等。经过分析，我发现富川电商观念落后、物流欠发达、交通不便等都是制约富川农产品电子商务发展的重要原因。

虽然面临着种种困难，我们的团队还是克服了，通过淘宝平台和微信朋友圈，40天销售了16 000斤脐橙，营业额达8万。这一尝试的成功，更加坚定了我的创业步伐——把富川农产品卖到全国去，让其名声更加响亮。在销售脐橙的40天当中，富川朋友和家长给我了很多帮助，包括寻找优质货源、品质控制、物流等，在我未能帮上富川人民之前，富川人的热情再次感动了我，让我们的创业更有意义，而不仅仅是追求财富。

通过40天的探索，生鲜电商还是存在一定困难的，如快递时效要求高、品质难控制等，但我们相信这最终都会解决，生鲜有很好的前景，对于实现我的终极目标——带动富川的就业，还是有希望的。

通过40天的观察，我们发现生鲜市场相当混乱，如外来的脐橙进入富川市场后，经过果业公司打包后，换了"马甲"瞬间变成了赣南脐橙、富川脐橙等知名品牌，这种弄虚作假的行径将会弱化品牌效应，丑化富川脐橙，不利于富川脐橙推广和销售。富川应加强"富川脐橙"品牌的保护，而我们的团队要做的正是：通过产品溯源，保护"富川脐橙"这个品牌，通过品牌效应为富川人民增收。

目前，我们团队还没有能力给富川人民带来显著的实惠，也并没有实现创业之初的目标，但我们会朝着我们设定的目标走下去，通过业务的不断扩张，拉动富川的就业，为富川人民增收，打通富川农产品的线上销售渠道，稳定销量，解决富川农民种植农产品的后顾之忧，最终让父母回到孩子身边，让山里的孩子也能感受到家庭的温暖。

错过什么都别错过回忆

麻 卓

2017 年，是我的毕业年，身边总能听到这样的声音："啊……两年就这样过去了！天哪，竟然要毕业了！"没错，别人这么说，我也这么想。

每个人都会在一段经历过后，感叹时间的飞逝。感叹，应该是一个人对真实的自己的思考和总结。这种感叹，包含的是对已逝昨天的留恋，对枉费时间的懊悔，对美好未来的憧憬。每当走到分岔路口的时候，感叹的开关便被开启……

时光回到两年前的 2015 年，支教的生活刚刚结束我便感叹，感叹时间的飞逝，感叹富川带给我的回忆。如今，两年的时间过去了，但每每到教师节来临的时候总还会有学生发来消息祝我教师节快乐，每每在一月脐橙丰收的时候也总还会有富川一中政教处的老师寄来的脐橙。不论是收到的教师节祝福，还是寄来的富川脐橙，都是我支教生活美好回忆的象征。我在回忆，回忆我还是教他们历史课的麻老师；我在回忆，回忆我还是办公室里被嘘寒问暖的"小麻"。

不管是我的回忆，还是学生和老师的回忆，都代表着一种感动。我相信那段难忘的经历，不论是在我的内心深处还是他们的内心深处都将留有一席之地。我也坚信这段铭心的经历，不论是现在还是以后被回忆起来都将充满着感动、真挚与留恋。

记得 2014 年本科毕业的时候，总会有人惊讶地问我："你果真要去支教？！"眼里满是质疑和不解。随之而来的都是一系列当时无法回答的问题："环境苦不苦，你受得了吗？""干什么去支教啊，那种穷乡僻壤的地方。""支教有什么意思啊？"这些问题，在还没有去支教的之前，我真的不知道该如何作答。然而，在随后一年的支教时间里，我渐渐地找到了答案。

曾经的我，做什么事情总是用"值不值""对不对"来衡量。经过一年的沉淀，才发现很多事情是不能用这个"标准"来衡量的。有些事情，不是因为有意义才去做，而是因为做了才有意义。可能你的存在是微乎其微，但不积跬步，无以至千里，不积小流，无以成江海。在这个世界上总会有千千万万个微乎其微的你来赋予一件事其存在的意义和价值。所以，你要做的先是让自己变得有价值和有意义。

曾经听过这么一个故事：在暴风雨后的沙滩上，水洼里留下了很多条搁浅的小鱼。一个小男孩不停地弯下腰去，捡起小鱼把它扔回海里。大人们嘲笑他是徒劳，没有谁会在乎。因为这沙滩上有几百几千条小鱼，一个人根本救不过来。可是小男孩却指着每一条被救起来的小鱼说道："这条小鱼在乎，那条小鱼在乎。"

那时，支教的我们就是那个小男孩。而我们的身边总会充斥着这样的声音：这群小孩子你是教不好的，上课不好好听讲，基础也那么差。就凭你们几个……是的，就凭我们几个。因为我相信，虽然我们每一个人的力量是有限的，但是只要今天我站在讲台上，一定会对他们有所改变。等到明天，你、他、我们都站在讲台上，哪怕用一年的时间只能改变几个孩子，但长此以往汇聚的巨大力量也一定能改变得更多。当你可以从他们的眼中读到一种需要的时候，相信你收获到的幸福感已经远远超出了作为一名老师的责任感。因为，你会发现被需要也是一种幸福。

作为一名支教老师和一名西部计划志愿者，我们不仅要完成既定的教学任务，还要把志愿服务活动贯穿始终。"到西部去，到祖国最需要的地方去"，是那时我们耳熟能详的一首歌曲。然而，"最需要的"究竟是什么？我们曾经认为是"献爱心"，给予"爱心"是偏远山区孩子最需要的。我也曾以为"献爱心"就是一件极其具有成就感的事情，它容易得到自我的满足感。但是仅仅献爱心真的够了吗？我们所献的爱心真是他们所需要的吗？还只是为了满足于自己的热心而已？支教生活结束后，我仔细斟酌了这个问题，其实就是"授人以鱼不如授人以渔"的道理。

这不禁让我想到了一个故事。故事是这样的：在卢旺达，一位中国的义工看到一位瘦骨嶙峋、衣不蔽体的黑人男孩朝他们跑来，那个男孩很少看到这样的大卡车。顿时，中国义工动了怜悯之心，转身就去拿了车上的物品向小男孩走去。"你要干什么？"美国义工大声呵斥。"放下！"中国义工愣住了，他不知道这是怎么了，我们不是要来做慈善工作吗？随后中国义工看到美国义工朝小男孩俯下身子说："你好！我们从很远的地方来，车上有很多东西，你能帮我们搬下来吗？我们会付报酬的。"

小男孩迟疑地站在原地，这又有不少孩子跑来，美国义工又对他们说了一遍相同的话。有个孩子就尝试着从车上往下搬了一桶饼干。美国义工拿起一床棉被和一桶饼干递给他，说："非常感谢你！这是奖励你的，其他人愿意一起帮忙吗？"其他孩子看到了也都劲头十足一拥而上，没多久就卸货完毕，义工给每个孩子发了一份救济物品。这时又来了一个孩子，看到卡车上已经没有货物可以帮忙搬了，觉得十分失望。美国义工对他说："你看，大家都干累了，你可以为我们唱首歌吗？你的歌声会让我们快乐！"孩子便唱了首当地的歌，义工照样也给了他一份物品："谢谢，你的歌声很美妙。"中国义工看着这些若有所思。晚上，美国义工对中国义工说："对不起，我为早上的态度向你道歉，我不该那么大声对你说话。但你知道吗？这里的孩子陷在贫穷里不是他们的过错，可如果因为你轻而易举就把东西给他们，让他们以为贫穷可以成为不劳而获的谋生手段，因而更加贫穷，这就是你的错！"

事实上有时候简单、粗暴的帮助反而会带来更坏的后果。与其一味地给予，倒不如让接受变成通过自己的劳动而获得，这样不仅有更直接的收益，更能通过劳动而获得满足感和幸福感。

在支教的一年里，我在富川瑶族自治县美丽办做过实习干事，挂职过富川瑶族自治县旅游局的局长助理。虽然并未做过惊天动地的事，但正所谓细节决定成败，没有这些小事的积累，又何谈厚积薄发？在基层服务锻炼期间，端茶倒水、整理文档、复印打印、打扫办公室这些都是常事。千万不要觉得自己是"大材小用"，因为这些都是别人评价你是否有"眼力见儿"、是否踏实肯干的重要标准。如果总觉得自己"高高在上"或者认为自己比别人厉害而不与他人合作，那么你如何实现 1+1 > 2？又如何让他人放心对你委以重任？成员之间的默契配合和支持理解，是增强团队合作效果的一个重要手段。对于我们这些初出茅庐的青年大学生来说，少说虚话多做实事才能符合社会主义新青年的标准。犹如一张白纸的我们如果不实干就没有资格对他人指指点点，也无法让别人信服。当然，这也不意味着我们要"忍气吞声"，不发表自己的见解。这只是在告诉我们一个道理：人要先学会学习，学会合作。所以，如何在平凡之处彰显自己的不平凡是发挥自己价值的体现。

记得那时，我们研支团的伙伴们常常将一句话挂在嘴边：一次富川行，一生富川情。一年的支教生活，虽谈不上尝尽人生百态，但至少也算得上是经历了风风雨雨。因为支教，我结缘于瑶乡富川涝溪山的美，富川江河的涌动；因为支教，我结缘于瑶乡人民的热情朴实；因为支教，我结缘于瑶乡脐橙的香甜美味……这一生错过什么，都不能错过这一次的回忆。

何当共剪西窗烛，却话富川夜雨时

黄季椋

结束支教工作，从富川回来已半年有余，要论此时此刻的心境，我想李商隐的《夜雨寄北》是最好的表达。在富川的366天里，我与这座小城相识相知，用心给瑶乡的孩子们带去知识，用爱和瑶乡的孩子们建立情感。古人云："日久他乡即故乡"，虽然一年的时间不长，但富川俨然已成为我的第二故乡，我想念那里的一切，我喜欢和别人分享我与富川的小城故事，特别是我那浓浓的"富川情"。

参加支教团选拔之前，我从未想过有一天我也将为人师，也会站上三尺讲台传道、授业、解惑，也将拥有桃李芬芳，和学生建立浓厚的"师生情"。我的学生是十三、十四岁的孩子，大部分来自富川的农村地区，当然大部分都是留守儿童。我依稀记得与他们相识的第一面，教授信息课程的我在电脑教室等待他们的到来。他们对我的第一印象大多是"年轻、可爱、漂亮"这一类美好的词语，我想，那时的他们应该在期待着未来信息课的美好。然而，在他们看来，也许事与愿违，这一年的课程没有自由的网络，没有随意播放的流行音乐，不可以随意登录社交媒体。几节课后，有些淘气的男生开始出现叛逆行为，在课堂上随意走动，把零食带进电脑室，影响老师的上课秩序。初为人师的我有些不知所措，和学生的"斗争"看来也是老师的一项必备技能。虽然有信息会考的任务，必须教他们考试的内容，但我还是调整了上课方式，每节课尽量拿出十五分钟的时间，利用好互联网这个平台，带他们去看看世界。很多孩子从来没有离开过富川，我通过互联网这个平台，给他们介绍了很多祖国的大好河山，告诉了他们世界之大。也允许他们每节课放一首他们喜欢的歌曲，使整个信息课堂变得活跃起来。有老师提醒我，对学生要有原则，不能一味地由着他们。我想，在我这里尽可能地让学生知道更多课本以外的知识，一轻松愉快的方式，那我就愿意这么做。很多学生的叛逆，是因为父母不在身边，缺少管教，缺少关心，缺少爱造成的。在我这里，没有坏学生，我不会和学生针锋相对，大多的解决方式还是多关心、多沟通、多了解。我与学生的师生情就产生在有趣的课堂以及逐渐增加的对话中，他们也表现出了对黄老师的喜爱，会亲切地称呼我为"小黄老师"，还会时不时地给我制造小惊喜，可能是一颗不起眼的糖果，可能是手折的小花，也可能是几句关心。即使离开了富川回到学校，学生也经常通过社交媒体跟我讲他们的近况，告诉我初三的他们学习多么刻苦，问我什么时候再回去看看，或者是遗憾地告诉我，有哪名同学因为自身原因离开了校园。我很感恩，短短的一年，因为支教所带来的幸福感和满足感是其他事情无法达到的，我也有遗憾，因为还有好多好多需要我们做的事情。

我与学生的师生情，产生在十三四岁中学生的身上，也产生在八九岁的儿童身上。每周三，我都会和我的队友来到三民完小支教。来富川以前，我印象中的小学肯定是有完整的一到六年级，每个年级几个班这样的标准配置。来富川以后，我发现这里的村小，学生人数特别少，可能一个年级就几个人，而有完整一到六年级的才能称为"完小"。我支教的三民完小在我离开以后，由于集中办学的缘故，也撤销了五年级和六年级，不再是"完全小学"。在三民完小，我教授的是五年级语文课，给这两个不同年龄段的孩子上课区别还是很大的，小学生习惯了自由散漫，让他们乖乖坐在座位上听一节四十分钟的课不是一件容易的事情。在小学的课堂，我相对严厉，是想在课堂上树立规矩，让孩子们养成好习惯。但是总有那么几个淘气的孩子，喜欢和老师唱反调，他们就成了我的重点观察目标。为了让他们遵守课堂纪律，我对他们严加管教，实行40分钟"全程监控"，有时把他们单独留下来，陪他们抄课文。义俊就是一个最典型的淘气学生，他尝过黄老师的各种"惩罚"。可是当我说要离开的时候，他也最舍不得，给我写了一张小纸条："黄老师，你说我们还会见面吗？"我没有想到，十岁的孩子也懂得什么是离别，他知道可能老师离开了就不会回来了。现在的我，时常怀念和他们"斗气"的日子。乡下的孩子虽然有些许淘气，但心地却是无比的善良、纯净。这就是我和孩子们的师生情，一年来收获的最宝贵财富。

幸福的生活总是相似的，但不幸的生活却各有各的不幸。这一年，确实听到和看到很多不幸的故事，支教团也在为这些不幸而努力着。在这过程中，我收获了一份别样的情感。学校安排我给初三的班级上晚自习，小筱是我晚自习的学生。晚自习上，学生可以问我数理化的问题，我给他们讲解。在众多问问题的学生里，小筱引起了我的注意，她经常问我化学问题。在解答的过程中，我发现她的基础很薄弱，但是她很乐观和好学。于是，我决定在周日下午给她补习化学课，从而也知道了她的不幸。原来，她一直是我们这三届支教团关心的对象。她是一个孤儿，被父母遗弃由被一个拾荒老人收养，八岁那年拾荒老人去世，政府把她送到了养老院，由养老院抚养到十一岁，之后被现在的养父、养母收养。养父、养母都是老实的农民，养母精神有些异常，有个三十多岁游手好闲的儿子，全家的生活靠低保收入和农作物收成过活，无法负担小筱的学习。小筱的生活来源几乎都是社会爱心人士的帮助。这个孩子成长得非常健康，我接触她的时候，她还有两三个月就要中考了，但是成绩不太理想。那段时间的每周日下午，我都给她做数理化的补习，希望能补多少是多少。中考成绩出来，虽然上不了富川高中，但是能去民族中学的重点班。在她人生选择的十字路口，我问过她："成绩不太理想是否想要放弃读书？"她说："我不，我一定要读下去，我有梦想，我想当警察。"我很震撼，也很感动，感动于她的坚强和乐观，震撼于她的坚定和执着。在乡下，很多孩子初中毕业就选择放弃读书去打工。在这样的环境下，她却还在坚持。我离开的时候，她跟我说："老师，我不想叫你老师了，我可以叫你姐姐吗？"对于这样的情感表达，我有些难为情，不过我还是爽快地答应："行，那就叫姐姐吧。"结束支教后，我与小筱的缘分还没有停止，她几乎每两周就给我打电话分享她的学习情况，有时也会远程求助学习问题。我也会节省一部分生活费支援她的生活，希望她把精力投入到学习上。如果不是支教，我也许一辈子都无法获得这样的情感，也没有机会去做这样的事情，其实很多时候是小筱在教育我、鼓励我。

从富川回来这大半年，时常想起富川的山水、富川的美食、富川的孩子、富川的老师。我也经常和同学们分享在富川的点滴，他们羡慕我们，羡慕我们的勇敢，也佩服我们的付出。但我觉得，相比付出，收获的情感远比付出多得多。这一年的支教生活：我学会了珍惜，珍惜所拥有的，不要总是抱怨生活的不如意；我学会了坚强，再困难的事情，坚持走下去也许就迎刃而解；我学会了对梦想的执着，有梦想是件幸福的事情，为梦想而努力更是幸福的来源。这一年，我变了。

223

以前我不太关心教育问题，但现在开始关注国家对教育政策的制定和实施。对于乡村老师的待遇问题、对于留守儿童的心理和生理健康问题，只要是社交媒体出现的讨论，我都会参与进来。也许有人质疑研究生支教团的成果，也许有人觉得我们在作秀。但在我们看来，尽管我们能改变的不多，我们的力量可能也不够强大，但是能给予一个孩子积极向上的力量，能影响一个孩子，对于我们而言就是成功。"君问归期未有期，巴山夜雨涨秋池。何当共剪西窗烛，却话巴山夜雨时。"学生经常问我什么时候回富川，我确实很难回答。但在富川，我和孩子们的小城故事，都是我们共同的珍贵回忆。富川之情，今生难舍！

思行合一，不忘初心

——忆那年，我在支教路上

梁舒敏

　　年年岁岁节相似，岁岁年年过不同。时光荏苒，眨眼间，我在广西富川瑶族自治县第二中学为期一年的支教生活已经过去近一年了。即便我已经回到熟悉的大学校园，即便我又变成坐在讲台底下听"夫子循循善诱人，博我以文"的学生，即便我的生活轨道似乎又回到了从前的样子，但依然有"百岁光阴一梦蝶，重回首往事堪嗟"之感。从最初在毕业前夕的选择，到支教路上的点点滴滴，再到如今重返校园，思与行都一直伴随着自己左右。这两个字，让我坚持不懈，脚踏实地，以青春与汗水之名，走好人生路上的每一步，做好人生路上的每一件事。在不断充实自我的同时，为他人、为社会尽好自己的那份责，出好自己的那分力。

🍀 人生岔路，缘起瑶乡

　　人的一生有许许多多的选择。在选择面前，人不得不做出各种各样的决定。每一个决定，就如轮船上的方向标，指引着这艘船的航行路线。前方路充满未知，但也正因为未知的神秘，不由得让人兴奋起来。我与富川瑶乡的缘分就始于一个决定——加入西部计划志愿者行列。

　　古语云："三思而后行。"本科毕业前，人生岔路时，我该何去何从？在决定加入第十七届研究生支教团之前，我反复思量：是否值得我花一年的时间，去做一件事情？都说志愿者是"赠人玫瑰，手留余香"，在帮助他人的同时，是否自己能受益匪浅？而我是否愿意把自己一年的青春留在广西基层？

所幸，我遇到一群胸怀大志之人。他们的心系社会，他们的义无反顾，他们的勇往直前，让我深有感触。我最终决定，志愿加入研究生支教团行列，与他们一起，到基层锻炼自己，挥洒青春与汗水。

🍀 先行后思，且行且珍惜

来不及思考太多，来不及做更充分的准备，2015年9月，我开始行走在支教的路上。一年的时间，我从学生成长为老师——富川二中2015级4班的英语老师。

每天早晨，让我从梦中醒来的不是我的闹钟，而是响彻校园的欢快的起床铃声以及学生吵吵闹闹结伴去食堂吃早餐的声音。因英语课程有固定早读时间，起床后我便要准时到教室，开始充实的一天。这样的情形持续将近一年，无形之中改变了我的生物钟，以至回到大学校园后，我依然7点左右自然醒来。

虽然教书育人是教师的本职，但是不容易做好。我作为新手上路，无论是对教材知识的感知能力还是对传授知识的方法，无论是对课堂节奏的把握还是对课堂纪律的控制，都不及老一辈老师的万分之一。摸着石头过河遇到的小磕小绊，让我意识到思考和学习的重要性。我虽为老师，更是一名"学生"。能让我最快适应三尺讲台的办法，就是向老一辈老师请教了。

在和二中各个学科的老师接触中，我不仅接触了不同的教学风格，学到了各种的教学方法，如听说法、沉默法、语法翻译法，还见识了一种比较新颖的、注重学生参与的教学模式——高效课堂。更重要的是，我愈发感受到老一辈老师的责任感和使命感，那是一种身体力行并渗透在日常点点滴滴中的精神。在平凡的岗位上，他们日复一日，年复一年。课前认真备课，把各个知识点梳理清楚并进行综合整合；课堂上侃侃而谈，在保证准确、有效地传授知识点的同时，不忘掌控课堂纪律，不忘与学生进行互动，不忘用一两个幽默风趣的玩笑调节课堂气氛；课后，即便接下来还有一次连堂课，即便自己已经口干舌燥，依然耐心回答学生的提问，为学生进行一对一的答疑；晚自习，即便是寒风凛冽的深冬，他们依然准时甚至提前到校，查看晚自习纪律，无私为学生辅导，批改似乎永远也改不完的听写、抄写作业。他们把自己大部分的时间放在学生身心健康上，把大部分的精力放在学生的学习上，无暇顾及家庭，无暇好好休息，却依然无怨无悔，不改初心。

除了日常的教学活动外，我还在学校教务处工作。随着在学校一线岗位服务的日子越来越长，我对教务处工作越来越熟悉，深切感受到了学校一线岗位，尤其是和学生有直接接触的教务处、政教处，其工作之多、工作之杂、工作之紧、工作之繁。每个学期伊始，新书的下发、课程表的设计、课程教师的分配、晚自习的安排等工作一个接着一个；每次期中考试和期末考试，试卷的分配、考场的安排等工作又是一轮接着一轮。教务处的老师却能在这繁杂的工作中分工明确，在高效的前提下干得井井有条，在不同的任务中游刃有余，这让我不得不思考其中的秘诀。

同第二中学的老师和学生相处的时间，说短不短，说长不长。无论是英语教学工作，还是在教务处的日常工作，都让我明白：即使行动在前，也时刻不能忘记思考，要反思自己如何做得更有效率、更有效果。

在富川支教的这一年，我认识了不一样的人，遇到了不同的事情。和同行的七位队友一起经历的所有事情：无论是"师情化衣"的暖冬行动，还是富川二中心理咨询室的成立；无论是"两学一做"党支部会议的开展，还是平日周末里的小餐小聚。这其中的点点滴滴，无一不让我懂得多一分客气，少一分牛气，多一分担当，少一分推诿，多一分责任，少一分懈怠。

在已经成为过去的支教生活中，我工作着，付出着，收获着，感动着。它是我人生历程中不平凡的一页，更是我人生道路上浓墨重彩的一笔。走一路，看一路；看一路，爱一路。这正应了在广西大学研究生支教团中相传的那句话——一年富川行，一生富川情。在富川第二中学的日子里，我和队友做了一些事情。有些事情，三思而后行，让自己不负自己的选择；有些事情，行动在前，但不能少了思考，否则定出问题。行走过的路，思考过的事，让我不虚瑶乡之行。

🍀 思行合一，不忘初心

孔子曰："学而不思则罔，思而不学则殆。"此时此刻，我更认为"行而不思则罔，思而不行则殆"。思与行，一直以来都是密不可分。在我的研究生生活中，思与行应该始终不可分割，踏踏实实走好每一步，留下能够见证自己成长的足迹。时间的流逝或许会渐渐淡化这些足迹，但我已走过，便是人生中一种积累、一大财富。在前行的过程中，观察与思考始终常伴我左右。

在志愿服务活动中，我学会在万千事情中沉心做事，没有以往的牢骚，没

227

有以往的抱怨，更多的是思考如何下手和解决问题。浮躁的心、懒惰的心离我越来越远。

在志愿服务活动中，我明白了生活中一滴水可见太阳，工作中一件事可见精神。作为一名中国青年志愿者，我在瑶乡所做的每一件事，事不在大，却见精神。我应该脚踏实地服务基层，勇于担当，甘于奉献。

在志愿服务活动中，我懂得了自己肩负的责任。唯有谦虚学习、用心服务，并不断吸取知识和营养，才会让自己变得更优秀，才能不负使命。

在志愿服务活动中，我锻炼了自己对精力、时间的协调能力，判断事情轻重缓急并解决的能力，与人交往的能力，并使自己的阅历得以丰富，素质得以提高。

在志愿服务活动中，所行皆有所获，所思皆有所感。无论是先思后行，还是先行后思，我都从中受益颇丰。

如今，我回到校园，开始自己的研究生生活。在富川二中的经历，让我深感自己教学理论的缺乏，特此选修与教学相关的外语教学课程。在外语教学理论、二语习得理论的学习中，我经常回忆自己当初的教学课堂，把理论与自己的经历相结合，用理论检验实践，从实践中学习理论。

思行结合，不忘初心。最初的选择，只因自己的人民教师梦，只因自己想为瑶乡孩子们带来不一样的英语课堂。如今我依旧不忘最初所想，一直在成为一名高素质英语教师的道路上不断努力。

思行结合，不忘初心。不忘志愿者精神，尽自己所能，将志愿服务活动进行到底。

思行结合，不忘初心，既是我学术研究的一个要求，更是自己人生路上的一个追求。

一碗三角饺

任 娟

富川有种食物叫三角饺，外皮是透明柔软的糯米粉皮，包上豆腐、豆角等拌起来的馅料，最后成为一个个三角形的包包，加上那香浓的卤汁，放点充满浓郁富川风情的辣椒酱，味道美极啦！

🍀 三角饺——两块钱早餐

我是富川一中七年级157班的语文老师，每周都会有三天需要我到教室看早读，平时起床也要比其他成员早一点。每天早上，我都会去学校门口的早点摊吃二块钱的三角饺。

一天早上，偶然看到学校门口不远处的早餐摊有好多小学生，我就跑过去看，这是我第一次吃上三角饺。不懂要吃多少，阿姨给了我三块钱的九个三角饺，这是我与阿姨的第一次交流。阿姨脸上半边脸是疤，穿着打补丁的衣服，摊子小，没有隔壁摊那种小推车和崭新的遮阳伞，只有三张破破的桌子、一把破伞，所以好多学生走过就说嫌脏去隔壁摊吃。而我却从没吃过隔壁摊，因为吃了第一次我就喜欢上了这家的味道。

我跟阿姨说的话很少，因为几乎每天都是匆匆吃完去上课，而且阿姨讲本地话，我不怎么能听懂，可是我一来，不用问我，阿姨就会给我一碗三角饺。慢慢地，我碗里的三角饺越来越多，原本三块钱九个，后来阿姨给了我十五个，我吃不完又不好意思，只能使劲吃，阿姨看了对我说："下次买两块钱的吧。"

后来，我每天都是吃着两块钱的三角饺。有一次，我起床太迟，直接去上课了，下了第一节课后出来找吃的，竟然发现阿姨还在。我问她怎么这么晚还不收摊，阿姨说卖没了这就收摊了。正当我遗憾地离开阿姨小摊找其他东西吃

229

时，阿姨给我递来了一碗三角饺，原来她每天都会给我留一份三角饺，是在等我下课。如果，那天我没出来……

不管刮风还是下雨，阿姨都会在学校门口支起小摊卖三角饺，我也不管多大的风雨都要起来去门口吃碗三角饺，每次去我都非常突兀地跟一群小学生坐在那里，像幼儿园等饭一样等待着阿姨给我们递来三角饺，每每此时就感觉这不就是支教最大的魅力嘛，让人的心摆脱浮躁，变得好静，好静。从此以后，只要我第二天不来吃早餐都会跟阿姨提前说一声，阿姨也每次都会记在心里。

其实，阿姨早上卖早餐，平时是卖水果的，生活很不容易，她跟阿叔平时的穿着都很破旧。这一年，从阿叔四季都穿着一件打着补丁的那种老款军装，就能深知他们生活不易。有次我从南宁回来，带了一个大煌芒给阿姨，阿姨跟我说还没见过这么大的杧果哩，当时我心里一酸，就走了。

每天早起卖早点，一天守着水果摊，可是每天生活却如此艰辛，而即便这么艰辛，她也不吝啬于对我的照顾，每天给我九个三角饺且少收我一块钱，一直如此。不得不感慨，富川淳朴的民风，体现在对老师、对我一个异乡人深深的照顾。

🍀 三角饺——老师的晚餐

毛雁是我的语文课代表，外表看来是一个乖乖女，可是心里很叛逆。从第一次段考我就惊奇地发现毛雁除了数学外其他学科的成绩很高，是一个典型的偏科生。我多次找她谈话，跟她妈妈沟通，还让她周末有空就来找我学习。

经过很多次对她的"偏心"及她自己的努力，她第一学期的期末成绩有了很大提高，数学成绩从班里的30多名升到了前几名。我还记得她妈妈在寒假考试后来学校刚好遇到出数学成绩，当看到排名那一刻，她的眼眶都是湿的，我也感到很欣慰。

然而，寒假过后，毛雁放松了对自己的要求，因为上一次期末考试的优越感已让她感到满足，她跟我说，"我这样就不错了，我考50多，咱们班最高分70而已。"为这事，我俩争斗了好久。

慢慢地我俩有了很大的矛盾，让她有时间来约我学习的事也弃之不理。久而久之，她的成绩又下降了，回到了最初的起点。终于她自己意识到了错误，开始烦恼学习成绩。

有一天，她主动约我学习，我看她难得想学习就答应了。其实那天我事情特别多，已经在办公室坐了一天，连晚饭都没时间吃，没想到的是快上晚自习的时候，她来办公室给我送来了一塑料袋的三角饺，还有用一次性塑料杯装的蘸料。

我说："这蘸料好好吃啊！""当然啦，我奶奶怕你吃不习惯这酸，特意放了好多白糖！"她回答。顿时，我感觉我为孩子们付出的一切是值得的。孩子们在意我吃没吃饭，孩子的家长也在留心我一个异乡人的口味，这不就是支教的意义吗？

🍀 三角饺——大黎阿姨

对于一本空白的笔记本，大多数的人都可以认真地写前几页，可一直如此认真地坚持到最后的人却不多。而黎老师是我遇到如此做的第一人。

黎老师快退休了，她虽然因为喉咙不适退出了教学一线，却在做各种事情时仍很认真。她每看一本书都会认真地做好笔记，哪怕读一本杂志，都会工工整整地把笔记写好，这让我感到我对自己的人生太不负责了。

虽然如此，但我还是控制不住自己，一忙起来办公桌就会奇乱无比。有次，黎老师在我上课时帮我收拾了一次，那整齐的桌面仿佛给我打开了一个新的世界。

黎老师各项都好，也是一个及时充电的女性，唯独不怎么会用电脑。起初我并不知道，后来才知道黎老师不熟悉电脑操作，本来我们二十分钟就可以解决的事情，她需要两个人一起加班录一个晚上。之后，我就揽下了学生考勤数据录入的事情，帮助黎老师录数据。又因为我跟黎老师的女儿年纪相仿，而且我跟她女儿名字都有娟字，所以黎老师对我特别照顾，而我在与黎老师的相处过程中也想到了自己的父母，想到了父母的不易。

在我快支教结束的时候，黎老师写了一封信给我。对我说，她很舍不得我走，就如同女儿离开了身边，并送我一支钢笔，希望我也能成为一个可以坚持认真书写的人。之后，我还收到了几次她发来的短信，她还念着欠我一顿家常菜、一顿三角饺。

黎老师深深地教导了我，我做事太毛，活得太糙，需要更多的规整，才能迎接更完美的人生。这难道不是支教的意义？认识更多的人，规整自己的人生。

一个富川的特色小吃饱含了很多的情谊，在淳朴的乡土风情的滋润下，它的味道更为鲜美。在这一年里，我遇到了富川的很多人，很多照顾我的人，不论是领导还是老师、学生，不论是楼下小卖铺的阿姨还是我们的门卫大叔，他们都用最平常的一顿家常便饭让我体会到了丰富的人生。感谢支教，感谢有你们，这是一段"只有小马过河才知深浅"的经历。若说支教是一个奉献的过程，不如说这是一个汲取的过程，一个环境影响着你，在你身上烙下深深的印记。我走过，我不后悔，我很庆幸。

再见，富川

—— 因为缘分，所以别离

耿　卓

　　思绪涌来，想要写些什么，无奈的是回忆太多，多到让我不知所措，无从下笔。仿佛昨天还在富川，耳边环绕的仍旧是一声声稚嫩的"耿老师"；现在我却独自坐在宿舍里，回忆着在富川的点点滴滴。虽然不知能否有机会再次站上讲台，但仔细想来，在富川支教的一年间，我应该能称得上是个尽职尽责的老师。

　　初到富川二中，黄校长让我做地理老师，作为一个喜欢文科的纯正工科男，我一阵窃喜。但当黄校长告诉我全校只有三位地理老师，却要独自带四个班，又得知一年后就要进行地理中考的时候，我压力陡增——这已不是当年插科打诨就能蒙混过关的工作了！作为中考科目，身上担负的责任是无法忽视的，因为能否上好这门课，直接关系着孩子们的前途和未来。我不敢有一丝懈怠，我拼命地讲课、赶课、备课。在全校安静的晚自习时歇斯底里地上课，声音震彻楼道，生怕有一个孩子没有听清楚知识点。又常常因为一些同学不爱学习、上课捣蛋而大发雷霆，却又后悔责骂了他们，只得一遍一遍告诉孩子们："别怪老师，老师心里急。不是常跟你们说吗，咱们都一样，老师也是农村出来的孩子。虽然咱们可能什么都没有，既没有良好的家庭背景，也没有全方位的教育规划，但是咱们还能有这样一个读书的机会和面朝黄土背朝天养活咱们的父母啊！"

即使做到这样又真的做好了吗？非师范类毕业的我，教学的方法和质量真的很难保证，因此，一直感觉非常对不起孩子们。很多人说我们是优秀的榜样，但想想那些默默耕耘几十年的老师，我们该多么汗颜。孩子们喜欢喊我一声耿老师，可只有我自己知道，很多时候，我真的配不上"老师"这个沉甸甸的称号。

可孩子们包容着我，在我刚回来的那几天，每天都会有孩子加我 QQ 跟我问好。虽然分开的日子没有几天，但孩子们问得最多的却是"老耿，你什么时候回来看我们？""耿老师我真的好想你！"让我最愧疚的是有个孩子告诉我："我写了封信给你，可是你走了，来不及给你。"来不及，多么让人无可奈何。不断收到很多孩子的信，每一封都是我最珍贵的回忆。还记得合照那天，调皮捣蛋的廖咏威跟我说："老师原谅我的调皮捣蛋，你永远是我心里最爱的老耿！"在那么多学生面前我憋住了眼泪，在我心里你们也永远是我最爱的学生！有这么一群孩子，真好！

又想起最后一次去三民完小，在南宁刚开完会的我连夜赶回富川，为了给孩子们制造惊喜我特地买了棒棒糖。第二天，我与季椋带着礼物兴高采烈地出发了，行至半路才想到该与三民完小的黄校长通个电话告知我们的行程："校长，我和季椋今天到三民来，虽然平常是周三，但考虑到周三孩子们要考试，所以我们就今天过来，因为要回学校了，最后……最后一次……"不知怎么了，说到最后一次的时候，我竟然一阵哽咽，许久说不出话来，泪水不断在眼眶里打转"最后一次来，跟孩子们告别。"放下电话，我悄悄抹去眼角的泪水。是啊，长大以后很少流泪了，可是唯独被离别击败，我以为我准备好了，结果还是说不出最后一次。再次来到熟悉的教室，却是最后一次给孩子们发棒棒糖。这一年，孩子们学会了礼貌，学会了感恩。我却只想和孩子们说"对不起"，不能继续陪伴他们一起成长，没法给孩子们带来更多更美好的东西。当我提出要和孩子们一起合影时，孩子们欢呼雀跃，都很喜欢照相。现在看着照片中孩子们含着棒棒糖的笑容依旧灿烂，我的笑却带着一点苦涩，我多想，自己也做个孩子陪他们一同长大！

在三民完小的最后一节课我没有讲课，孩子们依旧吵闹。我突然说道："同学们，这是老师给你们上的最后一节课了，老师要走了。"教室瞬间安静了下来，孩子们不断问我"耿老师你要去哪里？""老师要回学校读书了""老师也要读书的吗？"我不知道说些什么，我不懂该如何同八九岁的孩子解释。陈紫军扯下作业本的一角写了什么就跑过来递给我。"耿老师我喜欢你，我舍不得你！"还把他爸爸的电话留给我。接下来李秀颖、义子军、义香媛……孩子们纷纷跑上来把纸条递给我。我却不敢看，只能告诉孩子们"老师回去再认真看！"孩子们，请原谅老师的懦弱，老师实在是没有勇气当着你们的面看完那些纸条。老师走了，老师忘不了你们的笑，忘不了你们的哭，也忘不了亲爱的三民老师，忘不了每周三围着一盆大烩菜吃饭的欢乐，忘不了三民饱含深情的米酒……

在富川的三百多个日夜，每晚躺在床上，总是辗转反侧，难以入眠。我怕，怕自己做得不够，不断地想着我们还能再做些什么。庆幸的是，从"蜜橘义购"到"师情化衣"，从"志学雷锋"到"情系六一"，从涝溪山的留守儿童到西岭山的抗战老兵，我们在这片土地上真真切切付出了，为这片土地踏踏实实努力了。如果以后富川的老乡谈起我们，说广西大学支教团还是做了一些事情的，我们就真的心满意足了！

这一年，来到富川支教，是我与富川的缘分，更是我的荣幸。临别富川，无论是富川的孩子、家长、领导、老师，还是朋友、同事，都跟我们说："谢谢你们，常回来看看！"其实，最该说感谢的是我们，我们的收获远远大于付出，不只友谊、成长，也不只师生情、兄弟情，富川这片土地，给了我最珍贵的回忆！

因为有缘，所以才有别离。支教，再见！富川，再见！我们一定，常回家看看！

支教，我后悔了

苏 学

人生要面对的选择很多，而每一个选择都意味着一种舍弃，佛经云：舍得，舍得，有舍才有得。事情一旦过去，再去回首，你会发现有的选择会让你越来越靠近成功，有的则会让你越来越后悔。如今研究生学习和科研任务不断增加，时而回想起那年选择支教的我，我后悔了。当我站在就业、升学的十字路口，毅然决然地选择支教保研并前往国家级贫困县广西富川瑶族自治县支教，或许对于支教我不曾怀疑，但是对于支教那一年的有些事，我真的后悔了。

我后悔了，悔不当初，为什么当时不用更多的关爱和倾听去陪伴孩子的成长。

裴斯泰洛齐教育我们"实践和行动是人生的基本任务，学问和知识不过是手段、方法，通过这些才能做好主要工作。所以，人生必须具备的知识应该按实践和行动的需要来决定。"于是，我行动了，跟随支教团来到富川县第一初级中学，按校长的安排，我担任初二年级两个班级的物理老师，并在学校总务处兼任干事。

物理是初二年级新开的一门课，由于该课程与语数英的学科特点不同，说它是理科，但是又有很多基本知识点要记，说它是文科，但是又不能单纯地背诵，还需要一定程度的理解和应用。对于初二年级的学生来说可能会有点措手不及，所以这就要求老师要循循善诱、积极引导。当然，我也深知这个道理，所以我迫切地想要学会教学的各种技能。我的第一节物理课被安排在第一周的星期三，所以我还有两天的时间去准备第一节课的内容。参考课本的内容和教师长辈的建议，物理的第一节课就是要领孩子们进入一个全新的物理世界，让他们产生对物理的兴趣。我认真备课，分析了课本上提供的各个实验的难易程度和趣味指数，又去实验室先做了一遍最终选择了其中的三个实验去教室展示，作为第一节课的教学内容。同时，我还想通过幽默的语言拉近我与孩子们的心，所以又写了很多串词，希望可以把第一节课上好。

"哇！好神奇啊！""这怎么可能？"一声声惊讶声从我们班传出。没错，此刻我正在上物理课！看着时间一点点过去，我又从箱子里拿出了一个透明的漏斗，和一个乒乓球。"先把乒乓球放在漏斗里，接着用手指托着乒乓球，然后把漏斗倒过来。把手放开的话球会掉下来对吗？"我边说边演示。孩子们异口同声回答道："对啊。"

"如果从漏斗口向下用力一直吹气，并迅速将手指移开，球是不是掉的更快呢？"

有个同学忍不住了，站起来大声地说："乒乓球本来就会往下掉，再一吹肯定会加速往下掉。"

有几个同学则在小声议论："也有可能不会掉下来吧？"

"物理课是一门实验与理论相结合的课程，大家在学习过程中不仅要多思考还要多动手，在实践中找寻答案。"于是我顺势来了一波洗脑。

"请我们班肺活量最大的同学上来试一下好吗？"

"胡达……胡达……"

一阵尖叫声把这个高大帅气的男孩子叫了上来，羞涩地按照我的说法去做了。乒乓球竟然在漏斗上停了好久，直到胡达不吹气才往下掉。

孩子们很好奇："这么神奇，这是为什么呀？为什么会这样呢？"

我解释道："这是因为当气流从漏斗中冲出来时，又冲击乒乓球的上表面，上表面流速大于下表面的流速，由于流体中流速越大压强越小，所以下表面受到的力比较大，就把乒乓球往上托，所以啊，球就停留在漏斗里了。其实物理十分简单，只要我们善于做实验、善于观察、善于动脑、善于总结，物理就能学好。"

课进行得还算比较顺利，基本打开了孩子的思维，初步让孩子认识和接受了我。有了这一节课的适应，我也慢慢找到了教学的自信和上课的方法。认真备课，积极请教师前辈赐教，细心批改作业并及时反馈信息，耐心给孩子讲解题目，及时跟孩子沟通学习问题，我希望可以通过我的努力让孩子们学习得更好。

时间一天天过去，期中考试如约而至，我第一次觉得紧张，比自己高考的时候还要紧张，因为这次考试不仅是考查学生在半个学期的学习收获，同时也是检查老师、特别是一个新老师教学成果的平台。从开考到批卷再到统分的过程，我整颗心都是提着的，直到成绩统计出来之后，我那颗悬着的心终于定了下来。不管是优秀率还是及格率，我带的班级都是在同等班级中排靠前的。我觉得自己前半学期的努力并没有白费，我更有信心做好教学工作了。在接下来的一年半中，我依然保持一颗积极热情的心，努力把教学工作做好。

直到我离开岗位前的一个月，我和几个孩子在走廊聊他们最近的学习问题时，有个同学提出了一个建议："老师，你能不能多和我们聊聊你的大学生活，聊聊我们的课余生活，或者聊聊别的课外的新鲜事啊？"我突然意识到是我太在意学习的结果了，忽略了孩子们内心的感受。这帮孩子都还只是一群天真可爱的娃儿，他们害怕孤独，渴望理解和交流；他们害怕输给同龄人，渴望了解外面的世界；他们害怕失去，渴望得到老师和家长的认可……而我却只给了他们学习和被学习的机会，我后悔，后悔为什么不早点意识到这一点，为什么不多去跟孩子们交流，多去陪伴他们。如果再给我一次机会，我一定会在做好教学工作的基础上给孩子们多一点关爱，多一点包容，跟孩子们一起打球、一起掰手腕、一起逛校园……

我后悔了，悔不当初，为什么当时不去用心领会国际慢城的热情和美丽。

2015年7月30日，集中培训结束后，学校有关领导和我们一起乘坐班车，送我们到了富川，并受到了当地领导的热情接待和安排。我们支教团5女3男，分别去两个不同的初中上课，我和另外三个女生同时分到了富川县第一初级中学，彭校长亲自到镇上接我们入校，安排好宿舍，还送来了一些全新的厨具，并嘱咐水电师傅一定要确保我们的生活用水用电正常。初到富川，初到学校，一个距离母校将近600千米的地方，工作和生活上都得到了有关领导、老师的热情帮助，我的心里暖暖的，路上的种种焦虑被一股暖流驱散，仿佛回到自己家一般。晚上，和家人通了电话，把支教的一些情况告诉了家人，报个平安。父母亲都是地地道道的庄稼人，听到自己在支教地受到这么细致的关怀，千叮咛万嘱咐一定要认真工作，努力完成各项任务，不要丢母校的脸。父母的话虽然简单，但是饱含深情和希望，我也明白自己已经不是一名学生了，而是一名肩负着教书育人的乡村支教老师。

富川位于广西壮族自治区东北部，四季分明。初到富川之时正是炎热之季，白天温度高达37℃，尽管我们在南宁已经练就了一副耐热的保护壳，依然不能适应富川的猛烈。因为富川县四面环山，中间低落，呈椭圆形盆地，处于都庞岭和萌渚岭余脉峡谷之间，紫外线更强，阳光也更加毒辣。还好我们有学校留下的风扇，给大家带来了一丝凉意；而富川特有的山泉水给予我们的惊喜简直让你不敢想象。距离县城10多千米有一座涝溪山，常年葱葱茏茏，山里流出来的水清澈透明，不带任何杂质，可以直接饮用。鞠一捧，尝一口，顿时心旷神怡，那种感觉难以忘怀，不仅手掌感受到水的冰凉，整个身体都舒畅了，感觉不到现在正是酷暑难耐的时节。

富川是一个瑶族自治县，具有自己独特的风俗习惯，更有丰富的自然遗产。且不说富川的《蝴蝶歌》被列为中国非物质文化遗产、福溪村被评为中国最古老村落之一、马殷庙（百柱庙）被列为全国重点文物保护单位、自唐宋元明清五朝以来出过一个状元和26个进士的"秀水状元村"等，仅在县城就有民国瑞光塔和古明城。而让我感受最深的就是富川的节日，富川除了过我国传统的节日之外，还有自己特有的节日，而且每个村子都有，各个村子的节日还不一样，比如龙归村过的是农历八月初七，鲤鱼塘村过的是农历的十一月二十六。村子里的节日，总是带着不一样的气息，镇上、村口摆满了各式各样的节日礼物，礼物并不贵重，大多是一箱饮料或是一袋水果。不管你是主人的亲戚还是朋友，又或是他亲戚的亲戚、朋友的朋友，甚至是我这样刚来到这里支教的新面孔，只要带上一点节日的问候，咱们便是一家人。每家每户在节日前一两天就开始准备美味佳肴，杀鸡宰鸭、磨刀向猪羊，节日当天各式各样的叫得出名字的和叫不出名字的菜就把一张八仙桌堆满了，屋里堂内坐满了宾客，更有一些好交友的主人家把桌子都摆到房前屋后了。其实我是更愿意坐在房前屋后的，因为外面的空气不但没有灰尘，而且很凉快，吃着饭，聊着天，偶尔再来一阵风，再惬意不过了。如果遇到自家种了水果的主人家，那更是幸福感爆棚。树上刚摘下来的果子新鲜甜美，肉多皮薄，咬一口下去果汁就会立马填满你的嘴巴，然后又瞬间侵占你的味蕾，清爽舒心。

2015年11月2日，广西富川县福利镇顺利通过国际慢城的评估，成为全国第四个、广西第一个国际慢城。富川充分利用自然资源、大力发展与"国家慢城"相关的产业，大力推进生态农村乡村旅游发展，不断完善"国际慢城"的各项基础设施建设。我很后悔支教的一年花太少时间在这方面，没能好好感受富川人民的热情、质朴以及更多的关于这座国际慢城的魅力。如果可以回到过去，我一定会好好珍惜这段时间，多去吸两口空气，多去喝两口水，多去爬几座山，多去好好爱你。

一年之于一生，不过是渺小的组成部分，但在富川的那一年，或许注定会成为我最为难忘的记忆。回顾一年的富川支教生活，我常常会热泪盈眶，孩子们怯生生的笑脸，澄清的双眸和渴望知识的眼神，还有热情好客的富川人，文韵儒雅的富川文化，都让我难以忘怀。我不后悔成为一名光荣的支教志愿者，就像李源潮同志在《引导青年到祖国最需要的地方实现青春梦想》讲话中说到的那样"用一年的时间做一件终生难忘的事"，这将是一生的财富。如果时间回到大四那年，我还是会坚决选择加入广西大学研究生支教团，并希望自己能做得更好。富川的支教生涯已经结束，但是却又好像才刚刚开始，我们总会被一份情将彼此拉近，我们叫它——"一年富川行·一生富川情"。

传承，接力，续写华章

今日东风桃李，我们用青春完成作业，待明日巨木成林，让世界震惊。岁月无痕，青春嘹亮，传承奉献，坚守担当……

传承梦想

王剑南

整理起行装

打点好行囊

再次回望洁白庄重的君武像

先生濯缨

用人生丈量了奉献与担当

勤恳朴诚

是治学，是处世，是做人

种树如培佳弟子

是感慨，是启迪，是力量

梧叶秋声

春梦池塘

传承奉献

坚守担当

塞北雪色新

岭南桂花香

为同一个梦想欢聚一堂

瑶乡油茶暖

大山橘树壮

我们奔向乡村田野

为求知的眼睛打开一扇窗

岁月无痕

青春嘹亮

丹桂嫣然

桃李芬芳

七律·君武像前

王剑南

蝴蝶山下传燕翼，
邕江城头承祖庭。
守正出新棵星粲，
理故开元学府兴。
枕典席文穷经史，
撷雅为颂登杏坛。
君武学子多壮志，
甘做红烛照深山。

梦 乡

石诗阳

冰凉如水的月光
捣碎在梦乡
浅嫩的绿芽轻泛着微芒
我枕着清风
期待花香
因为
有梦的地方就有芬芳

希 望

周子富

从遥远的彼方来的我们交织的身影
在必然和偶然中
铭刻在心的记忆

即使被埋没在交错的时间漩涡里
我也相信那里有你的声音

在那没有向导的世界
追逐那没尽头的梦
即使我已失去希望
有一天你在心中为我点燃的那闪耀的火种
定会化作翅膀
变成希望的光芒

门

王心月

你的面前有好几道门
每个门通向不同的方向
有的门金碧辉煌
有的门高大威严
有的门设计精良
有的门温馨浪漫
形形色色的门
你却一直犹豫不决
好几次都打算推开其中一扇
手碰到又缩了回来
直到你听到一点声音
好像是孩子的哭声
又像是在笑，吵吵闹闹
中间还夹杂着好像纸张翻动的声音
你循着声音走了过去

那是一道矮矮的不起眼的小木门
如果不是仔细观察根本发现不了
破旧的木板从掉落的漆中显露出来
边缘还有灰尘散落
可是现脑子里却一直有个声音让你推开它

你不知道后面是什么
犹犹豫豫
可是手已经情不自禁伸了过去

门后是一个乱哄哄的教室
有一些孩子在木头的课桌和板凳间追逐
有个孩子拿着抹布踮脚擦着发光的黑板
水泥地上还有刚下过雨的湿脚印
孩子们看见了你
立他们慌张的从教室的各个角落跑回座位上
伴随着哗啦哗啦的翻书声
你发现手中不知何时竟然有了一本课本和一支粉笔

丁零零，丁零零
梦醒了睁开眼是白白的天花板和蚊帐
你想着刚才的梦
枕头旁放着支教承诺书
嘴角慢慢浮上笑容

青春正出发

黄　欢

我们满怀期待
为你带来大山外面的空气
我们满怀热情
为你带来未曾见过的云彩
我们满怀真诚
为你带来数之不尽的绚烂
我们满怀希望
为你带来不同昨日的精彩
我们在路上
我们正出发

心之所属

覃漪雯

如果没有去尝试过
在浓雾弥漫的世界里
就找不到能够指引你的一束光

如果没有做错过并改正
在满是荆棘的道路上
就只能划破你的肌肤刺穿你的血肉

人生没有那么多时间让你拿来假设如果
所以大胆去做
大胆去尝试
不断跌跌撞撞以后
你会找到
你之所属
心之所属

拾 梦

陶 云

我有一个梦想
有一天梦想跌碎
我哭泣、害怕、彷徨
绝望之际
一双双手捡起我梦的碎片
碎片一片片被黏合
梦想继续前行

如今梦想实现
却发现我梦打碎的地方
一地梦想的碎片
每片碎片上是一个个哭泣的孩子
他们在向我倾诉
他们说
我想读书
他们说
我想看看外面的世界
他们说

我想改变自己的命运
于是我弯腰拾起碎片
孩子笑了
三月里
三月里
微风拂面，南方暖阳
空气中弥漫着思念的味道
曾站在三尺讲台
去开窗，去搭桥
向着山外的天际
寻找希望的轨迹
远方的燕子，自由翱翔
带走春天的梦
追逐灿烂光芒

起 航

雏笑怡

背负行囊
奔赴秀美瑶乡
趁我们还年轻
坚定奉献的梦想
莫道前路多荆棘
莫言艰辛难品尝
接好奉献西部的接力棒
注定我们的青春更辉煌
人生的风帆
从这里起航
青春无悔
便是我们的追求与梦想

若梦华年

王剑南

碧湖、山茶、合欢
月移花影上栏杆
碧芸湖潋滟的水波
倒影清浅
东西水塔尖的星辉
闪亮璀璨
耕牛、橘树、山岩
一行白鹭上青天
斑驳的学校围墙
古朴庄严
生铁敲击出的铃声
厚重自然
西大、大山
这一生都会将你们相连、留恋
如水书简
若梦华年
只因在君武像前慷慨陈说
恰同学少年

广西大学研究生支教团媒体报道

1. 时间：2013 年 08 月 12 日

   标题：广西大学支教团进驻富川县开展服务

   来源：中国青年网

   源网址：http://xibu.youth.cn/yw/201308/t20130812_3684107.htm

2. 时间：2013 年 9 月 24 日

   标题：广西大学支教团中秋节情暖留守儿童

   来源：中国青年网

   源网址：http://xibu.youth.cn/yw/201309/t20130924_3925300.htm

3. 时间：2014 年 6 月 4 日

   标题：广西大学支教团开展爱心帮扶圆梦六一

   来源：中国青年网

   源网址：http://xibu.youth.cn/yw/201406/t20140604_5307469.htm

4. 时间：2014 年 8 月 19 日

   标题：广西大学首届研究生支教团完成任务 回首酸甜苦辣

   来源：广西新闻

   源网址：http://news.gxnews.com.cn/staticpages/20140819/newgx
           53f324d1-10988276.shtml

5. 时间：2014 年 10 月 17 日

   标题：富川县有一批留守儿童家的蜜桔待卖 西大发起义购

   来源：广西新闻网

   源网址：http://news.gxnews.com.cn/staticpages/20141017/newgx
           54410e84-11384455.shtml

6. 时间：2014 年 10 月 30 日

标题：西大师生义购 26000 多斤蜜桔

来源：南宁晚报

源网址：http://nnwb.nnnews.net/html/2014-10/30/content_117821.htm

7. 时间：2014 年 12 月 1 日

标题：广西大学支教团开展情系瑶乡圆梦富川行动

来源：中国青年网

源网址：http://xibu.youth.cn/yw/201412/t20141201_6141195.htm

8. 时间：2014 年 12 月 02 日

标题：广西大学灵活运用新媒体 弘扬社会主义核心价值观

来源：广西新闻网

源网址：http://news.xinmin.cn/rollnews/2014/12/02/26091522.html

9. 时间：2014 年 12 月 03 日

标题：广西大学研究生支教团灵活运用新媒体弘扬社会主义核心价值观

来源：科技日报广西记者站

源网址：http://www.qqwwr.com/staticpages/20141203/qqwwr
547e73c6-3966121.shtml

10. 时间：2014 年 12 月 19 日

标题：广西大学支教团在富川二中成立大拇指服务队

来源：中国青年网

源网址：http://xibu.youth.cn/yw/201412/t20141219_6299556.htm

11. 时间：2014 年 12 月 25 日

标题：广西大学研究生支教团开展"圆蛋"计划

来源：新浪广西

源网址：http://gx.sina.com.cn/edu/daxue/2014-12-25/16061188.
html?qq-pf-to=pcqq.c2c

12. 时间：2014 年 12 月 26 日

标题：广西大学支教团开展"圆蛋"计划圆梦富川

来源：中国青年网

源网址：http://xibu.youth.cn/yw/201412/t20141226_6349118.htm?from=timeline&isappinstalled=0#10006-weixin-1-6358-0629b82e8bd20c82f766611c23eca2f9

13. 时间：2015 年 01 月 19 日

标题：广西大学支教团与全国优秀教师杨迎富座谈

来源：中国青年网

源网址：http://xibu.youth.cn/yw/201501/t20150116_6413218.htm

14. 时间：2015 年 03 月 06 日

标题：广西大学支教团春节期间为留守儿童拍全家福

来源：中国青年网

源网址：http://xibu.youth.cn/yw/201503/t20150304_6503099.htm

15. 时间：2015 年 03 月 12 日

标题：广西大学支教团与学生同植一棵树共寄一份情

来源：中国青年网

源网址：http://xibu.youth.cn/yw/201503/t20150312_6521019.htm

16. 时间：2015 年 03 月 16 日

标题：广西大学支教团搭建留守儿童关爱沟通平台

来源：中国青年网

源网址：http://xibu.youth.cn/yw/201503/t20150316_6529149.htm?from=timeline&isappinstalled=0

17. 时间：2015 年 03 月 23 日

标题：广西大学支教团用青春热情点赞四个全面

来源：中国青年网

源网址：http://xibu.youth.cn/yw/201503/t20150323_6539724.htm

18. 时间：2015 年 04 月 03 日

标题：广西大学支教团在富川创建"梦想书屋"

来源：中国青年网

源网址：http://xibu.youth.cn/yw/201504/t20150403_6560811.htm

19. 时间：2015 年 04 月 12 日

标题：广西大学支教团让四进四信唱响青春校园

来源：中国青年网

源网址：http://xibu.youth.cn/yw/201504/t20150410_6572407.htm

20. 时间：2015 年 05 月 11 日

标题：广西大学支教团与茶源村留守儿童共度母亲节

来源：中国青年网

源网址：http://xibu.youth.cn/yw/201505/t20150511_6625746.htm

21. 时间：2015 年 05 月 28 日

标题：广西大学支教团与贺州青年共享"三走"快乐

来源：中国青年网

源网址：http://xibu.youth.cn/yw/201505/t20150525_6674594.htm

22. 时间：2015 年 05 月 31 日

标题：广西大学支教团与瑶族儿童共迎六一儿童节

来源：中国青年网

源网址：http://xibu.youth.cn/yw/201505/t20150529_6694973.htm

23. 时间：2015 年 06 月 02 日

标题：广西大学支教团为瑶族儿童建"阳光足球队"

来源：新浪网

源网址：http://gx.sina.com.cn/edu/jynews/2015-06-01/140014951.
html?qq-pf-to=pcqq.c2c

24. 时间：2015 年 09 月 20 日

标题：广西大学支教团捐赠爱心蚊帐为入学新生暖心

来源：中国青年网

源网址：http://xibu.youth.cn/yw/201509/t20150916_7122562.htm

25. 时间：2015 年 10 月 09 日

标题：广西大学支教团走访富川留守儿童过别样中秋

来源：中国青年网

源网址：http://xibu.youth.cn/yw/201509/t20150929_7165486.htm

26. 时间：2015 年 10 月 09 日

标题：广西大学支教团开展讲座助学生度过青春期

来源：中国青年网

源网址：http://xibu.youth.cn/yw/201510/t20151009_7188178.htm

27. 时间：2015 年 10 月 30 日

标题：广西大学支教团家访留守儿童调研蜜桔销售

来源：中国青年网

源网址：http://xibu.youth.cn/yw/201510/t20151027_7245678.htm

28. 时间：2015 年 11 月 03 日

标题：广西大学支教团携学生骨干举办励志分享会

来源：中国青年网

源网址：http://xibu.youth.cn/yw/201511/t20151102_7266638.htm

29. 时间：2015 年 11 月 12 日

标题：广西大学支教团助贺州富川销售 4 万斤 "爱心蜜桔"

来源：新华网

源网址：http://www.gxnews.com.cn/staticpages/20151109/
newgx564059b9-13888816.shtml

30. 时间：2015 年 11 月 12 日

标题：广西大学支教团"爱心蜜桔"义购活动圆满成功

来源：广西新闻网

源网址：http://news.xinmin.cn/shehui/2015/11/10/28916657.html

31. 时间：2015 年 12 月 14 日

标题：广西大学支教团开展"手拉手"书信结对子活动

来源：中国青年网

源网址：http://xibu.youth.cn/yw/201512/t20151210_7404104.htm

32. 时间：2015 年 12 月 23 日

标题：广西大学支教团为富川二中筹建心理活动室

来源：中国青年网

源网址：http://xibu.youth.cn/yw/201512/t20151222_7447819.htm

33. 时间：2016 年 01 月 06 日

标题：广西大学党委副书记唐平秋慰问支教团成员

来源：中国青年网

源网址：http://xibu.youth.cn/yw/201601/t20160106_7497240.htm

34. 时间：2016 年 01 月 30 日

标题：广西大学支教团师情化衣圆梦体材活动举行

来源：中国青年网

源网址：http://xibu.youth.cn/zyzzl/zl_303/201601/t20160118_7538189.
htm

35. 时间：2016 年 03 月 10 日

    标题：广西大学研支团：弘扬雷锋精神凝聚点滴大爱

    来源：中国青年网

    源网址：http://xibu.youth.cn/yw/201603/t20160309_7722774_1.htm

36. 时间：2016 年 03 月 17 日

    标题：广西大学支教团为浮田完小校园添一抹绿

    来源：中国青年网

    源网址：http://xibu.youth.cn/yw/201603/t20160316_7748053.htm

37. 时间：2016 年 03 月 23 日

    标题：广西大学支教团参加爱心义卖传递社会温暖

    来源：中国青年网

    源网址：http://xibu.youth.cn/yw/201603/t20160322_7761733.htm

38. 时间：2016 年 03 月 25 日

    标题：广西大学支教团深入村屯促进教育精准扶贫

    来源：中国青年网

    源网址：http://gx.people.com.cn/n2/2016/0325/c229228-
        28014874.html

39. 时间：2016 年 04 月 09 日

    标题：广西大学支教团清明祭英烈培养学生爱国情怀

    来源：中国青年网

    源网址：http://xibu.youth.cn/yw/201604/t20160404_7815912.htm

40. 时间：2016 年 05 月 25 日

    标题：广西大学支教团举行游园活动丰富校园生活

    来源：中国青年网

    源网址：http://xibu.youth.cn/gzdt/gddt/201605/t20160524_8036772.htm

41. 时间：2016 年 05 月 25 日

标题：广西大学研支团带领青少年唱响五四赞歌

来源：中国青年网

源网址：http://xibu.youth.cn/gzdt/gddt/201604/t20160426_7914272.
　　　htm

42. 时间：2016 年 09 月 01 日

标题：广西大学研支团七彩假期点亮瑶乡儿童快乐童年

来源：大学生志愿服务西部网

源网址：http://xibu.youth.cn/gzdt/gddt/201608/t20160830_8606829.
　　　htm

43. 时间：2016 年 09 月 30 日

标题：广西大学研支团在山区小学举行爱国教育迎国庆

来源：中国青年网

源网址：http://xibu.youth.cn/gzdt/gddt/201609/t20160929_8705304.
　　　htm

44. 时间：2016 年 09 月 30 日

标题：广西大学研支团对山区小学生进行爱国主义教育

来源：人民网

源网址：http://gx.people.com.cn/n2/2016/0929/c229260-29082838.html

45. 时间：2016 年 09 月 30 日

标题：广西大学研支团指导学生参加富川县诗文音乐会讴歌伟大祖国

来源：人民网

源网址：http://gx.people.com.cn/n2/2016/0930/c179430-29085259.
　　　html

46. 时间：2016 年 10 月 08 日

标题：广西大学研支团联合爱心人士资助特困学生

来源：人民网

源网址：http://gx.people.com.cn/n2/2016/1008/c229260-29104527.
　　　　html

47. 时间：2016 年 10 月 09 日

标题：广西大学研支团联合爱心人士资助特困学生

来源：中国青年网

源网址：http://xibu.youth.cn/gzdt/gddt/201610/t20161008_8723749.
　　　　htm

48. 时间：2016 年 10 月 14 日

标题：广西大学研支团完善富川一中学生会团队建设

来源：中国青年网

源网址：http://xibu.youth.cn/gzdt/gddt/201610/t20161012_8738648.
　　　　htm

49. 时间：2016 年 10 月 14 日

标题：广西大学研支团组织学生开展"红领巾相约中国梦——听党的话，
做好少年"建队日主题队日活动

来源：人民网

源网址：http://gx.people.com.cn/n2/2016/1014/c179462-29142610.
　　　　html

50. 时间：2016 年 10 月 18 日

标题：广西大学研支团建队日助学生做个好少年

来源：中国青年网

源网址：http://xibu.youth.cn/gzdt/gddt/201610/t20161014_8747821.
　　　　htm

51. 时间：2016 年 11 月 03 日

标题：广西大学研支团助富川创新基层团委工作机制

来源：中国青年网

源网址：http://xibu.youth.cn/gzdt/gddt/201611/t20161102_8808786.htm

52. 时间：2016 年 11 月 07 日

标题：广西大学研支团建网店为富川县蜜橘拓宽销路

来源：中国青年网

源网址：http://xibu.youth.cn/gzdt/gddt/201611/t20161107_8822680.htm

53. 时间：2016 年 11 月 10 日

标题：广西大学研支团用互联网＋助力瑶乡义卖蜜橘

来源：中国青年网

源网址：http://xibu.youth.cn/gzdt/gddt/201611/t20161110_8831858.htm

54. 时间：2016 年 11 月 10 日

标题：广西大学研支团"互联网＋"公益创业助力瑶乡精准扶贫

来源：人民网

源网址：http://gx.people.com.cn/n2/2016/1110/c347802-29284757-3.html

55. 时间：2016 年 12 月 15 日

标题：广西大学研支团助山区留守儿童拥有温暖童年

来源：中国青年网

源网址：http://xibu.youth.cn/gzdt/gddt/201612/t20161215_8950474.htm

56. 时间：2016 年 12 月 22 日

标题：广西大学研支团"山礼果"公益创业基金温暖瑶乡学子

来源：人民网

源网址：http://gx.people.com.cn/n2/2016/1222/c179430-29500321-3.
html

57. 时间：2017 年 1 月 3 日
    标题：广西大学喜获第 11 届中国青年志愿者评比四项大奖
    来源：广西新闻网
    源网址：http://news.gxnews.com.cn/staticpages/20170103/
    newgx586b8895-15835536.shtml

58. 时间：2017 年 3 月 13 日
    标题：广西大学研支团往届成员春日回访瑶乡学生
    来源：中国青年网
    源网址：http://xibu.youth.cn/gzdt/gddt/201703/t20170313_9279690.
    htm

59. 时间：2017 年 3 月 17 日
    标题：广西大学研支团青少年综合服务平台建设广受好评
    来源：人民网
    源网址：http://gx.people.com.cn/n2/2017/0317/c179430-29872477-3.
    html

60. 时间：2017 年 3 月 20 日
    标题：广西大学研支团春季植树记录四年师生情
    来源：中国青年网
    源网址：http://xibu.youth.cn/gzdt/gddt/201703/t20170320_9321071.
    htm

61. 时间：2017 年 04 月 25 日
    标题：广西大学研支团赴广西工委博物馆接受红色教育
    来源：中国青年网
    源网址：http://xibu.youth.cn/gzdt/gddt/201704/t20170425_9577084.htm

62. 时间：2017 年 04 月 25 日

    标题：广西大学校领导带队慰问研究生支教团成员

    来源：中国青年网

    源网址：http://xibu.youth.cn/gzdt/gddt/201704/t20170424_9566596.
         htm

63. 时间：2017 年 4 月 26 日

    标题：广西大学研支团禁毒教育"五个一"获多方点赞

    来源：人民网

    源网址：http://gx.people.com.cn/n2/2017/0426/c347802-30096428-3.
         html

64. 时间：2017 年 5 月 10 日

    标题：支教感悟：愿足球运动带给孩子们快乐

    来源：中国青年网

    源网址：http://xibu.youth.cn/gzdt/gddt/201705/t20170510_9720607.
         htm

65. 时间：2017 年 6 月 26 日

    标题：写给富川的孩子们：青春无敌 梦想无限

    来源：中国青年网

    源网址：http://xibu.youth.cn/gzdt/gddt/201706/t20170626_10168444.
         htm

66. 时间：2017 年 9 月 28 日

    标题：广西大学研支团走进乡镇为山区儿童圆梦

    来源：中国青年网

    源网址：http://xibu.youth.cn/gzdt/gddt/201709/t20170926_10784385.
         htm